Julius Ficker

Vom Heerschilde

Ein Beitrag zur deutschen Reichs und Rechtsgeschichte

Julius Ficker

Vom Heerschilde
Ein Beitrag zur deutschen Reichs und Rechtsgeschichte

ISBN/EAN: 9783743626287

Hergestellt in Europa, USA, Kanada, Australien, Japan

Cover: Foto ©Suzi / pixelio.de

Weitere Bücher finden Sie auf **www.hansebooks.com**

VOM

HEERSCHILDE.

EIN BEITRAG

ZUR

DEUTSCHEN REICHS- UND RECHTSGESCHICHTE

VON

Dr. JULIUS FICKER.

PROFESSOR AN DER K. K. UNIVERSITÆT ZU INNSBRUCK.

INNSBRUCK.

VERLAG DER WAGNER'SCHEN BUCHHANDLUNG.

1862.

DER

JURISTISCHEN FACULTÆT

AN DER KŒNIGLICHEN UNIVERSITÆT

ZU

BRESLAU

AUF VERANLASSUNG DER DEM VERFASSER BEI DER FEIER DES FUENFZIG-
JAEHRIGEN BESTEHENS DER HOCHSCHULE AM . IV. AUGUST . MDCCCLXI
ERTHEILTEN WUERDE EINES DOCTORS BEIDER RECHTE

IN GRŒSSTER HOCHACHTUNG UND DANKBARKEIT

GEWIDMET

Die Forschung auf dem Gebiete der deutschen Rechtsgeschichte hat wohl nirgends mit grösseren Schwierigkeiten zu kämpfen, als da, wo es gilt, die geschichtliche Entwicklung der einzelnen Institute in dem Zeitraume zu verfolgen, welcher durch die Volksrechte und die karolingische Reichsgesetzgebung einerseits, durch die Rechtsbücher andererseits begränzt wird. Da fehlt jede Quelle, welche es sich zur Aufgabe gesetzt hätte, die gesammten Rechtsverhältnisse des Volkes oder eines seiner Stämme darzulegen; kaum dass hie und da für einzelne Verhältnisse, für enggezogene Kreise Aufzeichnungen des geltenden Rechts geboten sind. Von der an und für sich dürftigen Gesetzgebung ist nur Weniges und Vereinzeltes erhalten. Der Vorrath von Urkunden lässt sich mit dem, welcher seit dem dreizehnten Jahrhunderte vorliegt, in keiner Weise vergleichen; weniger, weil mit dem Rückschreiten in der Zeit die relative Zahl der erhaltenen sich mindert, sondern vorzüglich auch desshalb, weil ungleich weniger Urkunden ausgestellt wurden, viele Vorgänge, für welche uns in späterer Zeit Beurkundungen in Menge vorliegen, überhaupt nicht schriftlich bezeugt wurden, wodurch nicht allein ein geringerer Umfang, sondern auch ein viel einförmigeres Gepräge des ganzen Vorraths bedingt ist. Und bieten uns die Geschichtschreiber die verhältnissmässig reichste Quelle, so ermangeln gerade ihre Angaben, sei es wegen Unkenntniss, sei es wegen fehlenden Interesses, nur zu oft der Schärfe und Genauigkeit, welche wir da, wo es sich um die Feststellung rechtlicher Verhältnisse handelt, nicht wohl entbehren können.

Es erklärt sich aus dieser Beschaffenheit der Quellen, wenn unsere Rechtsgeschichten bei manchen Instituten uns nur sehr unvollkommen den stätigen Gang der Entwicklung vor Augen zu stellen vermögen, wenn wir vorzugsweise nur den Zustand, wie er in der karolingischen Periode war, dann wieder den des dreizehnten Jahrhunderts genäuer kennen lernen; während zugleich das, was über die zwischenliegende Entwicklung gesagt ist, häufig mehr aus einer Vergleichung jener beiden Entwicklungsstufen abgeleitet, als durch Zeugnisse gleichzeitiger Quellen genügend belegt ist. Dass hier auch unmittelbar durch Sammeln und Verarbeiten der vereinzelten, weniger leicht erreichbaren und vielfach noch nicht genügend beachteten Zeugnisse noch Vieles geleistet werden kann, ist nicht zu läugnen. Aber eben so wenig, dass wir doch vielfach in erster Reihe darauf hingewiesen sind, aus der genauer bekannten Lage des Ausgangspunktes und des Endpunktes die ungefähre Richtung des dazwischenliegenden Weges zu bestimmen, um dann erst zu prüfen, in wie weit die vereinzelten Quellenzeugnisse, welche an und für sich unzureichend sind, einen verbindenden Faden herzustellen, den Gang der Entwicklung, wie wir ihn uns nach Beachtung jener Gränzpunkte denken, bestätigen oder berichtigen können; und gar oft werden wir uns schon damit begnügen müssen, wenn nur der Nachweis gelingt, dass jene dem muthmasslichen Gange wenigstens nicht widersprechen.

Ist nun auf diesem Gebiete die angedeutete Methode der Forschung vielfach nicht zu vermeiden, so wird es natürlich vor allem geboten sein, den Zustand der Zeiten möglichst genau festzustellen, in welchen die reicheren und zusammenhängenderen Quellen von vornherein erwarten lassen, dass es wirklich möglich sein wird, auf Grundlage der erhaltenen Ueberlieferung über alles Wichtige quellenmässigen Aufschluss erhalten zu können. Es ist in der Natur der Dinge, in der zeitlich fortschreitenden Bewegung der Entwicklung begründet, dass, wie die Darstellung überhaupt einen andern Weg kaum einzuschlagen vermag, auch die Einzelforschung sich zunächst vorzugsweise den begründenden Verhältnissen zuwendet, sich einen festen Ausgangspunkt zum Weiterschreiten zu schaffen sucht. So liegen uns denn nun auch für eine der wichtigsten Seiten unseres Rechtslebens, das Lehnwesen, über die den Ausgang bildenden Verhältnisse der merovingischen und karolingischen Zeit die gründlichen Untersuchungen von Roth und Waitz vor, und es steht wohl zu hoffen, dass von dieser Grundlage aus eine genügendere Erörterung der Weiterentwicklung in den nächstfolgenden Jahrhunderten, wo noch so manches der Aufklärung harrt, nicht auf sich warten lassen wird.

Ist aber für solche Aufgaben die genauere Feststellung des Ausgangspunktes das unbedingt Nothwendige, so wird ihre Lösung doch auch wesentlich gefördert werden können durch eine Methode der Forschung, welche zunächst einen späteren mit genügender Sicherheit erkennbaren Zustand ins Auge fasst, damit für die zeitlich vorschreitende Forschung feste Zielpunkte hinstellt, zu welchen sie nothwendig gelangen muss, wenn ihre Ergebnisse stichhaltig sein sollen, und ihr dabei rückwärtsschreitend entgegenzukommen sucht, indem sie die Frage nicht ausser Acht lässt, wann und wie die für eine spätere Zeit als bestehend erwiesenen Zustände sich gestaltet haben dürften; denn die oft sehr sicher leitenden Anhaltspunkte, welche der spätere Zustand wenigstens für die nächstvorhergehenden Entwicklungsstufen bietet, werden bei der lediglich vorwärtsschreitenden Forschung kaum in vollem Masse ausgebeutet werden können.

Auch in dieser Richtung liegt nun für den bezeichneten Stoff eine überaus bedeutende Leistung vor in Homeyers System des Lehnrechts der sächsischen Rechtsbücher; einer Arbeit, welche insbesondere den Vorzug hat, dass sie nicht allein mit einer Gründlichkeit und Umsicht, welche nach dieser Seite hin fast den Ausdruck eines Abschlusses der Forschung rechtfertigen dürfte, die in den Rechtsbüchern enthaltenen Lehren systematisch entwickelt, sondern neben diesen auch in umfassendem Masse die in den Urkunden vorliegenden Aeusserungen des thatsächlichen Rechtslebens ins Auge fasst und darin das Mittel findet, „um in den Rechtsbüchern das dem Leben angehörige von blos theoretischen Gebilden, die wesentlichen, weit und lange waltenden Normen von Sätzen beschränkterer Geltung zu unterscheiden."

1*

Wenn ich nun aus dem Gesammtgebiete eine Lehre, welche
mir bei dem Ineinandergreifen lehnrechtlicher und landrechtlicher
Anschauungen, bei ihrer Wichtigkeit auch für die höheren Kreise
des Staatslebens und die gesammte staatliche Entwicklung, bei
manchen Anhaltspunkten, welche gerade sie für die Erkenntniss
des früheren Entwicklungsganges des ganzen Institutes bieten
dürfte, von besonderem Interesse zu sein scheint, nochmals auf-
greife, um sie nach einigen Seiten hin näher zu erörtern, so wird
auch mein nächster Gesichtspunkt vorzugsweise der sein, die
Theorie vom Heerschilde, wie, sie in den Rechtsbüchern vorliegt,
mit den Thatsachen zu vergleichen, was ja gerade bei einer Lehre
von Wichtigkeit sein muss, welche allerdings nach manchen
Richtungen hin Veranlassung bietet, sie als ein vorwiegend theoretisches Gebilde, welches dem thatsächlichen Rechtsleben fern
stand, zu betrachten. Glaube ich dabei die betreffende Ausführung Homeyers noch in einigen Punkten ergänzen zu können,
wohl auch hie und da eine abweichende Meinung vertreten zu
dürfen, so wird freilich der Nachfolger, welchem der Weg bereits
geebnet ist, immer hoffen dürfen, einige Schritte weiter zu
gelangen, und zumal dann, wenn er seine Aufmerksamkeit einem
einzelnen Punkte ungetheilt zuwendet. Dann aber liess die engere
Begränzung, welche der Vorgänger für seine Arbeit festhielt, die
Art und Weise, wie er sie aufs engste an die Lehren der sächsischen Rechtsbücher anschloss, andere Quellenzeugnisse vorzüglich nur heranzog, so weit sie bestätigend, erläuternd und
ergänzend mit jenen in Verbindung stehen, hier von vornherein
noch manche Frage offen. Zunächst werden wir bei einem mehr
selbstständigen Verfolgen der Heerschildsverhältnisse noch auf
manche einschlagende Beziehungen geführt, welche die sächsischen
Rechtsbücher gar nicht berühren, und auf welche demgemäss
auch Homeyer seine Untersuchungen nicht ausdehnte. Ist weiter
nicht zu verkennen, dass das Lehnrecht eine örtlich viel ein-
heitlichere Entwicklung zeigt, als das Landrecht, so wird sich
doch auch auf dem Gebiete des Lehnrechts vielfach die Frage
aufwerfen lassen, in wie weit eine Lehre der sächsischen Rechtsbücher, auch wenn sie sich in näheren Kreisen als thatsächlich

wirksam erweist, zugleich als gemeinsames Recht für das ganze
Kaiserreich oder doch für das deutsche Königreich zu betrachten
ist; und möchten wir den Kreis unserer Erörterung zunächst auf
das letztere beschränken, so wird doch ein mehrfaches Hinüber-
schauen auf die Lehnsgebräuche nicht allein der romanischen
Reichslande, sondern auch, so weit einige nächstliegende Hülfs-
mittel das ermöglichen, Frankreichs schon dadurch nahe gelegt
sein, dass sich in dem Lande Lothringen hier, wie in andern
rechtlichen Beziehungen, der engere Anschluss vielfach mehr im
Westen, wie im Osten zu ergeben scheint. Wenn endlich schon
der Vorgänger in seiner zunächst auf Schilderung des zu einer
bestimmten Zeit bestehenden Zustandes gerichteten Arbeit ein
gelegentliches Rück- und Vorschauen nicht ausschloss, so ist
doch dabei an und für sich eine feste Gränze gar nicht gegeben,
ist es vorwiegend dem subjektiven Ermessen anheimgestellt, wo
und bis wie weit ein Hinblick auf die Gestaltung der vorhergehenden und nachfolgenden Entwicklungsstufen sich der nächsten
Aufgabe anschliessen mag; und da möchte ich, von dem früher
angedeuteten Gesichtspunkte ausgehend, insbesondere auch darauf
eingehen, wie weit sich die einzelnen, der Abstufung des Heerschildes zu Grunde liegenden Lehnsverbindungen zurückverfolgen
lassen, um so zu einer sicherer begründeten Anschauung darüber
zu gelangen, wie und wann die ganze auf einer Durchdringung
lehnrechtlicher und landrechtlicher Momente beruhende Lehre die
Ausbildung, in welcher die Rechtsbücher sie uns zeigen, erlangt
haben dürfte.

Es würde nach dem Gesagten keinen Zweck haben, die
Lehre vom Heerschilde in ihrem ganzen Umfange und ihrem
vielfachen Zusammenhange mit andern Lehren des Lehnrechts an
der Hand der Rechtsbücher nochmals theoretisch zu entwickeln;
in dieser Richtung an Homeyers System anknüpfend und auf
dasselbe verweisend, werde ich insbesondere nur auf die Punkte
näher eingehen, für welche ich nach den angedeuteten Gesichtspunkten Ergänzendes glaube beibringen zu können; und dafür
wird weniger der Heerschild in seiner Bedeutung als absolute
Lehnsfähigkeit ins Auge zu fassen sein, da hier die Verhältnisse

einfacher liegen und für die bezeichneten Zwecke weniger Ausbeute gewähren, als vielmehr die verwickelteren Verhältnisse des Heerschildes in seinen Abstufungen, der relativen Lehnsfähigkeit. Hatte ich manchen der besprochenen Punkte schon längere Zeit für andere Zwecke meine Aufmerksamkeit zugewandt, so liess es sich in diesem Zusammenhange doch nicht wohl ganz vermeiden, die Untersuchung auch auf solche auszudehnen, bei welchen das nicht in gleicher Weise der Fall war; und sind diese vielfach nur auf Grundlage eines der Vervollständigung noch sehr bedürftigen Materials erörtert, so möge das seine Entschuldigung darin finden, dass die Arbeit zunächst durch den Wunsch veranlasst wurde, für eine mir erwiesene ehrende Auszeichnung durch Veröffentlichung einer Abhandlung rechtsgeschichtlichen Inhaltes in nicht zu langer Frist ein Zeichen der Erkenntlichkeit zu geben, wie es eben in meiner Macht lag.

I.

In den Rechtsbüchern wird der Ausdruck **Heerschild** in zweifacher Bedeutung gebraucht.

Er bezeichnet einmal die Lehnsfähigkeit überhaupt, die Fähigkeit einer Person, mit voller rechtlicher Wirkung Lehen zu empfangen und zu verleihen.

Er bezeichnet aber weiter, insofern von höherem und niederem Heerschilde die Rede ist, auch die Abstufungen der Lehnsfähigkeit, ausgehend von der Anschauung, dass die durch Stand und Mannenverhältniss Gleichgestellten eine Genossenschaft bilden, welche derjenige, welcher Mann seines Genossen wird, verwirkt und damit die Fähigkeit, die Lehnsherrlichkeit über Personen des nächstniederen Schildes zu erlangen oder zu bewahren.

Die Theorie hält mit grösster Strenge an diesem Satze von der Niederung des Heerschildes durch Eingehung eines Mannenverhältnisses zu Genossen fest; sie kennt nur eine Ausnahme, die Eingehung eines Mannenverhältnisses zur Sühne eines Todschlages. [1] Wir können ein solches von Genossen eingegangen urkundlich nachweisen; zur Sühne für den Mord des Grafen Simon von Tekelnburg um 1207 mussten die Grafen von Ravensberg seinem Sohne Mannschaft leisten und einen Theil ihres Eigen von ihm zu Lehen nehmen. [2] Wegen Ermordung des Bodo von Homburg müssen 1227 zwar nicht die

---

1. Vgl. Homeyer System. 305.　　2. Cod. dipl. Westfaliae 3, 160.

Thäter, die Grafen von Everstein selbst, aber hundert Ritter und
Knappen Mannen der Söhne und Verwandten des Ermordeten
werden. [1]

Stellen wir nun die Frage, ob jener Satz von der Niederung
des Heerschildes auch bei den thatsächlichen Lehnsverbindungen
beachtet wurde, so werden wir dieselbe wohl im allgemeinen
unbedingt bejahen dürfen. Belege dafür werden uns die Untersuchungen über die einzelnen Heerschilde bieten. Einen besonders auffallenden Beleg werden wir aber auch sehen müssen
in dem so überaus häufigen Vorkommen einer **Umgehung der
Niederung des Heerschildes**. Es musste sehr häufig der Fall
vorkommen, dass jemand ein Lehngut zu erwerben wünschte,
womit sein Genosse oder Untergenosse belehnt war, dessen
Gewere ihm demnach ohne Zuthuen eines Dritten zunächst nur
durch Belehnung hätte übertragen werden können. Es konnte
sich weiter um die Beibehaltung einer schon bestehenden Lehnsverbindung durch jemanden handeln, dessen Schild durch Erhebung zum Könige oder Fürsten erhöht wurde, so dass er nun
Genosse oder Uebergenosse seines frühern Herren wurde. Oder
es konnten Lehngüter, für welche eine erweiterte Erbfolge bestand,
an eine Person höhern Schildes vererben. Für diese und ähnliche Fälle war man nun auf Auswege bedacht, welche zum
grossen Theil dahin zielten, der zu beleihenden Person den ding-
lichen Nutzen, den Genuss des Lehngutes zuzuwenden oder zu
erhalten, ohne dass sie zugleich durch Mannschaft ihren Schild
niedern musste. Und sind diese Auswege zum grossen Theile
solche, welche das strenge Lehnrecht als unstatthaft bezeichnete,
so muss der Umstand, dass man sich leichter über andere
Normen, als über die Verhältnisse des Heerschildes glaubte weg-
setzen zu dürfen, doch sehr dafür sprechen, dass die letztern
nicht bloss in der Theorie, sondern auch thatsächlich die grösste
Beachtung fanden. Eine genauere Aufzählung dieser Auswege
wird aber nicht allein dafür den Beleg bieten, sondern auch
spätere Untersuchungen in so weit wesentlich erleichtern, als der

1. Orig Guelf. 3, 680.

Nachweis des Einschlagens solcher Auswege im Einzelfalle uns mehrfach einen Schluss auf die Heerschildverhältnisse der betreffenden Personen gestatten wird.

Das strenge Lehnrecht kennt nur einen Weg, auf welchem eine Person in den Genuss eines Lehngutes gelangen kann, mit welchem sie sich von dem veräussernden Vasallen ihres Heerschildes wegen nicht beleihen lassen kann, nämlich Auflassung des Gutes an den Herrn.

Diese konnte einmal geschehen zum Behufe der Wiederverleihung an den Erwerber.[1] So werden sehr häufig Reichslehen, welche einem Fürsten veräussert wurden, dem Könige aufgelassen, um sie dem Fürsten wiederzuleihen; beispielsweise sagt K. Friedrich 1217 von der Grafschaft im Ilzgau: *comitatum — ab ipso duce (Bawarie) in manus eminentie nostre resignatum, statim presente et petente eodem duce contulimus memorato episcopo U. et sue ecclesie — titulo legalis feudi perpetuo possidendum.*[2] Das setzt aber nicht allein die Einwilligung des Herren voraus, sondern auch, dass dieser Herr ein solcher war, dessen Mann der Erwerber ohne Niederung des Schildes werden konnte.

Traf letzteres nicht zu, so bot sich noch der Weg der Auflassung behufs Ueberlassung zu Eigen an den Erwerber.[3] Bei weitem am häufigsten kam das in Anwendung, wenn ein Lehngut Unfähigen, insbesondere nichtfürstlichen Kirchen übertragen werden sollte; sehr gewöhnlich gab wohl ein Herr von vornherein bestimmten Kirchen das Privileg, von ihm lehnrührige Güter von seinen Vasallen und Ministerialen erwerben zu dürfen. Doch finden sich auch Fälle, wo es offenbar geschah, um eine Niederung des Heerschildes zu verhindern. So verkauft im J. 1291 der Graf von Eschenloh dem Herzoge von Kärnthen die Burg Hörtenberg, welche er vom Herzoge von Baiern zu Lehn hatte; dieser überträgt dann die Proprietas der Burg dem Herzoge von Kärnthen.[4]

---

1. Näheres bei Homeyer S. 426.   2. Mon. Boica 30 a, 56.   3. Vgl. Homeyer S. 500.   4. Hormayr Gesch. v. Tirol 1 b, 568.

War die Einwilligung des Herrn überhaupt oder wenigstens nicht sogleich zu erlangen, so war man auf Auswege bedacht, um wenigstens dem Erwerber die spätere Belehnung oder Eigenthumsübertragung möglichst zu sichern und ihm den Nutzen des Gutes sogleich zuzuwenden. Der einfachste war das Halten des Gutes zu treuer Hand; der veräussernde Vasall verspricht, Lehnsträger zu verbleiben, bis der Erwerber selbst die Belehnung erlangen kann. So bei Veräusserung an einen Uebergenossen: die Grafen von Nienover und Dassel verpflichten sich 1274 dem Herzoge von Braunschweig, *quod nos et heredes nostri castrum Nyenovere et nemus quod dicitur Solge — tenere debemus in nostra pheodali possessione tam diu, donec idem dominus noster dux et sui heredes predicti eandem pheodalem possessionem, quam nos et heredes nostri in castro et nemore prefatis habuimus vel habere videbamur, ab imperio valeat adipisci;* und noch an demselben Tage zeigen sie dem Könige die Resignation zu Gunsten des Herzogs an.[1] Oder bei Veräusserung an einen Genossen: der Graf von Geldern bekundet 1331, dass er den vom Reiche lehnrührigen Niederwald und Oberwald vom Grafen und der Gräfin von Kleve erkauft habe und dass diese *hebben gheloeft in gueden trouwen vor hem ende vor hore erfnamen, dit nederwaut ende overwaut den helder te syn ons ende onsen erfnamen van den rike, thent dier tyt dat wyt vercrighen connen, dat ons van den rike verleent werde.*[2] So weit es dabei zunächst nur galt, den Veräusserer zu verhindern, das Lehn dem Herren unbedingt oder zu eines Andern Gunsten aufzulassen, mochte solcher Abrede nichts im Wege stehen; so weit es dabei aber auch wohl darauf abgesehen war, dem Erwerber sogleich den Nutzen zuzuwenden, erklärt sich das strenge Lehnrecht gegen alle den Nutzen vom Lehen trennende Auswege.[3] Doch finden wir ausnahmsweise auch ein *Zeihen zu treuer Hand* durch den Herrn selbst, wenn diesem der entsprechende Heerschild fehlte; so belehnt, worauf wir zurückkommen, 1236 der Abt von S.

---

1. Sudendorf Urkundenb. 1, 52. 53.   2. Lacomblet UB. 3, n. 256.   3. Homeyer S. 430.

Burchard zu Wirzburg drei Mannen des Edeln von Hohenlohe zu dessen Nutzen. [1]

Jenes einfachste, den Erwerber kaum genügend sichernde Mittel wurde wohl nur dann angewandt, wenn von vornherein an baldiger Einwilligung des Herrn nicht zu zweifeln war. Häufiger finden wir die Scheinleihe, welche die Rechte des Erwerbers wenigstens gegen den Veräusserer sicherer stellte, da nicht diesem die Gewere blieb, sondern dieselbe an von jenem ohnehin abhängige Lehnsträger kam; das Gut wird an Mannen des Erwerbers geliehen, welche es ihm zu Nutzen halten. Diesem Ausweg stand nun allerdings in so weit nichts im Wege, als der Vasall auch ohne Einwilligung des Herrn sein Lehngut weiterleihen mochte; [2] insoweit es sich aber nur scheinbar um eine Weiterverleihung, thatsächlich um eine Veräusserung ohne Einwilligung des Herrn handelt, so ist die Scheinleihe in den Rechtsbüchern ausdrücklich verboten und soll den Verlust des Lehens nach sich ziehen; [3] auch K. Friedrich sagt 1154 und 1158 in den Konstitutionen gegen Veräusserung der Lehen: *Callidis insuper quorundam machinationibus obviantes, qui pretio accepto quasi sub colore investiture, quam sibi licere dicunt, feuda vendunt et ad alios transferunt, ne tale figmentum vel aliud ulterius in fraudem huius nostre constitutionis excogitetur, omnibus modis prohibemus, pena auctoritate nostra imminente, ut venditor et emptor qui tam illicite contravisse reperti fuerint, feudum amittant et ad dominum libere revertatur.* [4] Dennoch war die Scheinleihe zumal im dreizehnten Jahrhunderte sehr üblich und erleichterte es den Fürsten wesentlich, ihre Territorien durch Erwerbung fremder Lehngüter abzuschliessen.

Zuweilen wird der Grund der Verleihung an Mannen des Erwerbers gar nicht erwähnt und nicht angedeutet, dass das nur eine vorübergehende Massregel sein solle. Der Erzbischof von Mainz erkauft 1237 von den Edeln von Merenberg die Grafschaft Reuschel mit der Bestimmung: *Comiciam supradictam dicti*

---

1. Hansselmann Landeshoheit 1, 402.   2. Homeyer S. 431.   3. Homeyer S 430. 507.   4. Mon. Germ. 4, 96. 113.

nobiles iure feudi concedent aliquibus de ministerialibus sive fidelibus nostris, iuxta nostre beneplacitum voluntatis; post quorum mortem alios, quibus nobis placuerit, infeudabunt, nullo nobis et ecclesie nostre ex hoc preiudicio generato. [1] Der Graf von Lauenrode verkauft 1248 dem Herzoge von Braunschweig sein Erbgut und alle Lehen, welche er von den Bischöfen von Hildesheim und Minden und andern Herren hat und belehnt damit *ad manum ipsius domini nostri ducis* vier genannte Ritter. [2] Ebenso 1254 bei Ueberlassung der unzweifelhaft reichslehnbaren Grafschaft im Chiemgau durch die Herzoge von Baiern an Salzburg. [3] Beim Fehlen allgemein anerkannter Könige während des Interregnum war man schon desshalb bezüglich der Reichslehen auf solche Auswege hingewiesen, da eine Auflassung an den Herrn nicht stattfinden konnte.

In andern Fällen wird Grund und Dauer der Scheinleihe in den Urkunden ausdrücklich angegeben. Der Graf von Eberstein verkauft 1297 dem Landgrafen von Hessen Grebenstein und beleiht damit drei landgräfliche Burgmannen *also lange bis wirs ien gemachen userme vorgenannten herren lantgreven — und ern kinden von deme heren, von deme sie mit erin haben mogint.* [4] Der Graf von Ziegenhain verkauft 1294 an Mainz Burg und Stadt Neustadt mit allem Zubehör, leiht dieselben zu rechtem Mannlehen sieben Dienstmannen der Mainzer Kirche, und gelobt, *das wir diese vorgenanten user manne der manschafft ledig sagen sollen, wan ein ertzbischoff ader der stift von Mentze das erkobert an den herren, da die lehen herrurent, das die lehen geeygent werden dem stift zu Mentze.* [5] Die Grafen von Waldeck und Dassel verkaufen 1303 dem Herzoge von Braunschweig Burg und Grafschaft Nienover und versprechen, dieselben zu Lehen zu reichen *quibuscunque dominus dux voluerit, quousque dictam comitiam coram domino nostro Romanorum rege resignaverimus et ipse eandem in pheodo capiat vel acquirat;* [6] die dem Bischofe von Hildesheim 1310 verkaufte

---

1. Guden c. d. 1, 543. 2. Sudendorf UB. 1, 22. 3. Quellen u. Erört. 5, 129.
4. Wenck hess. G. 2, Urk. 243. 5. Wenck 2, Urk. 236. 6. Sudendorf UB. 1, 102.

Grafschaft Dassel wird Stiftsmannen geliehen, bis der Bischof
de liginge erkrige von deme ricke. [1]

Die durchweg erscheinende Mehrzahl der Lehnträger wird
daraus zu erklären sein, dass man einen Heimfall wegen man-
gelnder Lehnserben ausschliessen wollte. Ein ausdrücklicher
Verzicht auf den Heimfall findet sich, wenn 1240 der Edle von
der Lippe dem Bischofe von Münster Vogteien in der Weise
abtritt, *quod ministeriales Monasteriensis ecclesie, qui ad hoc
a domino suo Monasteriensi episcopo fuerint electi, memoratas
advocatias nunquam nobis vel nostris heredibus vacaturas,
hominio nobis facto, de manu nostra ecclesie nomine recipiant
et habeant iure feodali perpetuo possidendas, qui nobis vel
nostris heredibus non dabunt herewede, quotiens eosdem prefatis
advocatiis contigerit infeodari.* [2] Die letzte, auch in andern
Fällen [3] ausdrücklich hinzugefügte Bestimmung hatte wohl den
Zweck, die Ministerialen gegen dienstrechtliche Ansprüche des
Lehnsherrn zu sichern.

Eine Schwierigkeit konnte sich auch daraus ergeben, dass
Theile des veräusserten Lehens an Mannen geliehen waren, welche
der Veräusserer nicht an Ministerialen als Herren weisen konnte;
sie blieben wohl zunächst seine Mannen. Es dürfte das daraus
zu schliessen sein, dass bezüglich des Heimfalles solcher Lehnstücke 1231 beim Verkaufe der von Köln lehnrührigen Burg
Hachen durch die Grafen von Dassel an den Grafen Gottfried
von Arnsberg, mit welcher bis zur Belehnung durch Köln Ministerialen des letztern belehnt werden, bestimmt wird: *Si aliqua
feoda particularia predicto castro annexa vacabunt nullis exi-
stentibus legitimis heredibus, hec ad comitem Godfridum et ad
eius filium, licet adhuc non fuerit omnimodo executum ut debet,
non hoc obstante redibunt tanquam ad verum dominum.* [4]

Die Sicherheit des Erwerbers finden wir nun häufig noch
verstärkt durch Verpfändung von Seiten der Schein-
belehnten. Verpfändung des Lehngutes an den Erwerber

---

1. Lünig RA. 20, 703. 2. Cod. dipl. Westfaliae 3, 203. 3. C. d. Westf
3, 163. 439. 4. Seibertz UB. 1, 249.

durch den Veräusserer für eine den Kaufpreis übersteigende
Summe wäre ein einfaches Mittel gewesen, um jenen ohne Einwilligung des Herrn in Genuss zu setzen. Aber es scheint, dass
man die Satzungen, welche Verpfändung ohne Zustimmung des
Herrn untersagten, [1] nicht in gleicher Weise unberücksichtigt zu
lassen wagte, als das Verbot der Scheinleihe; wenigstens ist mir
ein Beispiel für unmittelbare Verpfändung zum Zwecke, einer
Niederung des Schildes auszuweichen, nicht bekannt. Verlangt
ein Reichsgesetz von 1231 Zustimmung des obersten Herren, des
Dominus principalis, [2] so war dem freilich auch bei einer Verpfändung durch die Scheinlehnträger nicht genügt; aber die Rechtsbücher scheinen nur den nächsten Herren im Auge zu haben, das
sächsische Lehnrecht spricht von Erlaubniss des Herren *von
deme he't heret*; [3] und war das in diesem Falle eben der Veräusserer, so stand wenigstens von dieser Seite dem Vorgange
nichts im Wege.

Ein Beispiel, bei welchem überhaupt die Bedingungen der
Scheinleihe besonders sorgfältig angegeben sind, bieten die bezüglichen Bestimmungen beim Verkaufe der Herrschaft Vechte durch
Walramv on Montjoie, dessen Frau und deren Mutter an den
Bischof von Münster im J. 1252: *Item nos Walramus, Sophia
et Jutta de omnibus feodis, que vel ab imperio vel aliunde
nomine prefati dominii tenebamus, S. de Ghemene, W. Rucen
et H. natum burggravii de Strombergh, recepta ab eis homagii
fidelitate, inpheodavimus, qui taliter infeodati a nobis predicta
feoda de nostro consensu et ratificatione Monasteriensi ecclesie,
Ottoni episcopo et ministerialibus dicte ecclesie titulo pignoris
ad summam quadraginta millia marcarum obligarunt. Ceterum
bona fide promisimus, quod quamdiu vivemus, non resignabimus
aliqua vel aliquod de prefatis feodis in manus domini a quo
tenentur, nisi faciamus ad voluntatem Monasteriensis ecclesie
et eius episcopi et super eo dedimus fideiussores — in hac
fideiussione ad triennium ex hodie duraturos, ut medio tempore
Monasteriensis ecclesia memorata feoda ab eorum dominis con-*

---

1 Homeyer S. 433.   **2.** Mon. Germ. 4, 283.   **3.** Sächs. Lhr. 68 § 3.

sequatur; ad quorum resignationem coram ipsis dominis, dum ab eadem ecclesia requirimur, debemus et volumus esse parati. Hoc etiam est adiectum, quod nos ecclesie Monasteriensi in universis ad prefatum dominium pertinentibus nec non S. de Ghemene, W. Rucen et H. nato burggravii de Stromberg in universis feodis, que ipsi de manu nostra receperunt, plenam warandiam prestabimus, quousque Monasteriensis ecclesia predicta feoda consequatur. Si vero memorata feoda a dominis suis Monasteriensi ecclesie fuerint denegata, nos ad restaurum seu ad recompensationem eorundem compelli non debemus. Ego tamen Walramus hunc casum ad cautelam excipere duxi, quod gwerra aliqua inter venerabilem dominum archiepiscopum Coloniensem et inter progeniem de Limburgh hinc inde ingruente mihi liceat super feodo habito a Coloniensi archiepiscopo eidem dedicere et renunciare, uxore tamen mea et eius matre illud suo iure retinentibus renuntiationis mee tempore pendente, eo adiecto, quod guerra cessante optinebo me recuperare idem feodum a domino predicto. [1] Man sieht hier besonders deutlich, wie zur Scheinleihe und Verpfändung auch noch genügende Verbürgung des Haltens zu treuer Hand hinzukommen musste, um den Erwerber dagegen zu sichern, dass der Veräusserer das Lehen nicht seinem Herrn unbedingt auflassen und dieser es einem Anderen, als dem Erwerber leihen konnte; denn blieb in diesem Falle auch durch das Lehnrecht der Aftervasallen, welche an den andern Herrn folgten, und durch die Verpfändung dem Erwerber der Nutzen gewahrt, so war doch die Aussicht geschwunden, das Erkaufte selbst zu Eigen oder zu Lehen zu erhalten.

Die Erlaubniss zur Verpfändung wird besonders betont beim Verkaufe der Herrschaft Horstmar an Münster durch den Grafen von Rietberg und seine Gemahlin Beatrix im J. 1269: *Nos vero Beatrix — bona illa que hactenus a domino O. comite de Bintheim iure hereditario in feodo tenuimus, H. de L. et W. de L. ecclesie Monasteriensis ministerialibus ad opus ipsius*

---

1. C. d. Westfaliae 3. 290.

ecclesie Monasteriensis in feodo porreximus, quibus defunctis vel nos vel heredes nostri aliis duobus et aliis deinceps pro beneplacito episcopi, qui fuerit pro tempore, et ecclesie Monasteriensis sine omni difficultate et herwadio porrigemus; recognoscimus etiam, quod H. et W. iam dicti eadem bona de nostro consensu et voluntate pro mille marcis Monasteriensium denariorum domino G. sepedicto episcopo Monasteriensi et ipsius ecclesie titulo ypotece sive pignoris obligarunt. [1] Auch aus anderen Gegenden finden sich Beispiele; so verkauft 1283 der Landgraf von Leuchtenberg dem Herzoge von Baiern die von diesem lehnrührige Landgrafschaft; die zugehörigen Reichslehen werden drei herzoglichen Ministerialen geliehen und von diesen dem Herzoge für zweitausend Pfund verpfändet; [2] der Graf von Eschenloh verkauft 1294 die Grafschaft zu Partenkirch an Freising, welche Stiftsministerialen geliehen und von diesen der Kirche um tausend Mark verpfändet wird. [3]

Bei diesen Umwegen wird überall an der Anschauung des strengen deutschen Lehnrechtes festgehalten, dass niemand ein Gut lehnweise besitzen könne, ohne dem Herren Mannschaft geleistet zu haben, wodurch jede Lehnsverbindung mit Genossen ohne Niederung des Schildes ausgeschlossen war. Anschliessend an französische und burgundische Lehnsgebräuche finden wir nun aber auch in den lothringischen Reichslanden Auswege gebraucht, welche von der Anschauung ausgehen, dass jemand ausnahmsweise Gut lehnweise von einem Genossen oder Untergenossen besitzen könne, ohne durch Leistung der Mannschaft an denselben seinen Schild geniedert zu haben; wir werden auch später Belege finden, dass nur die Mannschaft, das Hominium, das für die Niederung entscheidende ist.

Für eine Nachsicht der Mannschaft für immer finden sich nur wenige Beispiele. Um 1160 überlässt Graf Raimund von Provence ein ihm heimgefallenes Lehen dem Erzbischofe von Embrun gegen eine Geldsumme unter der Bestimmung: *hanc*

---

1. C. d. Westf. 3, 439, vgl. auch l. c. 163. Seibertz UB. 1, 249.   2. Scheidt Bibl. hist. Gotting. 211.   3. Meichelbeck Hist Fris 2. Text 90.

donationem eo tenore facio tibi et successoribus tuis, ut deinceps tu et successores tui habeatis et libere possideatis per me et successores meos, reverentia personae omisso hominio, ad fidelitatem et servitium, quidquid A. et H. per me et antecessores meos habuisse videntur, — retento mihi et successoribus meis servitio in supradictis castris vel locis, quod ego et antecessores mei soliti sumus habere. [1] Der König von Frankreich bekundet 1193: *quod L. Morinensis episcopus nos et successores nostros absolvit et in perpetuum quitos dimisit ab hommagio, quod sibi facere debebamus de feodo Hesdin, quod predecessores nostri domini de Hesdin antecessoribus suis episcopis Morinensis ecclesiae fecisse dinoscuntur;* dafür befreit der König die Kirche *in perpetuum* von der Last der Verpflegung für sich und seine Diener. [2]

In diesen Fällen ist die Möglichkeit gar nicht vorgesehen, dass das Lehen etwa später an einen Vasallen kommen könne, dessen Heerschildverhältnisse einer Leistung der Mannschaft nicht im Wege ständen. Im ersten Falle war das allerdings bei Fortdauer dieser Lehnsverbindung überhaupt nicht wohl denkbar; auch im zweiten nicht, wenn feststand, dass der jedesmalige König von Frankreich das Lehen besitzen solle. Aber ein solches Lehen konnte ja auch auf einen jüngern Sohn übergehen, der nicht König wurde, oder anderweitig aus den Besitz des Königs kommen; um für solche Fälle dem Herrn das Recht zu wahren, ist häufiger nur von zeitweiser Nachsicht der Mannschaft die Rede.

Diese Nachsicht konnte von vornherein ausgesprochen werden für die Zeit der Fortdauer der die Mannschaft ausschliessenden Stellung des Belehnten und seiner Erben. So bekundet 1185 der König von Frankreich, dass für die vom Grafen von Flandern an ihn gekommene Grafschaft Amiens der Kirche von Amiens die Mannschaft gebühre; dass sie aber bewilligt habe, *ut feodum suum absque faciendo hominium teneremus, cum utique nemini facere debebamus hominium*

---

vel possimus; dass er dagegen die Kirche von der Verpflichtung zu seiner und seiner Diener Verpflegung befreit habe, aber nur *quandiu nos et successores nostri reges Francorum terram Ambianesiam et comitatum tenebimus; ita quod si forte terram istam aliquis deinceps habuerit, qui ecclesiae Ambianensi possit hominium facere, hominium faciet episcopo de predicto feodo, et episcopus nobis et successoribus nostris regibus Franciae nostrisque servientibus nostras procurationes, sicut antiquitus ceteri Ambianenses episcopi consueverant, ab illo tempore in futurum exsolvet.* [1] Herzog Johann von Brabant und Limburg bekundet, dass, da ihm König Johann von Böhmen als Graf von Luxemburg für Arlon und la Roche die Mannschaft schulde, *nos pro nobis et nostris haeredibus Brabantiae et Limburgis ducibus — eidem regi remisimus et quitamus praedictum homagium quamdiu rex ipse vivet et post ipsum sui haeredes, quamdiu fuerint reges, qui non tenebuntur nobis nec nostris haeredibus facere homagium de bonis praedictis, quamdiu unus post alium vivet; cum tali conditione, quam cito venerit sive fuerit haeres, qui non esset rex et qui erit comes Lucemburgensis, quod quartus post tres primos comites faciet et facere tenebitur homagium haeredibus nostris de bonis suprascriptis.* [2] Während also nach jener erstangeführten und ähnlichen bezüglichen Stellen überall nur der Besitz der Krone selbst unvereinbar mit der Mannschaft erscheint, der Königssohn, der nicht selbst König ist, dieselbe anstandslos leisten kann, wie denn auch französische Prinzen dieselbe anstandslos Bischöfen leisteten: [3] finden wir hier die Anschauung eines Nachwirkens der durch das Königthum bewirkten Höhung des Schildes auch für solche Erben, welche die Krone selbst nicht mehr tragen; freilich nicht unbeschränkt, sondern für eine bestimmte Zahl von Generationen, wie in ganz entsprechender Weise wenigstens das sächsische Lehnrecht die Erniedrigung des Schildes für zwei Geschlechtsfolgen nachwirken lässt, [4] während es unseres

---

1. Brussel Us. d. fiefs. 1, 153. 2. Butkens Troph. 1, 162. 3. Ducange Glossar. ed. Henschel 3, 678 b. 4. Homeyer S. 303. Vgl. Deutschensp. Lhr. 281. 282. Schwäb. Lhr. 156.

Falles nicht gedenkt. Es konnte aber auch die Nachsicht zunächst
nur auf Lebenszeit gewährt werden; so bekennt 1282 König
Karl von Sizilien, dass er als Graf von Tonnere einige Lehen
vom Herzoge von Burgund habe: *et consentimus, quod pro eo,
quod idem dux terminum nobis ad vitam nostram de prae-
stando et faciendo homagio pro feudis predictis liberaliter pro-
rogavit, nullum sibi et haeredibus suis praeiudicium generare.* [1].
Durch solche Beschränkung war dem Herrn die Möglichkeit
geboten, durch Bestehen auf dem Homagium beim Mannsfalle
wenigstens beim Vorhandensein mehrerer Söhne Uebergang des
Lehens auf denjenigen, welcher nicht König wurde, erwirken zu
können. Ein allgemein anerkanntes Herkommen, dass der Herr
bei persönlicher Standeserhöhung des Vasallen diesem die Mannschaft auf Lebenszeit nachzusehen habe, werden wir kaum anzunehmen haben; denn wir finden auch ein Beispiel, dass die
Nachsicht nur auf Zeit des Beliebens des Herrn ausgesprochen wurde. K. Wilhelm bekundet 1248 und nochmals 1250:
*quod cum nobilis domina Margareta Flandriae et Haynonie
comitissa a nobis instanter exigeret, quod ei faceremus homagium de terra Zelandie, quam nos et nostri antecessores de
suis antecessoribus comitibus Flandrie tenuimus in feudum, ad
preces venerabilis patris — sedis apostolicae legati placuit
predicte comitisse, quod sustineret et differret ad voluntatem suam et placitum suum videlicet domine comitisse
de homagio supradicto a nobis exigendo seu requirendo, et nos
predicte comitisse recognoscimus, quod ista sustinentia non
faciat ei aliquod preiudicium aut suis successoribus comitibus
Flandrie, quin potius volumus et declaramus, quantumcunque
predictam comitissam contingat sustinere de homagio a nobis
exigendo, successores tamen nostri quicumque post nos comitatum Hollandie tenuerint sive sint heredes de carne nostra
sive alii successores tenebuntur predicte comitisse et eius successoribus comitibus Flandrie facere homagium de terra Zelandie
et alia iura sua ei recognoscere et observare;* [2] ging der König

---

1. Perard Recueil. 555.   2. Kluit Hist. Holl. 2, 548. 573.

offenbar von der Ansicht aus, dass er selbst auch später die Mannschaft nicht werde leisten dürfen, so wollte wohl die Gräfin bei ihrer gegenseitigen gespannten Stellung sich die Hand frei halten, ihm durch dieses Verhältniss Verlegenheiten bereiten zu können; und wieder mag der Wunsch, sich diesen für immer zu entziehen, mitgewirkt haben, wenn der König seinerseits 1252 der Gräfin wegen versäumter Muthung alle ihre Reichslehen absprechen liess. [1]

Bei solcher immerwährender oder zeitweiser Nachsicht wurde nun wohl ein Ersatz der Mannschaft durch anderweitige Leistung bedungen; so erhielten in den angeführten Beispielen der Bischof von Terouenne immerwährende, der von Amiens zeitweise Befreiung von der Verpflegslast als Entschädigung für die immerwährende und zeitweise Nachsicht der Mannschaft; bestimmter noch zeigt sich der Zusammenhang, wenn der Bischof von Noyon 1213 bekundet: *Cum secundum usum et consuetudinem hactenus approbatam predecessores karissimi domini nostri Philippi illustris Francorum regis nulli consueverint facere homagium, in recompensatione m homagii, quod domini Viromandiae debebant nobis et ecclesiae Noviomensi, ipse nobis et successoribus nostris Noviomensibus episcopis dedit et concessit in perpetuum augmentum regalium, quidquid habebat apud Laceniacum.* [2] Ebenso wenn 1259 vereinbart wird, dass der König von Frankreich für ein vom Grafen von Montfort auf ihn übergegangenes, vom Erzbischofe von Arles rührendes Lehen diesem einen jährlichen Zins von hundert Pfund entrichten solle, und zwar *hominii loco, quod nemini reges faciunt;* dass aber ein künftiger Besitzer, der nicht König sei, die Mannschaft zu leisten habe. [3] Einen Zins statt der Mannschaft finden wir auch, wenn es 1164 heisst: *Abbas Compendii —, quia hominium facere non potest, Meldensi episcopo annuatim persolvet — decem solidos.* [4]

Wurde in den besprochenen Fällen die Mannschaft überhaupt

---

1. Mieris Charterboek 1, 268. 269. 2. Ducange Glossar. 3, 687 b. 3. Gallia christ. 1, Text 570. 4. Ducange Glossar. 3, 687 b.

nicht geleistet, so finden wir in andern eine Leistung der
Mannschaft durch Stellvertroter, welche sich von der
früher besprochenen in Deutschland üblichen Scheinleihe dadurch
unterscheidet, dass es sich nicht um eine Umgehung der Einwilligung des Herrn mit Einhaltung der sonstigen lehnrechtlichen
Forderungen handelt, sondern um eine vom Herrn zugestandene
Abweichung von den letztern, um einer Niederung des Heerschildes auszuweichen; dass in jenem Falle der durch seine
Mannen vertretene Erwerber keinerlei lehnrechtlich begründete
Rechte oder Verpflichtungen aus dem Lehngute hat, in diesem
ihm, wie sich aus einzelnen der zu besprechenden Beispiele
bestimmt zu ergeben scheint, Rechte und Verpflichtungen in
vollem Umfange, wie andern Vasallen zustehen, nur dass er in
den Verpflichtungen, deren Erfüllung seinen Schild niedern würde,
also insbesondere in Leistung der Mannschaft, durch Andere vertreten wird.

Wir finden hier zunächst Stellvertretung durch einen
Sohn des Lehnsbesitzers. Im J. 1209 bekundet der Markgraf Philipp von Namur, als früher seine Eltern Flandern ererbt
hätten, hätte der Herzog von Brabant verlangt, *ut ipsi de terra
de Alost facerent homagium, sicut ius suum exigebat;* worauf
die Eltern *me, qui post primogenitum maior natu inter filios
eorum existebam, prefato duci ad supradictum faciendum
obtulerunt;* der Herzog habe ihn dann belehnt. [1] Da das Land
Alost auch später immer Pertinenz von Flandern, und nicht von
Namur, dem Antheile des jüngern Sohnes war, so hatte jener
Vorgang wohl nicht die Bedeutung eines Verzichtes auf das
Lehn zu Gunsten des jüngern Sohnes; rechtlicher Besitzer des
Lehns war der Vater, und es stand auch wohl der Vererbung
auf den ältesten Sohn nichts im Wege; nur durfte auch dieser
als künftiger Graf von Hennegau und Flandern seinen Schild
nicht niedern, während das für den jüngern Sohn um so weniger
einem Anstande unterliegen konnte, als dieser in den lothringischen Landen, worauf wir zurückkommen, auch für seinen Antheil

---

1. Butkens Troph. I. 61.

aus dem väterlichen Erbe herkömmlich Mann des ältern Bruders wurde. In einem Vertrage zwischen dem Könige von Frankreich und dem Herzoge von Brabant vom J. 1208, bei welchem die Wahl des letztern zum römischen Könige vorausgesetzt wird, heisst es: *De Yda comitissa Bolonie sic erit: si ipse et eius filia sine herede moriantur, filius noster vel filia nostra, qui comitatum Bolonie vellet habere, ipsi rege Francorum vel filio suo faciet hominagium ligium et servicium et omnem justiciam, qualem feodum comitatus Bolonie debet; nam si nos essemus rex Romanorum, non possemus ei facere hominagium.* [1] Auch hier scheint die ganze Fassung darauf hinzudeuten, dass der Herzog nicht auf die Grafschaft verzichtet, sondern nur durch Sohn oder Tochter bezüglich der Verpflichtungen vertreten wird; ein Ausschluss des ältern Sohns war hier nicht geboten, da, wie wir sehen werden, der Herzog von Brabant als solcher Mann des Königs von Frankreich sein konnte.

Es konnte weiter die Stellvertretung d u r c h M a n n e n d e s L e h n s b e s i t z e r s stattfinden. Der Erzbischof von Rheims und der Bischof von Lüttich schliessen 1127 einen Vertrag *de beneficio Remensis ecclesiae, quod ad castellum, quod Bullion dicitur, pertinet;* der Erzbischof erklärt: *beneficium — A. Leodiensium episcopo et per eum successoribus suis conditione supposita contradidi;* der Bischof hat jährlich auf Verlangen des Erzbischofs mit dreihundert Rittern zu dienen, auch unter angegebenen Bedingungen das Lehngericht des Erzbischofs zu suchen: *Quia vero Leodiensis episcopus aliorum more casatorum hominum nobis facere non potuit hominium, octo de suis, quatuor videlicet de castellanis de Bullon — et quatuor de aliis casatis suis — a quibus hominium suscepimus, nobis produxit;* der Vertrag soll auch die beiderseitigen Nachfolger binden, so lange die Kirche von Lüttich die Burg Bouillon besitzen würde, so dass beim Herrn- oder Mannsfall *Leodiensis episcopus veniens Mosonium firmata amicitia, renovata conventione, redditis hominiis baronum praenominatorum, si supervixerint, vel haeredum sibi*

---

1. Delisle Catal. d. act. de Phil. Auguste 514.

succedentium a Remensi archiepiscopo gratis et absque ulla contradictione certum recipiat beneficium. [1] Der Unterschied von der Scheinleihe tritt hier besonders deutlich hervor; der Bischof selbst wird mit dem Gute beliehen und nicht allein die Rechte, sondern auch die Verpflichtungen treffen ihn selbst, und nicht die die Mannschaft leistenden Barone. Noch 1269 bekennt der Bischof, dass er dem Erzbischofe *homagium nomine suo — per tres homines* geleistet habe, was sich wohl auf dasselbe Lehen bezieht, obwohl die Zahl der Mannen, deren der Erzbischof anfangs vier verlangte, geringer ist. [2] Im J. 1167 bekundet der König von Frankreich: *quod — comes (Campaniae) H. feodum de Savigny concessit episcopo Belvacensi B. et successoribus eius; et de feudo illo iam dictus episcopus per unum militem et iustitiam et servitium comiti H. promisit et affidavit; et quod similiter facient episcopi, qui post ipsum erunt, constituit.* [3] Im J. 1284 bekundet *Philippus regis Francorum primogenitus, quod nos de rebus quas ratione carissimae consortis nostrae J. haeredis Campaniae tenere debemus in feodum ab episcopo Lingonensi, homagium fecimus — episcopo; hoc pacto, quod si contingat nos ad successionem regni Francorum venire evanescet homagium et nullius firmitatis existet: ita tamen, quod eidem episcopo — teneamur dare sufficientem vassallum, qui res teneat feodales et ipsi episcopo homagium faciat de praedictis, vel super his amicabiliter componere cum eodem;* [4] ein Beispiel, welches auch in so weit Beachtung verdient, als sich darin die Anschauung ausspricht, dass die Folgen der einmal eingegangenen Mannschaft für die Heerschildverhältnisse sich wenigstens in Ausnahmsfällen oder nach französischem Brauche wieder aufheben lassen, während nach der Strenge des deutschen Lehnrechtes die Folgen der Niederung des Heerschildes sich sogar auf Söhne und Enkel erstrecken, auch wenn diese das Mannenverhältniss nicht fortsetzen. [5] Beispiele für Leistung der Mannschaft durch Stellver-

---

1. Chapeaville Gesta pontif. Leod. 2, 100. 2. Ducange glossar. ed. Henschel 3, 682b. 3. Brussel Us. d. fiefs 1, 3. 4. Gallia christ. 4, 213. 5. Vgl Homeyer S. 303. 306.

treter französischer Könige finden sich mehrfach; [1] doch auch der deutsche König Wenzel erklärt 1384, dass er eine Burg vom Abte zu Prüm zu Lehen habe, dass aber, da es einem römischen Könige nicht zieme, sich von einem Fürsten belehnen zu lassen, das zur Zeit der dortige Burggraf thuen solle. [2]

Ein anscheinend sehr vereinzeltes Auskunftsmittel zur Vermeidung einer Niederung des Schildes war die wechselseitige und gleichzeitige Belehnung durch Genossen, zu dem Zwecke, sich der besondern durch das Lehnband bedingten Treue gegenseitig ohne Unterordnung des einen unter den andern zu versichern. Die Grafen von Vienne waren früher Vasallen der Grafen von Savoien, mochten aber als deren Genossen betrachtet werden, nachdem diese Lehnsverbindung 1334 gelöst war und der Delfin Humbert nun keinen Laien mehr zum Herrn hatte, als den Kaiser und die Könige von Frankreich und Sizilien. [3] Im J. 1337 wurde nun ein Bündniss zwischen dem Grafen von Savoien und dem Delfin geschlossen, in welchem es heisst: *Verum quia fidelitatis et homagii forma quantum perseverant diutius, fortius inducunt vinculum et nexum indissolubilem operantur: idcirco dicti domini principes, pro se, haeredibus et successoribus suis sibi ad invicem una hora, uno eodemque contextu interveniente foederis osculo fecerunt mutua homagia ligia constituentes se videlicet alter alterius hominem ligium hinc et inde;* nachdem dann beide ihre genannten Herren und Mannen ausgenommen haben, stellen sie sich gegenseitig genannte Burgen und Güter *in feudum ligium antiquum paternum et nobile, quod naturam recti et bene conditionati feudi nobilis antiqui et paterni prorsus habeat,* insbesondere unbeschränkt vererbt wird; es heisst dann weiter, dass der Graf den Delfin *per cuiusdam ensis nudi traditionem in iustitiae signum de dictis castris et feudis investivit,* und umgekehrt der Delfin den Grafen. [4] Seit dann das Delfinat an den Kronprinzen von Frankreich gekommen war, mochte die Fort-

1. Vgl. Brussel Us. d. fiefs 1, 155.   2. Archiv der Gesellsch. 11, 445.
3. Lünig Cod. dipl. Italiae 1, 642. 649.   4. Lünig C. d. It. 1, 648.

setzung des Verhältnisses für diesen nicht mehr statthaft
erscheinen, da es 1355 durch Vertrag ausdrücklich beseitigt, der
Graf von Savoien dagegen nun Vasall des Delfin wurde. [1] Beispiele für wechselseitige Belehnung, wenn das Verhältniss auch
nicht so absichtlich, wie hier, herbeigeführt sein mochte, finden
sich auch sonst in den romanischen Reichslanden; so war der
Bischof von Sitten vom Grafen von Savoien und gleichzeitig
dieser von jenem belehnt. [2]

Dem Gebiete des strengen deutschen Lehnrechtes scheint,
wie jene Fälle des Lehnbesitzes ohne Mannschaft, so auch ein
solches Durchkreuzen der Lehnsverpflichtung völlig fremd gewesen
zu sein, wenn wir von dem später näher zu erörternden Lehnsverhältnisse des Königs zu den geistlichen Fürsten absehen
wollen. Die hier gebräuchlichen Auskunftsmittel schlossen sich,
wenn sie auch nach strengem Rechte verboten sein mochten,
doch ganz eng der regelmässigen Form der Lehnsverbindung an.
Weiter freilich, als irgend einer der besprochenen Wege, entfernt
sich von dieser der ganz vereinzelt vorkommende l e h n w e i s e
B e s i t z o h n e B e l e h n u n g d u r c h d e n H e r r n, bei welchem
von einer eigentlichen Lehnsverbindung kaum mehr die Rede
sein kann; es handelt sich um Uebertragung des Genusses von
Gütern in besonderer für den Einzelfall vertragsweise festge-
stellter Form, bei welcher man aus diesem oder jenem Grunde
die Anschauung einer Lehnsverbindung festzuhalten wünschte,
ohne eine solche wirklich einzugehen. So bekundet 1249 Herzog
Wartislaw von Pommern: *suscepimus de summo altari b. vir-
ginis Marie presente abbate in Hilda nomine dicti monasterii
— sub conditione iuris feodalis oppidum in fundo
ecclesie eiusdem noviter instauratum quod Gripeswald lingua
Theotonica appellavit —; hec ipsa etiam feodalis hereditas ad
filios nostros et filiorum filios et ipsos tantum masculos et sic
deinceps per lineam descendentem in eodem sexu, qui etiam
idem oppidum successive conditione eadem ab altari suscipient,*

---

1. Lünig C. d. It. 3, 1038.   **2.** Cibrario Storia d. mon. di Savoia 2, 6.

devolvetur. [1] Der Herzog mochte sich nicht von dem Abte belehnen lassen; da aber weiter noch ausdrücklich darauf hingewiesen wird, dass die Stadt beim Abgange männlicher Erben an das Kloster Eldena zurückfallen solle, so dürfte die Beschränkung der Vererbung auf die so beschränkte Folge des strengen Lehnrechtes vorzugsweise der Grund gewesen sein, wesshalb man die Anschauung einer Lehnsverbindung trotzdem festzuhalten für gut befand. Ganz ähnlich heisst es in einem Vertrage von 1260, durch welchen der Bischof von Minden den Herzogen von Braunschweig die Hälfte von Hameln *in proprium* überlässt, weiter: *decimarum quoque novalium, que a domino episcopo non sunt recepte in pheodo, sed per violentiam sunt detente, contradidit dimidietatem nobis, ita ut illas de altari b. Petri cum baculo episcopali recipiamus, nec tamen propter hoc ecclesie Mindensi homagio aliquatenus teneamur.* [2] Umgehung der Niederung des Heerschildes konnte hier nicht Veranlassung der ungewöhnlichen Form sein, da der Herzog Lehen vom Bischofe haben durfte und thatsächlich hatte; [3] aber es scheint, dass man gerade für den getheilten Besitz von Hameln die Lehnsabhängigkeit vom Bischofe ganz ausschliessen wollte und daher für die Uebertragung der Zehnten, welche der Bischof nicht zu Eigen übertragen konnte, diese eigenthümliche Form zu Hülfe nahm. Beide Fälle kommen insbesondere darin überein, dass eine Belehnung durch den Stiftsheiligen fingirt wird, wie solche Anschauung sich auch anderweitig findet; so wenn 1210 der Graf von Toulouse für sich und seine Nachfolger dem Bischofe von Viviers verspricht, *quod propter hoc feudum homagium facient sancto martyri Vincentio super altare ipsius apud Vivarium in ecclesia majori, episcopo Vivarii tenente catenam circa collum ejus, dum osculabitur altare.* [4] Ganz analog finden wir früher wohl die Anschauung, dass ein neugewählter Abt mit den Temporalien durch den Stab investirt werden müsse, in solchen Fällen, wo doch wieder das

---

1. Dreger Cod. dipl. Pomeraniae 299. 2. Orig. Guelf. 4, 205. 3. Spilcker Beiträge 3, 474. 4. Ducange Glossar. ed. Henschel 3, 680 b. Vgl. Thomassini Discipl. de beneficiis part. 3. lib. 1. cap. 32.

dadurch sonst begründete weltliche Abhängigkeitsverhältniss beseitigt sein sollte, durch die Bestimmung gewahrt, dass der Abt den Stab vom Altare des Stiftsheiligen nehmen soll. [1]

Wir haben nun noch ein Verhältniss zu besprechen, durch welches eine Lehnsverbindung zwar überhaupt nicht begründet wurde, das aber in so weit hieher gehört, weil es benutzt werden konnte, um Jemandem den Genuss eines Gutes zuzuwenden, welchen er durch Belehnung ohne Niederung des Heerschildes nicht erhalten konnte, nämlich die Verleihung zu Zinsrecht. Während die Franzosen nicht allein nach unten bin das Gebiet des Lehnswesens nicht scharf da abschliessen, wo der ritterliche Lehnsdienst aufhört, sondern wir auch in höhern Stufen den Zins sogar bestimmt als Ersatz der Mannschaft erwähnt fanden, [2] fällt nach deutschen Anschauungen das Zinsgut nicht mehr in den Kreis des Lehnrechts, wenn auch nach der an und für sich nicht auf diesen beschränkten Bedeutung des Leihens von Zinslehen die Rede ist; der Zins gilt wesentlich als eine bäuerliche, unritterliche Leistung. [3]

Das schwäbische Lehnrecht sagt schlechtweg, dass niemand seinem Genossen Gut zu Zinse leihen soll; die sächsischen Rechtsbücher erklären sich zunächst für den Fall dagegen, dass jemand seines Heerschilds wegen ein Gut nicht zu Afterlehen nehmen kann, und es zu Zins nimmt, um so die Einwilligung des Herrn zur Veräusserung zu umgehen. [4] Walram von Limburg bekundet 1237, *quod — W. comes Juliacensis advocatiam suam de Comze iure hereditario michi et meis heredibus contulit, sub tali forma census perpetuo possidendam, videlicet quod singulis annis sibi et heredibus suis tam ego quam mei heredes sex marcas in curia de Comze persolvemus in medio Maio.* [5] Da Walram, wenn nicht Uebergenosse, jedenfalls Genosse des Grafen von Jülich und die Vogtei schwerlich des letztern Eigen war, so scheint hier der in den Rechtsbüchern als unstatthaft bezeichnete

---

1. z. B. Urk. B. des L. ob d. Enns 1, 626. 2, 182. Hontheim 1, 508. Mon. Boica 10, 450.   2. Vgl. oben S. 20.   3. Homeyer S. 271.   4. Schwab. Lhr. 108. Homeyer S. 432.   5. Lacomblet UB. 2, n. 224.

Fall vorzuliegen; da mir urkundliche Zeugnisse weiter nicht aufgefallen sind, so scheint man doch da, wo es sich um Lehngut handelte, in solchen Fällen die Scheinleihe vorgezogen zu haben.

Häufiger scheint der Fall vorgekommen zu sein, dass Personen höhern Schildes von Unfähigen, insbesondere nichtfürstlichen Prälaten, mit welchen sie ein Lehnsverhältniss nicht eingehen mochten, Gut gegen Zins nahmen, um entsprechender Vortheile, wie sie das Lehngut bot, theilhaft zu werden. Es lag auch im Interesse der Prälaten selbst, welche ritterlicher Lehndienste nicht bedurften, das Zinsgut nicht zum Lehngut werden zu lassen und die Folge auszuschliessen; so erhielt 1163 ein *Arnoldus miles* vom Kloster Polling ein Gut *non in beneficium sed in servitium more coloni, scilicet duarum urnarum vini in inventione sancte crucis eisdem fratribus reddendarum, usque ad obitum suum, quod nullus filiorum suorum haereditate iure beneficii possidere poterit.* [1] Mag nun auch die Bestimmung, dass derjenige, welcher Zinsgut hat, dasselbe selbst oder durch sein Gesinde bearbeiten soll, [2] den Ritterbürtigen nicht gerade ausschliessen, so wird ihr gegenüber doch das Austhuen von Kirchengut zu Zins an Fürsten und Magnaten gewiss als missbräuchlich erscheinen müssen. Doch fehlt es auch dafür nicht an Beispielen. So wird 1161 ein Zinsgut des Herzogs von Kärnthen vom Kloster S. Paul erwähnt; [3] um 1179 erhält der baierische Pfalzgraf ein Beneficium vom Kloster Rot gegen jährliche Zahlung von einem Talent Silber, mit der Bestimmung, dass es nicht vererben solle. [4] Besondere Gründe mögen auch sonst Personen, welche in Lehnsverbindung treten konnten, das Leihen zu Zins haben vorziehen lassen. Der Graf von Holland erhält 1280 von der Aebtissin von Elten *terram Nerdinglant tenendam ad firmam pensionem pro. xxv. libris Traject. denariorum,* [5] und doch scheint die Aebtissin nicht allein Fürstin gewesen zu sein, [6] sondern wenn sie bei eben jener Verleihung

---

1. Mon Boica 10. 20.　2. Homeyer S. 433.　3. Ankershofen Reg. n. 382. 4. Mon. Boica 1, 365.　5. Mieris Charterboek 1, 406.　6. Reichsfürstenstand § 242.

vasallos suos, qui ab ea sunt infeodati, ausnimmt und anderweitig unter ihren Vasallen wenigstens ein Edler, der Bruder des Grafen von Kleve, nachweisbar ist,[1] so wird auch insbesondere ihre Lehnsfähigkeit nicht zweifelhaft sein. Selbst der König scheint solche Verbindungen nicht verschmäht zu haben; wenn K. Heinrich 1228 verspricht, *quod nunquam aliqua bona que ab ecclesia Laureacensi possidemus, a nobis alienabimus obligando, vendendo vel infeodando,*[2] so dürfte an Zinsgut zu denken sein, da Lorch als nichtfürstliches Stift den Heerschild nicht hatte und, worauf wir zurückkommen, wenigstens Personen höhern Heerschildes sich von Unfähigen nicht belehnen liessen.

Insbesondere dürfte der Zins vielfach an die Stelle des Lehndienstes getreten sein, wenn ein Lehngut von einem fähigen an einen unfähigen Herrn kam, ohne dass der Beliehene Anstand daran nahm, oder ein Herr seine Lehnfähigkeit verlor, wie das strenggenommen der Fall sein sollte, wenn Reichskirchen mittelbar wurden. Für jenen Fall finden wir die Ersetzung der Lehnspflicht durch Zins sehr bestimmt ausgesprochen in Urkunde von 1139, wonach das Nonnenkloster zu Königsdorf vom Kloster S. Marien zu Köln das Beneficium eines Karl erwirbt: *et quia prefatus Karolus pro ipso beneficio equo suo et scuto domine sue abbatisse servire debebat, quod congregatio nunc illud acquirens beneficium nec debebat nec poterat, statutum est utraque consentiente partu, ut singulis annis censum. xviii. denariorum abbatisse persolveret et ab omni alio prorsus servitio liberum ipsum beneficium possideret.*[3] Heisst es weiter bei Giselbert von Hennegau: *Comes Hanoniensis tenet ab ecclesia Montensi situm castri sui sub annuo censu quinque solidorum in coena domini solvendorum, exceptis aliis mansuris, quas dominus comes in eadem villa habet, unde ipsi ecclesiae censum debet in coena domini et in natali domini,* so dürfte das früheres Lehngut sein, welches der Graf nicht mehr von der Abtei zu Lehen haben konnte, seit dieselbe, früher Reichsstift, vom Kaiser

---

1. Lacomblet UB. 2, n. 668.　　2. Huillard Hist. dipl. 3, 389.　　3. Lacomblet UB. 1, n. 337.

dem Grafen geschenkt war und damit den Heerschild verloren hatte. [1]

Sehen wir auf die Ergebnisse unserer Erörterung, so werden uns die aufgezählten Auskunftsmittel eben so viel Beweise sein müssen, dass die Lehre von der Niederung des Heerschildes nicht blos von der Theorie aufgestellt war, dass sie bei den thatsächlichen Vorgängen vollste Beachtung fand. Es ergibt sich zugleich, dass für die Niederung nicht schon das blos dingliche Abhängigkeitsverhältniss entscheidend war, dass der Genosse von seinem Genossen oder Untergenossen Gut gegen bestimmte Leistungen zum Genusse haben konnte, ohne schon dadurch seinen Schild zu niedern. Als massgebend für dieses finden wir vielmehr überall das eigenthümliche persönliche Abhängigkeitsverhältniss, wie es durch die Leistung der Mannschaft begründet wird. Während nun die französischen, auch in den lothringischen Reichstheilen vielfach massgebenden Anschauungen wenigstens ausnahmsweise eine Trennung von Lehnsbesitz und Mannschaft zulassen, kennt die deutsche Auffassung keinen lehnrechtlich geschützten Besitz eines Lehngutes ohne Mannschaft des Beliehenen; steht der Schild lehnweisem Erwerbe entgegen, so muss entweder, wie beim Zinslehen, das Gebiet des Lehnrechts ganz verlassen, oder es muss die unrechte, lehnrechtlich nicht geschützte Gewere des Besitzers durch die Belehnung eines Andern gedeckt werden; und war beides thatsächlich der Fall, so erklärt sich doch das strenge Recht gegen das eine, wie das andere, sucht es überall das dingliche und das persönliche Verhältniss aufs engste zusammenzuhalten.

II.

Vergleichen wir mit Berücksichtigung des Satzes, dass Lehnsempfang von einem Genossen oder Untergenossen den Schild niedert, die von den Rechtsbüchern aufgestellte Folge der Heerschilde mit den thatsächlich bestehenden Lehnsverbindungen, so begegnen wir schon beim ersten Heerschilde Schwierigkeiten.

---

1. Gislebert. Han. ed. Duchasteler 17. 19.

Die Rechtsbücher sprechen diesen dem Könige zu, nämlich dem deutschen oder römischen Könige, welcher allein für ihren nächsten Gesichtskreis in Betracht kommt; auf die Stellung anderer Könige werden uns spätere Untersuchungen zurückführen. Die besondere Stellung des deutschen Königs als Kaiser liegt den Rechtsbüchern, welche überall zunächst nur das deutsche Königreich im Auge haben, ebenfalls ziemlich fern und wird nur selten von ihnen berührt. Es liesse sich nun immerhin die Frage aufwerfen, ob sich etwa anderweitige Anhaltspunkte finden, welche uns berechtigten, für die Heerschildsverhältnisse einen Unterschied zwischen Kaiser und König festzuhalten. Das dürfte entschieden zu verneinen sein. Dem gewählten und gekrönten Könige stand die volle Verfügung über das Reichsgut nicht allein in Deutschland, sondern, wenn das später auch wohl bestritten wurde, unzweifelhaft auch in Italien und Burgund zu; seine lehnrechtlichen Befugnisse wurden durch die Kaiserkrönung nicht erweitert. Es ist mir denn auch nur ein einziges Beispiel vorgekommen, dass ein solcher Unterschied geltend gemacht wurde. In dem Protokoll über die Belehnung des Pfalzgrafen Otto von Burgund durch K. Adolph im J. 1293 heisst es, der Graf habe zunächst dem Könige erklären lassen, *quod ipse et predecessores sui comites Burgundie debent esse homines fideles sacri imperii et tenent ab ipso aliqua in feudum, non tamen tenentur facere homagium regibus Romanorum, antequam pervenerint ad sacram imperii coronam; unde cum vos nondum eam susceperitis, vobis non tenentur facere homagium; sed quia idem comes optat gratiam et bonitatem vestram et vestrum honorem augere toto posse suo, ipse vult ex gratia, hac vice, vobis facere homagium et fidelitatem sub hac conditione et protestatione, quod propter hoc non fiat ei, nec successoribus suis praeiudicium quantum ad hoc, quod ipse vel successores sui teneantur facere fidelitatem successoribus vestris regibus Romanorum antequam susceperint coronam imperii. Quibus propositis et protestatis d. dominus rex dixit, quod ei placebat, quod omne jus dicti d. comitis Burgundie esset salvum; et tunc d. comes intravit homagium d. regis nomine*

imperii.[1] Trotz der Zustimmung des Königs werden wir darin
nicht einmal ein vereinzeltes Ausnahmeverhältniss, sondern um
so mehr nur einen jeder berechtigten Grundlage entbehrenden
Versuch, die Lehnsverbindung mit dem Reiche zu lockern, sehen
müssen, als 1291 der Pfalzgraf versprochen hatte, seine Tochter
einem der beiden Söhne des Königs von Frankreich nach dessen
Wahl zu geben und sich zugleich für den Fall, dass das der
älteste, also der künftige König von Frankreich sein werde, verpflichtet, beim römischen Könige oder Kaiser Verzicht auf die
Mannschaft, welche ihm wegen der Grafschaft Burgund gebühre,
zu erwirken;[2] bei der geringen Aussicht, dass ein deutscher
König sich würde zum Kaiser krönen lassen, konnte das Zugeständniss K. Adolfs zunächst genügen. Zudem war der Pfalzgraf
erst 1289 von Rudolf, der ja auch nicht Kaiser war, genöthigt,
seine gesammten Besitzungen von ihm zu Lehen zu nehmen.[3]

Auch darauf scheint nicht das Geringste hinzudeuten, dass
der römische König seinem noch lebenden zum Kaiser gekrönten
Vater gleich andern Fürsten durch Mannschaft verpflichtet gewesen
sei; wäre es der Fall gewesen, so würde sich fast nothwendig in
den die Beziehungen König Heinrichs zu seinem Vater Kaiser
Friedrich II betreffenden Aktenstücken eine Hinweisung darauf
finden müssen, was nicht der Fall ist. Ebenso unterliegt es ja
keinem Zweifel, dass auch Fürsten ohne irgend eine Niederung
des Schildes auch bei Lebzeiten des Vaters vom römischen Könige
belehnt werden konnten, wenn dieser dazu bevollmächtigt war;
wurde 1222 die Rechtmässigkeit der Belehnung des Bischofs von
Hildesheim durch K. Heinrich von Seiten der Stiftsministerialen
bestritten, so gründete sich das wohl weniger auf einen Zweifel
an der Fähigkeit des römischen Königs überhaupt, als an der
Bevollmächtigung durch den Kaiser.[4] Für das Gebiet des Lehnrechts scheint ein Auseinanderhalten des Kaisers und des Königs
in keiner Richtung geboten zu sein.

---

1. Chevalier Mem. de Poligny. 1, 380.   2. Chevalier 1, 376.   3. Ellen-
hardi chron. Mon. Germ. 17, 131.   4. Vgl. Schannat Vind. litt. 1, 192.

III.

Steht der Kaiser oder König nach der Lehre der Spiegel an der Spitze der ganzen Heerschildsordnung, hat er keinen Genossen, so kann er Niemandes Mann sein. Wollen wir das mit den Thatsachen vergleichen, so liesse sich zunächst daran denken, ob nicht ausserhalb des Kreises, welchen die Heerschilde der Spiegel umfassen, noch Raum für ein solches Verhältniss gegeben sei, ob der Kaiser Mann des Pabstes seien konnte, ohne seiner Würde zu vergeben; denn wenn, wollen wir den Ausdruck auf dieses Verhältniss anwenden, nach der auch im Sachsenspiegel vertretenen Auffassung der christlichen Gesammtordnung Pabst und Kaiser als Genossen zu betrachten sind, so würde nach einer andern, auch in den Schwabenspiegel übergegangenen Anschauung der Pabst als Uebergenosse des Kaisers erscheinen müssen.

Dass der Eid, welchen der zum Kaiser zu krönende deutsche König dem Pabste schwur, kein Lehnseid war, dass das K a i s e r - t h u m selbst nicht als päbstliches Lehen galt, dürfte nicht näher auszuführen sein. [1] Damit sind freilich Versuche, solche An- schauung zur Geltung zu bringen, nicht ausgeschlossen; und wenn Gregor VII vom Gegenkönige Rudolf das Versprechen ver- langte: *fideliter per manus meas miles b. Petri et illius (papae) efficiar*, so dürfte doch bei den so bestimmt auf die Mannschaft hinweisenden Ausdrücken kaum zweifelhaft sein, dass dabei aller- dings eine eigentliche Lehnsverbindung in der Absicht des Pabstes lag. Verstand sich aber auch Rudolf zur Mannschaft, so war das jedenfalls ein Ausnahmsverhältniss, welches für die spätere Auffassung wirkungslos bleiben müsste.

Es wäre nun aber denkbar, dass der Kaiser einzelne Besitzungen vom Pabste zu Lehen gehabt hätte; und es wird ja wirklich angenommen, K. Lothar sei 1133 für die m a t h i l d i - s c h e n Güter Mann des Pabstes geworden. [2] Nun scheinen mir umgekehrt gerade die Ausdrücke der bezüglichen päbstlichen

---

1. Vgl. Phillips Kirchenrecht 3 a, 125 ff.   2. Vgl. Jaffé Lothar. 134. Phillips Kirchenrecht 3 a, 133.

Urkunde den bestimmtesten Beweis zu liefern, dass man ein Mannenverhältniss des Kaisers zum Pabste für unstatthaft hielt und es desshalb absichtlich umging. Es heisst zunächst: *Hoc nimirum intuitu allodium bonae memoriae comitissae Mathildae, quod utique ab ea beato Petro constat esse collatum, vobis committimus et ex apostolicae sedis dispensatione concedimus atque in praesentia fratrum nostrorum, archiepiscoporum, episcoporum, abbatum nec non principum et baronum per anulum investimus, ita videlicet, ut centum libras argenti singulis annis nobis et successoribus nostris exolvas et post tuum obitum proprietas ad ius et dominium sanctae Romanae ecclesiae cum integritate absque diminutione et molestia revertatur.* [1]

Hier ist es zunächst das Wort *investimus* gewesen, welches auf die Anschauung einer Lehnsverbindung führte. Aber wie das für frühere Zeiten gar keinem Zweifel unterliegt, so ist auch für die Zeit der vollen Ausbildung des Lehnwesens eine Beschränkung des Ausdrucks Investitur auf das Lehnsverhältniss in keiner Weise zu begründen; mag er vorzugsweise für dieses in Anwendung kommen, so bezeichnet er doch nach wie vor jede sinnbildliche Uebertragung des Besitzrechtes an einer Sache, sei es zu Eigen, sei es zu Lehen oder Zinsgut. Wird der Ausdruck doch sogar da gebraucht, wo jemand sein Eigen einem andern zu dem Zwecke auflässt, um von diesem damit wieder belehnt zu werden; so 1194: *Ibique dominus E. comes de Piano jure et nomine proprii investivit dominum C. d. gr. Tridentine sedis episcopum de dosso uno — et de duabus curiis —. Et ibi incontinenti versa vice predictus dominus episcopus jure et nomine feodi investivit predictum dominum comitem — de predicto dosso cum illis duabus curiis.* [2] Und gerade im gegebenen Falle würde sich bei der Annahme einer so beschränkten Bedeutung des Wortes umgekehrt nachweisen lassen, dass später die römische Kirche die mathildische Erbschaft zu Lehn vom Kaiser genommen habe, indem der Pabst 1221 schreibt: *tamdem tamen idem rex (Fridericus) tam de castro Gonzagae, quam de*

---

1. Orig. Guelf. 2, 514.　　2. Codex Wangianus 122.

*aliis castris — nec non de toto comitatu et podere ac terris
comitissae predictae magistrum A. subdiaconum et capellanum
nostrum — et eundem Raynaldum ecclesiae Romanae nomine
investivit et eos constituit possessores.* [1]

Und selbst angenommen, das Wort Investitur sei hier in der
engeren Bedeutung einer Uebertragung zu Lehen gebraucht, so
ist damit noch keineswegs erwiesen, dass der Kaiser Mann des
Pabstes wurde; denn wir fanden ja mehrfach lehnweisen Besitz
ohne Mannschaft und auf einen solchen muss doch hier schon
der Umstand bestimmt hinweisen, dass von keiner Fidelitas,
geschweige denn von einem Homagium die Rede ist, von keiner
Verpflichtung, ausser der dem Lehnsverhältnisse in der Regel
fremden Zinszahlung. Gar keinem Zweifel aber kann das unterliegen, wenn wir den unverkennbaren Unterschied beachten, welcher in der Urkunde zwischen dem Kaiser und andern Personen
gemacht wird. Heisst es weiter: *Qui vero arces tenuerit vel
rector terrae fuerit beato Petro et nobis nostrisque successoribus
fidelitatem faciant,* so möchte ich freilich nicht annehmen, dass
diese nach Analogie früher besprochener Fälle [2] für den Kaiser
die Mannschaft, von welcher nicht die Rede ist, leisten sollten;
der Zweck der Bestimmung war wohl nur, ihrer Treue beim Eintreten des Heimfalls versichert zu sein. Heisst es dann aber:
*Ceterum pro charitate vestra nobili viro Henrico Bavariae duci,
genero vestro, et filiae vestrae, uxori eius, eamdem terram cum
praefato censu et supradictis conditionibus apostolica benignitate
concedimus, ita tamen, ut idem dux hominium faciat et
fidelitatem b. Petro ac nobis nostrisque successoribus iuret,*
ist also für den Nachfolger die Verpflichtung zur Mannschaft,
von welcher beim Kaiser nicht die Rede ist, bestimmt hervorgehoben, so kann doch die Bedeutung des ganzen Vorganges
nicht mehr zweifelhaft sein; weil der Kaiser nicht Mann des
Pabstes werden konnte, wurden ihm die Güter nur zu Zins oder,
wenn wir die Stellung des Nachfolgers berücksichtigen wollen,
zu Lehen mit zeitweiser Nachsicht der Mannschaft geliehen, also

---

1. Muratori antiq. It. 1, 176.   2. Vgl. oben S. 22.

in einer Form, welche wir auch sonst da angewandt fanden, wo die Mannschaft eine Niederung des Schildes bewirkt haben würde.

Dieselbe Anschauung tritt uns entgegen, wenn P. Innozenz III in seiner Erwägung als Grund gegen die Zweckmässigkeit der Erhebung Friedrichs II zum deutschen Könige und Kaiser anführt: *Nam, ut caetera pericula luceamus, ipse propter dignitatem imperii nollet ecclesiae de regno Siciliae fidelitatem et hominium exhibere, sicut noluit pater eius.*[1] Friedrich ist dann allerdings für S i z i l i e n des Pabstes Mann geworden und es auch nach seiner Erhebung zum deutschen Könige und selbst nach seiner Kaiserkrönung geblieben,[2] gewiss nicht den Anschauungen von der Würde des deutschen Königthums entsprechend. Aber einmal hatte er die Mannschaft schon vor seiner Wahl geleistet, wodurch das Verhältniss weniger unstatthaft erscheinen mochte, obwohl wir in der französischen Königsfamilie ein Beispiel fanden, dass für den analogen Fall Erlöschen der Mannschaft ausdrücklich bedungen wurde;[3] andererseits war man ja allseitig darüber übereingekommen, dass das Verhältniss nur ein vorübergehendes sein, die Verbindung Siziliens mit dem Reiche baldmöglichst gelöst werden sollte; wird, so weit ich sehe, in den betreffenden Urkunden des Umstandes, dass der deutsche König nicht Mann des Pabstes sein könne, nicht ausdrücklich gedacht, so möchte sich das daraus erklären, dass bei allen diesen Verhandlungen über Sizilien das Interesse der Kirche und das persönliche Interesse des Königs die leitenden Gesichtspunkte waren, die Rücksichten auf das Reich sich nur sehr untergeordnet geltend machten.

Doch scheint man trotzdem in dieser Richtung noch immer zwischen dem Kaiser und dem Könige von Sizilien unterschieden und wenigstens die Eingehung eines neuen Lehnsverhältnisses des Kaisers zum Pabste für unstatthaft gehalten zu haben. Ich glaube das daraus schliessen zu dürfen, dass der Kaiser, als ihm 1244 vor allem daran lag, die besetzten Theile des Kirchenstaates behalten zu dürfen, nie eine Belehnung mit denselben

---

1. Innoc. reg. imp. ep. 29.   2. Vgl. Forschungen zur deutschen G. 1. 14 ff.
3. Vgl. oben S. 23.

vorschlägt, wohl aber sich bereit erklärt: *terram ipsam renun-*
tiare in manibus domini pape et fratrum, deinde eam ab ecclesia
sub annuo censu recipere detinendam, cuius census quantitas
utilitatem excederet, quam nunquam de ipsa ecclesia percepisset;[1]
es dürfte sich doch auch darin die Anschauung aussprechen, dass
der Kaiser vom Pabste Gut gegen Zins, nicht aber gegen Mannschaft haben durfte.

IV.

Ist nach dem Gesagten nicht zu bezweifeln, dass man eine
Belehnung des Königs durch den Pabst als eine unstatthafte
Niederung des Schildes betrachtete, so muss es um so mehr auffallen, dass wir Lehen der Könige von den Pfaffenfürsten finden;
und zwar nicht blos vereinzelt und ausnahmsweise, sondern, was
bisher kaum beachtet wurde, in so ausgedehntem Masse, dass
ausdrückliche Bestimmungen gegen missbräuchliche Ausbeutung
eines Verhältnisses nöthig wurden, welches bereits eine solche
Ausdehnung gewonnen hatte, dass es bei sonstiger Gunst der
Verhältnisse eine der wichtigsten Grundlagen für die Herstellung
einheitlicher Königsgewalt hätte werden können. In den sächsischen Rechtsbüchern finden wir es gar nicht angedeutet, wie
kaum befremden kann, da es zur Zeit ihrer Entstehung in Sachsen
thatsächlich nicht vorkam; das schwäbische Landrecht[2] aber
setzt seine Zulässigkeit wenigstens in so weit voraus, als es in
dem Lehnsverhältnisse zu Pfaffenfürsten kein Hinderniss für die
Wahl zum Könige sieht, ohne uns freilich darüber aufzuklären,
wie das nun mit der Theorie vom Heerschilde in Einklang zu
bringen ist.

Die Entstehung des Verhältnisses werden wir nicht über das
zwölfte Jahrhundert zurück setzen dürfen. Allerdings wird früher
wohl vereinzelt ein Beneficium erwähnt, welches der König von
einer Kirche hatte; 844 spricht Ludwig der Deutsche von *rebus*
S. Emmerami, quas per beneficium a rectoribus praedicti

---

1. Huillard H. D. 6, 206.　　2. ed. Lassberg 123.

monasterii habuimus, [1] und K. Heinrich sagt 1023: *quasdam curtes et territoria — a prefato abbate (s. Maximini) in beneficium accepimus*. [2] Aber dem Beneficium früherer Zeit werden wir nicht von vornherein die Bedeutung des späteren Lehen unterlegen dürfen, worauf wir zurückkommen; es kann lediglich das Recht zur Nutzniessung eines fremden Gutes ohne persönliche, der spätern Mannschaft entsprechende Verpflichtung gegen den Verleiher bezeichnen. Und zumal die uns zeitlich näherliegende zweite der angeführten Stellen erhält eine nicht misszuverstehende Erläuterung in der ziemlich dem Wortlaute der frühern Urkunde folgenden Bestätigungsurkunde K. Konrads von 1026, wo es heisst: *ex praefata abbatia curtes aliquas et possessiones quam plurimas — abstulit*; [3] es handelt sich einfach um Säkularisation eines grossen Theiles der Güter der Abtei, welche der Kaiser an Fürsten verleiht und wofür er der Abtei den Königsdienst nachsieht.

Wie sich aus den anzuführenden Belegen leicht ergibt, entstand das Lehnsverhältniss der Könige zu den Reichskirchen dadurch, dass Fürsten zu Königen gewählt wurden, welche bereits Kirchenlehen hatten und dieselben nach ihrer Erhebung beibehielten. Glaube ich nun später mit genügender Sicherheit nachweisen zu können, dass erst im Laufe des eilften Jahrhunderts die Anschauung durchdrang, Laienfürsten könnten Mannen der Pfaffenfürsten sein, so wird von vornherein zu schliessen sein, dass das fränkische Kaiserhaus, zu einer Zeit erhoben, wo sich kaum die ersten Anfänge jenes begründenden Verhältnisses zeigen, noch keine Kirchenlehen hatte; und es ist mir denn auch kein dem widersprechendes Zeugniss vorgekommen.

Umgekehrt wird nach Massgabe der spätern Erörterungen von vornherein anzunehmen sein, dass K. Lothar als Herzog von Sachsen Kirchenlehen hatte; [4] und hier treffen wir denn auch auf das erste Zeugniss. Der Weingartner Mönch, nachdem er die Verheirathung Herzog Heinrichs von Baiern mit des Königs

---

1. Ried Cod. dipl. 1, 40 Vgl. Waitz Verfassungsg. 4, 171. 187.   2. Beyer UB. 1, 349.   3. Beyer UB. 1, 351.   4. z. B. UB. des hist. V. f. Niedersachsen 2 a, 2.

Tochter 1127 erzählt hat, schreibt: *Ipse vero ad imperatorem reversus, ducatum Saxonie, Nourenberch, Grelingen et omnia beneficia, que imperator ab episcopis et abbatibus habuit, suscepit.* [1] Bezüglich des Herzogthums ist die Richtigkeit dieser Nachricht beim Vergleiche mit den Urkunden durchaus zu bezweifeln; [2] dagegen spricht die grösste innere Wahrscheinlichkeit dafür, dass der König die Kirchenlehen, deren Beibehaltung doch noch kaum mit der Stellung des Königs vereinbar scheinen mochte, baldmöglichst dem Schwiegersohne überliess; möglich dass schon gleich nach der Thronbesteigung ein Abkommen zu Gunsten der Tochter und ihres künftigen Gemahls mit den Herren getroffen war. Machte aber die Verleihung der bisher mit einem Fürstenthume verbundenen Kirchenlehen, wie sich das auch in andern Fällen ergibt, es sehr schwer, das Fürstenthum selbst einem andern zu leihen, so ist es erklärlich, wenn man jenen Vorgang vielfach schon als entscheidend für die Verleihung des Herzogthums selbst, welche formell erst später erfolgte, betrachtete.

Noch von K. Konrad III lässt sich nicht erweisen, dass er als König Kirchenlehen beibehielt; er wird sie möglichst bald zu Gunsten seiner unmündigen Söhne resignirt haben; wenigstens werden 1151 Wirzburger Lehen seines höchstens siebenjährigen Sohnes Friedrich erwähnt. [3] Aber schon Konrad wusste das Gewicht seiner königlichen Stellung dazu auszubeuten, Belehnungen seiner Söhne mit Kirchengut zu erwirken; der Bischof von Speier schreibt, dass er nach langem Widerstreben den *minis et precibus* des Königs nachgegeben und auf dessen Verlangen seinem Sohne ein Gut, welches K. Heinrich IV der Kirche geschenkt hatte, zu Lehen gegeben habe, wofür der König ihn von der Heerfahrt befreite. [4] Und eine ähnliche Bewandtniss mag es mit der Häufung der Fuldaer Lehen in der Hand des Prinzen Friedrich gehabt haben, über welche der Abt Marquard in seiner Aufzeichnung klagt. [5]

K. Friedrich I und seine Nachfolger hatten nun selbst-

---

1. Hess. Mon. Guelf. 23.   2. Vgl. Jaffé Lothar 230.   3. Mon. Boica 29 a. 302.   4. Wirtemberg. UB. 2, 107.   5. Böhmer Fontes 3. 172.

zahlreiche Kirchenlehen; zunächst von ihren herzoglichen Vorfahren ererbte, wie sich vielfach bestimmt nachweisen lässt und schon daraus hervorgeht, dass es fast ausschliesslich schwäbische und fränkische Kirchen sind, mit welchen die staufischen Könige in Lehnsverbindung stehen. Schon bei Lebzeiten Friedrichs von Rotenburg steht an der Spitze eines Verzeichnisses der Fuldaer Vasallen: *Ipse imperator Fridericus, qui quondam dux, nobilissimi ducis Friderici filius, qui non solum patris beneficium in Alsatia habuit, sed et Dipoldi marchionis beneficium tenuit.* [1] Nach dem Tode seines Neffen erhielt der Kaiser dann auch die ausgedehnten Fuldaer Lehen desselben. [2] Ferner werden Lehen Friedrichs von Konstanz 1155, von Augsburg 1171, von Speier 1186, von Strassburg 1189 erwähnt; [3] schon daraus ergibt sich, dass der Kaiser, auch als er Söhne hatte, es nicht mehr für nöthig hielt, die Lehen diesen zu übertragen. Friedrich begnügte sich aber nicht mit den ererbten Lehen; er suchte überall neue zu erwerben, ängstlich besorgt, allen Söhnen ein reichliches Erbtheil zu hinterlassen. Nachdem Otto von S. Blasien die Fürsten aufgezählt hat, welche der Kaiser beerbte, sagt er: *Supradictorum etiam et aliorum, quorum predia in ius cesaris cesserant, omnia beneficia, que ab ecclesiasticis principibus episcopis vel abbatibus sub hominio habuerant, filiis suis prestari faciens, pacative possedit. — Preter hec omnia res ecclesiarum, ab episcopis vel abbatibus sibi concessas, vendicans sub iure hominii, multa amore filiorum contraxit, quibus singulos cum delegata sibi dignitate admodum ditavit.* [4] Um 1178 heisst es in urkundlicher Aufzeichnung des Klosters Neuenburg im Elsass: *Sed imperator cum esset prudens et potens atque diversa praedia propter inclitam eius prolem in unum aggregaret, istud tantillum praedium nobis dedit pro immenso iure, quia ea non audebamus contradicere ac idcirco oportebat nos istud acceptare;* [5] und in der Lorscher Chronik werden diejenigen, welche es dem

---

1. Böhmer Fontes 3. 172.   2. Mon. Boica 29 n. 306.   3. Dümge Reg. Bad. 140. Wirtemberg. UB. 2. 162. 244. Würdtwein N. Subs. 12, 118.   4. Böhmer Fontes 3, 602.   5. Würdtwein N. Subs. 10, 60.

Abte zum Vorwurfe machen möchten, dass er mit der Vogtei des Kaisers Bruder, den Pfalzgrafen Konrad belieh, daran erinnert, *quas minas, quas clades, quae exterminia imperator toti ecclesiae intentaverit.* [1] Des Kaisers zweitgeborner Sohn, Friedrich von Schwaben, hat 1168, kaum zweijährig, Lehen von Ellwangen, [2] 1172 von Wirzburg; [3] 1170 wird er vom Bischofe von Chur mit der Stiftsvogtei belehnt und zwar auf Reichskosten, da der Kaiser dagegen auf seine und seines Sohns Lebzeiten den Bischof *ab omni servitio curie nostre et imperii nostri* befreit; [4] 1174 erwirbt der Kaiser die Bamberger Lehen der Grafen von Sulzbach und lässt damit seine jüngern Söhne Friedrich und Otto belehnen. [5]

Werden hier nur die jüngern Söhne belehnt, so werden wir daraus nicht schliessen dürfen, dass man überhaupt für den ältesten als Thronfolger das der Stellung des Königs nicht angemessene Verhältniss wieder ausschliessen wollte. Allerdings bestimmt auch K. Heinrich VI, als er 1185 vom Bischof von Basel die Hälfte von Breisach und Eckartsberg zu Lehen erhielt, dass das Lehen beim Vorhandensein mehrerer Söhne zunächst auf einen jüngeren, welcher nicht König sein würde, übergehen solle. [6] Aber Heinrich selbst, obwohl es ja an Brüdern nicht fehlte, hatte auch als Kaiser ererbte Lehen; von einem Prümer Lehen sagt er 1195, dass er es von seinem Grossvater, Herzog Friedrich, her ererbt habe; [7] 1237 bekundet K. Friedrich, dass Seligenstadt nicht zum Reiche gehöre, sondern dass er dasselbe, wie vor ihm schon sein Vater und Grossvater, von der Mainzer Kirche durch Erbrecht lehnweise besitze; [8] ebenso hatte Heinrich die Strassburger [9] und wohl auch die Speierer Lehen [10] vom Vater.

Es ist nicht zu verkennen, dass das Durchdringen der Anschauung, der König könne Kirchenlehen haben, einen sehr tiefgreifenden Einfluss auf die Stärkung der einheitlichen Königs-

1. Cod. dipl. Lauresham. 1, 258.   2. Wirtemberg. UB. 2, 156.   3. Mon. Boica 29 a, 409.   4. Mohr Cod. dipl. 1, 198.   5. Mon. Boica 29 a, 417. 419.
6. Trouillat Mon. 1, 400.   7. Remling UB. 1, 127.   8. Mon. Boica 30 a, 262.
9. Ann. Argentin. Böhmer Fontes 3, 94   10. Würdtwein N. Subs. 12, 127.

gewalt hätte ausüben können, wie es ihn in Frankreich unzweifelhaft wirklich ausgeübt hat. Hätte K. Heinrich noch einige Jahrzehnte fortfahren können, einerseits die grossen heimfallenden Reichslehen in seiner Hand zu behalten, andererseits die Kirchen zu nöthigen, ihm die ihnen heimfallenden Lehen zu übertragen, konnte er die so gewonnenen Machtgrundlagen einem unbestritten als Nachfolger anerkannten mündigen Sohne hinterlassen, so war der Kampf zwischen Königthum und Fürstenthum entschieden; die weltlichen Fürsten verschwanden nach und nach, die geistlichen wurden auf das Kirchenurbar beschränkt, ihrer vorzugsweise auf der Lehnshoheit ruhenden weltlichen Macht thatsächlich entkleidet. Es ist natürlich, dass sich eine Reaktion der bedrohten Gewalten geltend machte, sobald nur die Gelegenheit geboten war. Für die Kirchen handelte es sich nicht blos darum, dass, wenn schon die fürstlichen Vasallen wohl Ehre, aber wenig Nutzen brachten, das bei einem königlichen Vasallen noch in höherm Grade der Fall sein musste; sie mussten auch befürchten, dass man das, was zunächst nur ein Recht des gerade die Krone tragenden Fürsten und seiner Lehnserben war, als ein Recht der Krone in Anspruch nahm, womit dann auch die Aussichten auf Heimfall beseitigt worden wären.

K. Philipp war nicht Lehnserbe seines kaiserlichen Bruders; doch mochten ihm schon als Herzog von Schwaben viele der staufischen Kirchenlehen übertragen sein, manche andere nach seiner Erhebung anstandslos auf ihn übergehen. In Urkunde des Abts von Fulda erscheint er 1199 als *principalis vasallus ecclesiae*;[1] er hatte die Vogtei von Chur;[2] auch Lehen von Regensburg werden erwähnt.[3] Aber man sieht doch auch, dass manche Kirchen die Gestaltung der Verhältnisse zu benutzen wussten, um die lästige Lehnsverbindung zu lösen; 1201 verzichtet der König auf das gesammte Lehen, welches seine Vorfahren seit langer Zeit von der Wirzburger Kirche hatten;[4] 1199 gewann er nach einer Fehde die Anerkennung des Bischofs von

---

1. Reg. Boica 1,381.   2. Mohr Cod. dipl. 1,244.   3. Mon. Boica 29 a, 518.
4. Mon. Boica 29 a, 503.

Strassburg dadurch, dass er auf die Lehen seines Vaters und Bruders verzichtete. [1]

K. Otto hatte nun unzweifelhaft nicht das mindeste Recht auf die Lehen seiner staufischen Vorgänger, und die Lehen seiner Antecessores, über welche er 1209 mit dem Erzbischofe von Mainz ein Abkommen traf, [2] waren ältere welfische Kirchenlehen. Aber wenn er auch vielleicht einem so mächtigen Fürsten gegenüber Ansprüche auf die Lehen früherer Könige nicht geltend machen mochte, so ist das anderweitig nicht zu bezweifeln, zumal er sich nach der Verheirathung mit Philipps Tochter als Erben der Staufer betrachtete; und ausdrücklich meldet die Ursperger Chronik zum J. 1209: *Feuda quoque, quae Philippus habuerat ab ecclesiasticis principibus, etiam contra voluntatem illorum obtinere voluit.* Theilweise dürfte er das auch erreicht haben; wenigstens eines der wichtigsten staufischen Lehen, die Vogtei von Chur, wurde ihm 1209 unter einigen beschränkenden Bedingungen geliehen. [3]

Die Erhebung K. Friedrichs II musste nach dieser Richtung hin um so mehr Bedenken einflössen, als er Lehnserbe der früheren Kaiser war und gewiss zu befürchten stand, er möge auch diejenigen väterlichen Lehen, deren Einziehung den Kirchen inzwischen gelungen war, wieder beanspruchen. Manche suchten sich sogleich zu sichern; 1212 entsagt Friedrich *universis bonis, que vel progenitores nostri vel alii quicumque imperatores et reges tenuerunt ab ecclesia Moguntina,* und an demselben Tage in derselben Fassung auch allen Lehen von Worms und Lorsch. [4] Aber einmal auf dem Throne befestigt, waren er und seine Söhne eifrigst bemüht, nicht nur die Ansprüche auf alle frühern Lehen des Hauses zur Geltung zu bringen, sondern auch neue hinzuzufügen. Nichts spricht in dieser Beziehung wohl deutlicher, als dass man es für nöthig hielt, 1220 in dem Privileg für die geistlichen Fürsten diesen die freie Uebung ihrer lehnsherrlichen Rechte gegenüber dem Streben des Königs, die Kirchenlehen an sich zu

---

1. Ann. Argent. Böhmer Fontes 3, 94.　　2. Mon. Boica 29a, 555.　　3. Mohr Cod. dipl. 1. 244.　　4. Huillard H. D. 1, 223. 225.

bringen, ausdrücklich zu wahren: *Item si aliquis eorum vasallum suum, qui eum forte offendit, iure feodali convenerit, et sic feodum ericerit, illud suis usibus tuebimur; et si ipse feodum de bona et liberali sua voluntate nobis conferre voluerit, recipiemus, amore vel odio non obstante. Quocumque autem modo, sive etiam ex morte infeodati, principi ecclesiastico feodum aliquod vacare contigerit, illud auctoritate propria, immo violentia, nullatenus invademus, nisi de bona voluntate liberalique concessione sua poterimus optinere; set cum effectu suis usibus studebimus defensare.* [1] Und auch an einzelnen Belegen fehlt es nicht. Trotz jenes Verzichtes auf alle väterlichen Lehen von Mainz finden wir Friedrich 1237 wieder im Besitze. [2] Auch auf die Wormser Lehen hatte der König verzichtet; aber schon 1220 schreibt das Kapitel, dass, da der Bischof *benevolentiam per omnia domini nostri Romanorum regis — non haberet, eo quod Wimpinam et attinentia ipsi domino regi in feodo non concessit*, er es darüber um Rath gefragt habe, und dass es in die Verleihung willige, wenn der König von seinem Begehren nicht ablasse. [3] Doch mag der König damals, vielleicht im Zusammenhange mit der Bestimmung des Privilegs, abgestanden sein, da erst 1227 K. Heinrich gegen 1300 Mark Wimpfen und Eberbach als Lehen erhält. [4] Auch von Lorsch hatte K. Heinrich 1229 die früher den Pfalzgrafen geliehene Vogtei, [5] welche also nicht mit dem Fürstenthume, wie es doch gebräuchlich war, auf die Wittelsbacher übergegangen war; so mussten sich auch die Laienfürsten durch das Vorgehen des Königs vielfach benachtheiligt finden. Der Streit über die staufischen Lehen von Wirzburg, auf welche K. Philipp verzichtet hatte, wurde von K. Heinrich Schiedsrichtern übertragen und 1225 dahin geschlichtet, dass der König Heilbronn und andere genannte Lehnstücke behielt, auf den Rest aber verzichtete. [6] Länger noch dauerte der Streit über die gleichfalls von Philipp resignirten Strassburger Lehen;

---

1. Mon. Germ. 4, 236.   2. Mon. Boica 30 a, 262. 259.   3. Schannat Hist. Wormat. 100   4. Huillard H. D. 3, 332.   5. Guden Sylloge 165.   6. Mon. Boica 30 a, 129. 130.

erst 1236 wurde der Kaiser für sich und seine männlichen Erben mit Mühlhausen und andern aufgezählten Orten, Burgen und Vogteien belehnt, wogegen er auf andere beanspruchte Lehnstücke verzichtete. [1] Auch für andere Kirchen, so Bamberg, [2] Speier, [3] Metz, [4] Basel, [5] Chur, [6] Passau, [7] Kempten, [8] Murbach, [9] Ottobeuern, [10] finden wir Belege, dass der Kaiser und seine Söhne theils die väterlichen Lehen fortbesassen, theils neue Lehnsverbindungen mit ihnen eingingen.

So war die Sache wieder auf demselben Wege, wie unter Friedrich I und Heinrich VI, und hätte auf die Weiterentwicklung der Reichsverhältnisse den bedeutendsten Einfluss üben können. Aber der Ausgang des staufischen Hauses setzte dieser Entwicklung ihr Ende. Selbst Anhänger der Staufer mögen die spätern Bedrängnisse des Hauses benutzt haben, um einzelne Lehnstücke wieder an sich zu bringen; heisst es in den Wormser Annalen, dass es dem Bischofe Richard gelungen sei, das längere Zeit entfremdete Wimpfen gegen bedeutende Geldsummen wieder an sich zu bringen, [11] so kann wohl nur K. Konrad der Verkäufer gewesen sein. Die zu den Gegnern gehörenden Kirchenfürsten werden schon mit der Absetzung des Kaisers die Lehen als heimgefallen eingezogen haben; nach der Hinrichtung Konradins fehlte dann überhaupt ein Lehnserbe. So belehnt 1269 der Bischof von Bamberg den Herzog von Baiern mit dem Truchsessamte und den dazu gehörigen Lehen, *quod ad nos est libere devolutum, cum omnibus — iuribus, sicut inclite recordationis Fridericus Romanorum imperator ab ecclesia nostra tenuit.* [12]

Aber es ist doch auch jetzt von Ansprüchen des Reichs auf die staufischen Kirchenlehen mehrfach die Rede, in ähnlicher Weise, wie der Nachfolger eines Fürsten, der nicht dessen Lehnserbe war, glaubte, die Kirchenlehen, welche früher mit dem Fürstenthume verbunden waren, dürften ihm nicht ver-

---

1. Huillard H. D. 4, 814.   2. Mon. Boica 30 a, 133. 288. Quellen u. Erört. 5, 231.   3. Huillard, H. D. 2, 900. 4, 556.   4. Huillard H. D. Introd. 273.   5. Trouillat Mon. 1, 585.   6. Mohr Cod. dipl. 1, 252.   7. Mon. Boica 30 a, 263.   8. Mon. Boica 30 a, 14.   9. Huillard H. D. 4, 559.   10. Huillard H. D. 1, 721.   11. Mon. Germ. 17, 52.   12. Quellen u. Erört. 5, 231.

weigert werden. Schon in den Verleihungsurkunden war das wohl nicht genau unterschieden; so wurde K. Heinrich 1231 vom Bischofe von Speier mit einer Vogtei belehnt, *tali interposita conditione, ut eandem advocatiam nulli nobis liceat infeudare vel alio aliquo modo ab imperio alienare.* [1] Dieselbe Anschauung blickt durch, wenn K. Richard 1262 dem Bischof von Basel Breisach zwar bestätigt, aber hinzufügt: *licet a quibusdam predecessoribus nostris Romanorum imperatoribus et regibus eadem aliquandiu fuerint occupata.* [2] Ebenso wenn der Bischof von Augsburg, nachdem der Herzog von Baiern auf die durch Konradins Tod erledigte und von ihm beanspruchte Augsburger Vogtei verzichtet hatte, eidlich seinem Kapitel verspricht, die Vogtei nie mehr zu verleihen, *nisi forte imperatori vel regi Romano potenti sedis apostolicae gratiam habenti.* [3] Die Könige des Interregnum waren freilich nicht in der Lage, solche Ansprüche zur Geltung zu bringen. K. Rudolf scheint dann allerdings auch staufische Kirchenlehen als Reichsgut beansprucht zu haben; so 1284 Seligenstadt und die Grafschaft im Bachgau von Mainz, wogegen man sich auf die Urkunde K. Friedrichs von 1237 berief, in welcher dieser erklärt, dass Seligenstadt nicht dem Reiche gehöre, sondern sein ererbtes Lehen sei; [4] doch hielt man es für nöthig, sich von den folgenden Königen ausdrückliche Verzichtbriefe ausstellen zu lassen. [5] Es ist sehr erklärlich, wenn es K. Rudolf nicht mehr gelang, Ansprüche, welche ja auch rechtlich nicht einmal begründet waren, in weiterm Umfange zur Geltung zu bringen. Nur von einem der staufischen Kirchenlehen weiss ich nachzuweisen, dass es, doch wohl mit Verwischung der ursprünglichen Lehnbarkeit, dem Reiche als solchem verblieb; wir finden nämlich K. Rudolf nicht allein thatsächlich im Besitze der Stiftsvogtei von Chur, sondern da dieser sie versetzt und der Bischof selbst sie um dreihundert Mark eingelöst hatte, bekundete K. Albrecht 1299 ausdrücklich, dass der Bischof

---

1. Huillard H. D. 4, 556.   2. Trouillat Mon. 2, 126.   3. Mon. Boica 33, 116. 120.   4. Guden Cod. dipl. 1, 810.   5. Vgl. Reg. Adolf. n. 19. Albr. n. 43. 47. Heinr. VII. n. 70.

sie innehaben solle, bis ihm *a nobis aut succedentibus in imperio* die dreihundert Mark zurückgezahlt seien, *quibus traditis et solutis ipsa advocacia ad nos aut ad successores imperii libere revertetur;* [1] wir finden denn auch später wirklich die Vogtei in den Händen der nicht habsburgischen Kaiser Karls IV und Sigismunds. [2]

Die späteren Könige hatten nun allerdings auch noch Lehen von den Reichskirchen; aber es waren wohl durchweg nur solche, welche sie schon bei ihrer Wahl besassen. Der frühere Charakter des Verhältnisses musste sich verlieren, seit die Anschauung der Erblichkeit der Krone völlig gebrochen war; die Reichsgewalt als solche liess sich durch Häufung von Kirchenlehen nicht mehr festigen, und den Königen standen die Mittel nicht mehr zu Gebote, die Kirchenfürsten zur Verleihung der heimfallenden Lehen auch wider ihren Willen zu bestimmen. Das Reichsgut und die Hausbesitzungen werden schärfer auseinandergehalten und in bezüglichen Urkunden wird bemerkt, in welcher Eigenschaft der König das Lehen habe; K. Karl bekennt 1346, dass er *ratione comitatus Luzelburgensis* vom Erzbischofe von Trier mit der Mark Arlon und andern Stücken belehnt sei; [3] K. Wenzel bekundet 1384, dass er *tanquam comes Rupensis* Lehen vom Abte von Stablo habe. [4]

Es wird nun schliesslich die Frage aufzuwerfen sein, ob der Besitz der Kirchenlehen an eine **Verpflichtung des Königs zur Mannschaft** gebunden war, oder ob Vorsorge getroffen war, dass der königliche Heerschild dadurch nicht erniedrigt wurde. Beispiele, dass auch ein König einem Bischofe Mannschaft leistete, finden sich allerdings; der König von Aragon leistete sie 1236 dem Bischofe von Maguelone in unzweideutigster Weise. [5] Dagegen konnten wir bezüglich der Kirchenlehen der Könige von Frankreich eine Reihe von Fällen aufführen, in welchen nicht allein für den Einzelfall die Mannschaft nachgesehen

---

1. Mohr Cod. dipl. 1, 409. 2, 159.   2. v. Mont u. Plattner, das Hochstift Chur Urk. n. 7. 11.   3. Hontheim H. Trev. 2, 172.   4. Martene Coll. ampl. 2, 137. 5. Vgl. Ducange glossar. ed. Henschel 3, 679 c.

48

oder ersetzt, sondern auch allgemein ausgesprochen wurde, dass
der König Niemandem die Mannschaft leisten dürfe.[1] Unter
den Extravaganten des longobardischen Lehnrechts finden wir
nun auch eine entsprechende, unzweifelhaft auf K. Friedrich I
bezügliche Entscheidung: *Ex facto incidisse scio, Fridericum
principem nostrum, cum ab initio dux esset, et pro ducatu
fidelitatem faceret, divino nutu postea imperatorem creatum,
petita ab eo fidelitate pro ducatu, petenti domino respondisse
non teneri fidelitatem facere, cum omne hominum genus sibi
fidelitatem debeat, et ipso soli Deo et Romano pontifici. Sed
cum insistente feudi domino de hoc contenderetur, proceribus
prudenter visum est feudum amissum esse, vel alium ducem in
ducatu constituendum, qui feudo servire debeat et domino fidelitatem faciat.*[2] Aber hier ist offenbar nicht blos gesagt, dass
der Kaiser für das Lehen einen Stellvertreter als Mann zu stellen
habe, wie wir das sonst in entsprechenden Fällen wohl zugestanden fanden,[3] sondern das passive Lehnsverhältniss wird überhaupt für unvereinbar mit dem Kaiserthume erklärt. Und in
Italien wüsste ich ein solches auch nicht nachzuweisen. Dass es
aber in Deutschland thatsächlich überaus häufig bestand, wiesen
wir nach. Und da ist es nun auffallend, dass, so weit ich sehe,
nur einmal und zwar in den lothringischen Reichslanden, wo der
entsprechende französische Brauch eingewirkt haben möchte, und
zudem erst spät 1384 bezüglich der Prümer Lehen K. Wenzels
ausdrücklich gesagt ist, dass der König nicht selbst Lehen von
einem Fürsten empfangen könne, und desshalb ein anderer Lehnsträger gestellt wird.[4] In den doch so zahlreichen Urkunden aus
staufischer Zeit, in welchen von dem Verhältnisse die Rede ist,
begegnen wir ganz denselben Ausdrücken, in welchen auch von
sonstigen Lehnsverbindungen gesprochen wird; so *nomine feudi*
oder *beneficii, in feudo* oder *beneficio tenemus, recepimus, nobis
contulit; iure hereditario feodaliter possidemus;* auch *in rectum*
oder *in rectum et legitimum feudum nobis concessit.*[5] Sagt

---

1. Vgl. oben S. 17. 20. 23.   2. II F. 100.   3. Vgl. oben S. 21.   4. Archiv
der Gesellsch. 11, 445.   5. Huillard II. D. 4, 559. 815. Mon. Boica 30 a. 133.

K. Friedrich 1237 vom Bischofe von Passau bei Verleihung eines Pfandlehens *investiens nos de ipso feudo*, [1] und 1236 vom Bischofe von Strassburg: *et de predicto feudo investivit nos corporaliter, ut est moris*,[2] so kann es wohl keinem Zweifel unterliegen, dass eine förmliche Belehnung, und zwar nicht eines Stellvertreters, sondern des Königs selbst stattfand.

Dagegen fehlen freilich andererseits Ausdrücke, welche sich auf das persönliche, durch die Lehnsverbindung bedingte Abhängigkeitsverhältniss beziehen, fast ganz. Ich wüsste nur anzuführen, dass K. Philipp, und doch auch nur in einer Urkunde des Abts, *Vasallus* des Stifts Fulda heisst, wie er in derselben Urkunde für den sonstigen Gebrauch, wonach der König nicht Zeuge für Fürsten ist, die Zeugenreihe eröffnet;[3] dann aus späterer Zeit, dass K. Karl 1346 erklärt, als Graf von Luxemburg genannte Stücke von Trier zu Lehen zu haben und zwar *cum onere fidelitatis et aliis de talibus feudis debitis de consuetudine vel de jure.*[4] Insbesondere aber ist mir nicht eine einzige Stelle bekannt geworden, nach welcher wir annehmen müssten, dass der König Mannschaft geleistet habe; und das war ja der entscheidende Punkt, welchen man so vielfach, wie wir zeigten, zu umgehen suchte, um eine Niederung des Schildes zu vermeiden. Allerdings muss es auffallen, dass in den Urkunden der staufischen Zeit nirgends von einer Nachsicht oder einem Ersatze derselben, wie doch sonst so häufig der Fall war, die Rede ist. Aber wenigstens mittelbar wird sich aus einer der bezüglichen Stellen schliessen lassen, dass sie vom Könige selbst nicht geleistet wurde. In der Urkunde, durch welche K. Heinrich 1185 bekundet, dass der Bischof von Basel ihn mit der Hälfte von Breisach und Eckartsberg belehnt habe, heisst es: *Si divine ordinationis gratia plures nobis provideat heredes, aliquis eorum, qui rex vel imperator non fuerit, beneficium illud ab episcopo tenebit, homagium ei faciendo. Si vero unicus nobis fuerit heres, qui domino favente, regni acceperit gubernationem, hoc*

---

1. Mon. Boica 30 a, 263.   2. Huillard H. D. 4, 815.   3. Reg. Boica 1, 381.
4. Hontheim H. Trev. 2, 172.

ipsum feodum ea integritate, qua et nos, ab episcopo possidebit. [1] Aus der bestimmten Hindeutung darauf, dass ein jüngerer Sohn den Lehnseid zu leisten habe, muss doch fast nothwendig gefolgert werden, dass der König oder ein königlicher Nachfolger denselben nicht zu leisten hatte.

Als Ergebniss werden wir etwa festhalten dürfen: bis auf den Ausgang der fränkischen Kaiser war ein passives Lehnsverhältniss des Königs zu den Reichskirchen unbekannt; noch die Könige Lothar und Konrad suchten die Kirchenlehen, welche sie bei ihrer Wahl hatten, wenigstens baldmöglichst auf ihre Erben zu übertragen; aber schon K. Friedrich I behielt anstandslos seine ererbten Lehen, während eine Nachwirkung der frühern Anschauung sich noch darin zeigt, dass er neuerworbene Lehen seinen Söhnen übertragen liess; später scheint man keinerlei Anstoss an dem Verhältnisse mehr gefunden zu haben; nur dass anscheinend die Belehnung des Königs in einer nicht näher nachweisbaren Form erfolgte, welche die Mannschaft ausschloss. Doch musste auch so das ganze Verhältniss bei dem weiten Umfange, den es gewann, der Lehre von der Folge der Heerschilde einen starken Stoss versetzen.

Selbst der Schwabenspiegel, wenn er sagt, dass der zum Könige zu Wählende nur der Pfaffenfürsten Mann sein dürfe, [2] verlangt damit, dass der zu Wählende keines Laien Mann sein dürfe. Wählte man einen Reichsfürsten zum Könige, so kam diese Vorbedingung, wenn wir von den näher zu besprechenden Lehnsverbindungen mit ausländischen Königen absehen, überhaupt nicht in Frage, da für den Fürsten dieselbe Forderung gestellt war. Seit dem Interregnum gelangten nun aber auch Magnaten zur Krone. Von diesen dürfte nur Rudolf seit der Erledigung des Herzogthums Schwaben keines Laien Mann gewesen sein; bei Wilhelm, Adolf und Heinrich wurde wenigstens bei der Wahl jene Bedingung ausser Acht gelassen; denn der Graf von Holland war Vasall von England, Holland, Brabant und Flandern; der von Nassau von Rheinpfalz und wahrscheinlich

---

1. Trouillat Mon. 1, 400.　　2. Schwab. Ldr. 123.

von Thüringen; der von Luxemburg von Frankreich, Brabant und
Hennegau. Doch findet sich wenigstens kein Zeugniss, dass sie
noch als Könige als Mannen ihrer Herren betrachtet worden
wären, und wenigstens in einzelnen Fällen können wir nachweisen, dass man die Fortsetzung der Mannschaft als unstatthaft
betrachtete; K. Wilhelm übertrug 1249 die schottischen Lehen
seiner Schwester [1] und wusste von der Gräfin von Flandern Nachsicht der Mannschaft zu erwirken; [2] K. Heinrich aber trat nicht
lange nach seiner Erhebung die Grafschaft überhaupt seinem
Sohne ab. [3]

V.

Wenden wir uns zum zweiten Heerschilde, dem der geistlichen Fürsten, so wird nicht zu verkennen sein, dass dieser sich
nur gezwungen der ganzen Ordnung einfügt. Bei den Weltlichen
finden wir eine Stufenfolge; bei den Geistlichen beginnt und
endet der Heerschild bei einer einzigen Klasse, welche jenen
weltlichen nur schwer einzureihen ist; der Pfaffenfürst ist Vasall
des Königs und ertheilt doch wieder diesem Lehen; und liegt
das charakteristische Merkmal für den Fürsten darin, dass er
sein Fürstenlehen unmittelbar vom Könige erhält, so ist der
Laienfürst daneben wieder des Pfaffenfürsten Mann, was die
Rechtsbücher ausdrücklich nicht als das ursprüngliche und damit
anscheinend als ein dem ganzen Systeme nicht angemessenes Verhältniss bezeichnen. Auch bezüglich einer andern, allerdings nicht
zunächst lehnrechtlichen Verbindung, lässt der Schwabenspiegel
in auffallender Weise den Pfaffenfürsten auf gleiche Stufe mit
dem Könige treten; dieser kann des Reiches Dienstmann an eine
Reichskirche geben, ohne ihn zu niedern, nicht aber an einen
Laienfürsten, da dieser selbst ein Dienstmann des Reiches sei. [4]
Belehnt der König den Bischof nicht mit einzelnen Reichslehngütern, sondern mit der gesammten Weltlichkeit seines Stiftes,
darf der Bischof keinen seiner Vasallen belehnen, ehe er selbst

---

1. Mieris Charterboek 1, 249. · 2. Vgl. oben S. 19. 3. Näheres Reichsfürstenstand, Bd. 2. 4. Schwab. Ldr. 158.

vom Könige belehnt wurde, so erscheint allerdings das verliehene
Kirchengut anderm Reichsgute ganz gleichgestellt, welches vom
Könige einem Fürsten, und von diesem weitergeliehen ist. Und
dieser Auffassung begegnen wir auch in den Lehnrechtbüchern.
Wenn der Auctor vetus die Lehen der Pfaffenfürsten als *impe-
rialia et ecclesiastica (beneficia), quae vir vel mulier aliqua per
electionem susceperit*, bezeichnet,[1] so liesse sich dabei noch an
zwei Arten von Lehngut denken; aber das sächsische Lehnrecht
gibt die Stelle einfach wieder: *it ne si dat en pape oder en
wif des rikes gut bi kore untva.*[2] Und auch eine weitere Stelle:
*Of egen des rikes gut wert so dat it in't rike irstirft, oder
dat man't in en goddeshus gift*, möchte ich eher dafür geltend
machen, dass auch das einer Reichskirche Geschenkte Reichsgut
wird, als für das Festhalten eines Unterschiedes zwischen Reichsgut und Kirchengut für den Bereich des Lehnrechts.[3] Aber
überall liess sich doch wieder die Gleichstellung des Kirchengutes mit andern Reichslehngütern nicht durchführen. Heisst
es, dass der Mann, welchem sein Herr entsagt, mit seinem Gute
an den obern Herrn folgt, so muss davon nicht blos das geliehene
Eigen, sondern auch das Lehngut ausgenommen werden, welches
in ein Gotteshaus gehört, *dar't nicht ut komen ne mach;*[4] die
Folge an den obern Herrn findet bezüglich des Kirchenguts schon
beim Pfaffenfürsten, obwohl doch auch dieser vom Kaiser damit
belehnt erscheint, ihre Gränze; wie ja auch die Regalien einer
Kirche, welche dem Könige wegen Verletzung der Lehnspflicht
durch den Bischof ledig werden, ihm nicht zu freier Verfügung
stehen, sondern nach des Bischofs Tode dem Nachfolger wieder
geliehen werden müssen. So finden sich doch manche Spuren,
welche die Anschauung eines neben dem Reichslehnsverbande stehenden Kirchenlehnsverbandes nahe
legen, dessen Spitze, wie dort der König, hier die einzelnen
geistlichen Fürsten bilden, und der sich dann gleichfalls durch
die weltlichen Stufen weiter fortsetzt.

---

1. A. V. 1 § 7.   2. Sächs. Lhr. 2 § 6.   3. Sächs. Lhr. 71 § 7. Schwäb. Lhr.
135. Vgl. Homeyer S. 287.   4. Sächs. Lhr. 76 § 3.

Allerdings sind das nur schwache Spuren; in den Rechtsbüchern erscheinen Reichsbischöfe und Reichsäbte ganz in den
Kreis des Reichslehnsverbandes hineingezogen, demselben an
genau bestimmter Stelle eingeordnet, den gewöhnlichen Regeln
desselben, so weit das irgend durchführbar war, unterworfen.
Aber das lehnrechtliche System, wie die Spiegel es uns darstellen, ist nur allmählig aus sehr verschiedenen Wurzeln
erwachsen; wie es einer längern Entwicklung bedurfte, um das
Reichsamt in den Kreis lehnrechtlicher Anschauungen hineinzu-
ziehen, so werden eben jene Spuren uns die Frage nahe legen,
seit wann betrachtete man **Reichsbischöfe und Reichsäbte als
Mannen des Königs.** Da der Reichsbischof vom Könige mit den
Regalien investirt wurde, ihm dabei Treue schwur und neben
andern Leistungen auch zur Heerfahrt und Hoffahrt, also zu den
dem Lehnsmanne vorzugsweise obliegenden Diensten verpflichtet
war, so lag allerdings eine solche Anschauung überaus nahe;
dennoch scheint es, dass wir dieselbe nicht so gar weit über die
Zeit der Rechtsbücher zurückversetzen dürfen.

Denn zunächst bestand jenes Verhältniss nicht blos zwischen
dem Könige und den Reichskirchen. Aebte, und auch Bischöfe
erhielten noch im eilften Jahrhunderte die Investitur in ganz ähnlicher Weise nicht allein von geistlichen, sondern auch von weltlichen Grossen verschiedenen Heerschildes;[1] hätte sich das Lehnsverhältniss der Geistlichen auf Grundlage der Investitur schon in
jener Zeit gestaltet, so wäre es kaum zu erklären, dass, wenigstens in Deutschland, nur jene oberste Klasse geistlicher Würdenträger in den Kreis des Lehnrechtes hineingezogen, nur bei ihr
die Investitur als Belehnung aufgefasst wurde, den weitern Heerschilden aber Geistliche ganz fern standen. Leichter erklärlich
ist das, wenn wir annehmen, das Verhältniss habe sich erst nach
der Zeit des Investiturstreites fester gestaltet; war die Laieninvestitur überhaupt verboten und während des Streites auch
wirklich grossentheils beseitigt, während durch das Wormser
Konkordat doch dem Könige die Investitur der Reichsbischöfe

---

1. Vgl. Reichsfürstenstand § 201 ff. § 224—228.

und Reichsäbte vorbehalten blieb, so traten diese dadurch in ein
Ausnahmsverhältniss, auf dessen Grundlage die Möglichkeit einer
eigenthümlichen Weiterentwicklung, von welcher andere geistliche
Würdenträger nicht berührt wurden, geboten war.

Und allerdings nöthigt uns nichts, schon in früherer Zeit das
Verhältniss der geistlichen Fürsten zum Könige als eine Lehnsverbindung zu fassen. Dass das Wort Investitur nicht nothwendig auf eine solche hinweise, bemerkten wir schon früher; [1]
Investitur eines Geistlichen heisst zunächst nichts anderes, als
die symbolische Uebertragung der seiner Kirche zustehenden
Temporalien durch den Herrn derselben. Die Ausdrücke, unter
welchen bis zur Mitte des zwölften Jahrhunderts ausschliesslich
und auch später noch häufig ohne genauere Bezeichnung die
Regalien der Reichskirchen vom Könige geliehen oder bestätigt
werden, wie *investituram* oder *donum episcopatus recipere, epis-
copio donari, de regalibus* oder *regalibus investire, regalia
recipere, conferre, dare, confirmare* und gleichbedeutende,
bedingen an und für sich keine Lehnsverbindung, beziehen sich
zunächst nur auf das dingliche Verhältniss, und vermeiden auch
für dieses den beim Lehen üblichen Ausdruck Beneficium.

Allerdings war nun die Investitur auch von einer persönlichen
Verpflichtung durch den Treuschwur begleitet. Schon in
karolingischer Zeit standen Bischöfe und Aebte in einem der
Vasallität sich nähernden Verhältnisse, kommendirten sich dem
Könige unter eidlichem Treugelöbniss. [2] Auch später wurde bei
der Investitur der Treueid geleistet; so heisst est um 924: *abba-
tiam ab eo (rege) suscipiens fidem iuravit.* [3] Bei einer Ver-
handlung im J. 1046 erklärte Bischof Wazo von Lüttich dem
Kaiser: *Summo pontifici obedientiam, vobis autem debemus
fidelitatem. Vobis de secularibus, illi rationem reddere
debemus de his quae ad divinum officium attinere videntur.
Ideoque mea sententia, quicquit iste contra ecclesiasticum ordinem
admiserit, id discutere pronuntio apostolici tantummodo inter-*

---

1. Vgl. oben S. 34.   2. Vgl. Waitz Vasallität. 31. 59. Verfassungsg. 4, 209.
239.   3. Casus s. Galli. Mon. Germ. 2, 104.

esse. Si quid autem in secularibus, quae a vobis illi credita sunt, negligenter sive infideliter gessit, procul dubio ad vestra refert exigere; [1] das Treugelöbniss bezieht sich demnach auf getreue Verwaltung der vom Reiche überkommenen Regalien. Im Wormser Konkordate heisst es nur, dass der Erwählte die Regalien mit dem Szepter empfangen soll *et que ex his iure tibi debet faciat;* [2] bestimmter heisst es unter den bei der Wahl K. Lothars 1125 getroffenen Bestimmungen: *habeat imperatoria dignitas electum libere, consecratum canonice regalibus per sceptrum, sine pretio tamen, investire sollempniter, et in fidei sue ac iusti favoris obsequium, salvo quidem ordinis sui proposito, sacramentis obligare stabiliter.* [3] Dass der Treuschwur der Bischöfe salvo ordine geleistet wurde, finden wir noch betont in einem Protokoll über die Investitur des Bischofs von Verona vom J. 1186: *F. — imperator investivit — R. — episcopum de toto honore et districtu, quod imperium habet in episcopatu et comitatu Veronae secundum antiquum consuetum usum. Quo facto prenominatus episcopus statim fecit ei fidelitatem sicut principi suo imperatori — et quod adjuvabit eum manu tenere regnum — contra omnes homines. Et supradictus archiepiscopus (Maguntinus), qui dedit fidelitatem, statim fidelitate facta dicit d. episcopo R. coram d. imperatore et coram omnibus suprascriptis: totum quod factum est, factum est salvo ordine nostro.* [4]

Aber auch mit dem Treuschwure werden wir uns das Lehnsverhältniss nicht nothwendig verbunden denken dürfen, wenn wir den Unterschied zwischen Treuschwur und Mannschaft beachten. Im longobardischen Lehnrechte tritt ein solcher allerdings nicht hervor; vom Hominium ist überhaupt nicht die Rede; die Verpflichtung des Mannes wird als Fidelitas zusammengefasst, bei den das Lehen begründenden Handlungen nur diese neben der Investitura genannt; und wenn jenes auch einen Treuschwur ohne Beziehung auf ein Lehnsverhältniss kennt,

---

1. Anselmi gesta ep. Leod. Mon. Germ. 9, 224. 2. Mon. Germ. 4, 75. 3. Narr. de elect. Lotharii. Böhmer Fontes 3, 573. 4. Ughelli It. sacra 5, 805.

indem es sagt: *si ideo iurat fidelitatem, non quod habeat feudum, sed quia sub iurisdictione sit eius, cui iurat,* so tritt doch in der neuern, dort aufgeführten Eidesformel die besondere Beziehung gar nicht hervor, während sie in der ältern durch den Ausdruck: *ero fidelis huic, sicut debet esse vasallus domino,* bezeichnet ist.[1] Wenn demnach in Italien die sonst als Leistung der Mannschaft bezeichneten Handlungen des Mannes bei der Belehnung vorkommen, kann es nicht befremden, wenn sie in die Fidelitas einbezogen erscheinen; so heisst es 1210 bei der Belehnung des Abtes von S. Zeno: *Qui dominus Turrisendus posuit dexteram in manibus domini imperatoris Ottonis et osculatus fuit cum nomine fidelitatis et ipse abbas iuravit ei domino Ottoni imperatori contra omnes homines sive personas salvo iure monasterii si quid facere debet fidelitatem.*[2] Regelmässig finden wir übrigens auch bei den Reichsbelehnungen weltlicher wie geistlicher Grossen in Italien noch später nur Investitur und Treuschwur erwähnt; in den zahlreichen uns erhaltenen Aufzeichnungen über Belehnungen aus der Kanzlei K. Heinrich VII heisst es durchweg nur: *fuit investitus et iuravit fidelitatem* oder *prestitit iuramentum fidelitatis;*[3] auch da, wo uns ganz ins Einzelne gehende Protokolle vorliegen, wie über die Belehnung des Markgrafen von Montferrat,[4] wird das Homagium weder erwähnt, noch werden die bezüglichen Handlungen aufgeführt, wie der Anschluss an den gewöhnlichen longobardischen Lehnbrauch[5] sich auch darin zeigt, dass die Investitur dem Treuschwure vorangeht, während sie ihm in Deutschland zu folgen pflegt.[6]

Im Bereiche des **deutschen und französischen Lehnrechts** wird dagegen bei den die Lehnsverbindung begründenden Handlungen des Mannes die Mannschaft von dem Treuschwure bestimmt unterschieden, wie ja auch ganz gewöhnlich das *hominium facere* und *fidelitatem jurare* nebeneinander in den Urkunden erwähnt werden; und zwar wird die Mannschaft, zumal

---

1. Vgl. II F. 5. 7. **2.** Biancolini Notizie d. chiese di Verona 5 a, 109. **3.** Dönniges Acta Henrici I, 14 ff. **4.** Dönniges A. H. 1, 4. **5.** II F. 4. **6.** Homeyer S. 324.

in Deutschland,[1] als unumgänglich für eine eigentliche Lehnsverbindung betrachtet. [2] In der Mannschaft stellt sich die strengere
Seite der durch die Belehnung begründeten persönlichen Verpflichtung dar; auf ihren Ausschluss wird, wie wir sahen, überall
das Gewicht gelegt, wo es sich um ein Umgehen der Niederung
des Schildes handelt; der Erzbischof von Embrun erhielt 1160
ein Lehen wohl *omisso hominio*, aber doch *ad fidelitatem;* [3] und
es ist das erklärlich, da die Mannschaft nur den Mann trifft,
während auch von der Fidelitas des Herrn gegen den Mann die
Rede sein kann; so kassirt K. Heinrich 1227 ein Privileg, weil
er es gegeben habe *contra honorem imperii et fidelitatem, qua
principibus nostris tenemur, sicut et ipsi nobis.* [4] Es ist aber
weiter die Mannschaft dasjenige, was die dem Lehnsverhältnisse
eigenthümliche persönliche Verpflichtung bedingt, während die Fidelitas keineswegs lediglich durch das Lehnsband bedingt ist. Jeder
Unterthan schuldet diese dem Herrscher, auch wenn er nicht von
demselben belehnt ist, und zwar nach der Bestimmung K. Friedrichs
vom J. 1158: *ut in omni sacramento fidelitatis nominatim
imperator excipiatur,* [5] so, dass die Treue gegen den Herrscher
unbedingt der gegen den Lehnsherrn vorsteht, wie das ja einst
schon die Vasallen Ernsts von Schwaben geltend machten, während in Frankreich das nur bedingt der Fall ist. [6] Auch der
Allodialherr konnte wegen seines Allods zum Treuschwur verpflichtet sein; so heisst es 1307 in den Ordonances du Louvre
bezüglich des zum Arelat gehörenden und vom Kaiser mit den
Regalien beliehenen[7] Bischofs von Viviers: *dictus enim episcopus et successores sui, Vivarienses episcopi, qui pro tempore
fuerint, jurare debebunt: se esse fideles de personis et de terris
suis nobis et successoribus nostris regibus Franciae; licet
terram suam a nemine tenere, sed eam habere alodialem nos-
cantur;* [8] gleichzeitig heisst es entsprechend in dem Vertrage des
Erzbischofs von Lyon mit Frankreich: *Item archiepiscopus faciet*

---

1. Vgl. oben S. 16.   2. Vgl. Homeyer S. 320. 322. 272. Ducange Glossar. ed.
Henschel 3, 284.   3. Vgl. oben S. 17.   4. Huillard H. D. 3, 328.   5. II F. 55
§ 5. vgl. II F. 7.   6. Vgl. Brussel Us. d. fiefs 1, 159. 349.   7. Vgl. Reichsfürstenstand § 213.   8. Sachsse Histor. Grundlagen 417.

58

domino regi fidelitatem, ita tamen quod bona ecclesiae propter hoc non sint de feodo domini regis. [1] Der Unterschied tritt besonders deutlich hervor, wenn die Fidelitas mit ausdrücklichem Ausschlusse des Hominium als des strengern Verhältnisses erwähnt wird. So schreibt Pabst Innozenz, die Fürsten hätten 1196 den jungen Friedrich einstimmig gewählt, *fidelitatem ei pene penitus omnes et quidam hominium exhibentes.* [2] Der Pfalzgraf von Burgund und seine Gemahlin versprachen 1225 dem Grafen von Champagne: *Nos requiremus a militibus comitatus Burgundiae, quod ipsi faciant hommagium dicto comiti (Campaniae) salva fidelitate nostra; et si aliqui milites seu barones nollent facere hommagium dicto comiti Campaniae Theobaldo, nos faceremus, quod barones illi et milites facerent dicto Th. comiti Campaniae fidelitatem.* [3] Uebrigens konnte sich auch der Treuschwur ohne Mannschaft nicht blos auf ein allgemeines Treuverhältniss, wie das des Unterthan zum Herrscher, sondern auch auf bestimmte geliehene Rechte oder Güter beziehen. Nach einem 1298 aufgenommenen Protokoll behauptete der König von Frankreich: *quod dominus archiepiscopus (Lugdunensis) debeat sibi homagium, dicto domino archiepiscopo contrarium dicente. Tandem fecit dictus archiepiscopus dicto regi recipienti fidelitatem cum protestatione, quod si reperiretur homagium, quod ius regis sibi salvum super homagium remanet. Dictus archiepiscopus recognovit dicto regi regaliam Eduensem et abbatiae Savigniaci. Rex autem nolebat, quod haec nominaret vel exprimeret, sed quod faceret fidelitatem pro rebus, quibus praedecessores sui consueverunt fidelitatem facere;* was der Erzbischof verweigerte. [4] Und durch eine Synode zu Rouen 1095 wurde allgemein bestimmt, dass Geistliche auch für Lehngüter nur Treue mit Ausschluss der Mannschaft leisten sollten: *Nullus presbyter efficiatur homo laici, quia indignum est, ut manus Deo consecratae mittantur inter manus non consecratas: quia est aut homicida, aut adulter,*

---

1. Menestrier H. civ. de Lyon. pr. 39. 2. Innoc. Reg. imp. ep. 29. 3. Brussel Us. d. fiefs 1, 28. 4. Menestrier H. civ. de Lyon. pr. XLIII.

aut cujuslibet criminalis peccati obnoxius; sed si feudum a laico sacerdos tenuerit, quod ad ecclesiam non pertineat, talem faciat ei fidelitatem, quod securus sit. [1] Es waren weiter, worauf wir zurückkommen, jüngere Söhne, welche ihren Antheil am väterlichen Erbe vom ältesten Bruder als Paragium geliehen erhielten, diesem davon nur zur Fidelitas, nicht zum Homagium verpflichtet. Auch die deutschen Rechtsbücher kennen nicht blos ein Leihen, sondern auch ein Huldigen ohne Mannschaft, wenn sie sagen, dass der Königsbann ohne Mannschaft geliehen wird und dass der mit einem Gerichte Beliehene dem Könige Hulde thuen soll nach freien Mannes Recht. [2] Es dürfte demnach an und für sich nichts im Wege stehen, anzunehmen, dass auch die Investitur mit den Regalien, obwohl mit dem Treuschwure verbunden, zunächst nur ein Leihen ohne Mannschaft war, kein eigentliches Lehnsverhältniss begründete.

Wir müssen nun freilich zugeben, dass wenigstens später eine Verpflichtung der Bischöfe und Aebte zur Mannschaft, nicht blos zum Treuschwure bestand, entsprechend der Auffassung der Rechtsbücher, welche die Verbindung der Pfaffenfürsten mit dem Reiche als eigentliches Lehnsverhältniss betrachten. Und es wäre ja möglich, dass eine solche Verpflichtung, wenn auch nicht besonders erwähnt, dennoch schon früher mit der Investitur verbunden war.

Da scheint es nun von Wichtigkeit zu sein, dass in Frankreich sich noch später in dieser Richtung ein Unterschied erhalten hat, welcher im Reiche nicht mehr hervortritt. Alle Bischöfe hatten gleich nach ihrer Weihe dem Könige den Treueid zu schwören, und zwar bezieht sich dieser nicht blos auf ihr Verhältniss als Unterthanen, sondern auch bestimmt auf die vom Könige geliehenen Regalien. [3] So fanden wir oben den Treuschwur des Erzbischofs von Lyon bestimmt bezogen auf die Regalien des Bisthums Autun und der Abtei Savigny; [4] 1272 behauptete der König von Frankreich, dass dem Erzbischofe die

---

1. Ducange Glossar. ed. Henschel 3, 285 a.   2. Vgl. Homeyer S. 541. 272.
3. Vgl. Brussel Us. d. fiefs 1, 20 ff. Ducange Glossar. 3, 284 c.   4. Vgl. oben S. 59.

administratio bonorum temporalium ecclesiae Lugdunensis citra Sagonam ante exhibitionem fidelitatis nicht zustehe. [1] Ausser dem Treuschwure hatten dann viele Bischöfe noch dem Könige Mannschaft zu leisten, aber nicht für die Regalien im allgemeinen, sondern für einzelne mit dem Bisthume verbundene Kronlehen. Der Unterschied tritt ganz zweifellos hervor, wenn K. Karl 1389 bekundet: *quod dilectus et fidelis noster Carolus de Pictavia episcopus et comes Cathalanensis et par Franciae hodie fecit nobis homagium, ad quod ratione dicti comitatus tenebatur, ac fidelitatis praestitit juramentum, quod ratione et ad causam dictae Cathalanensis ecclesiae praestare debebat;* [2] er zeigt sich weiter sehr bestimmt darin, dass beide Akte häufig besonders verbrieft wurden; so 1454 in einer Urkunde der Treuschwur des Bischofs von Langres wegen der Regalien des Bisthums, in einer andern die Leistung der Mannschaft wegen des Herzogthums Langres und der Pairie. [3] Danach kann es keinen Zweifel leiden, dass in Frankreich aus der Investitur mit den Regalien sich ein eigentliches Lehnsverhältniss nie entwickelt hat, sondern dasselbe sich bei den Bischöfen nur auf einzelne Lehen bezog, welche man von den Regalien im allgemeinen schied, sei es, was genauer zu untersuchen wäre, weil es sich dabei um besonders wichtige Hoheitsrechte, wie Herzogthum und Grafschaft handelte, sei es, was wahrscheinlicher sein dürfte, weil es sich dabei um königliche Verleihungen aus späterer Zeit handelte, bei welchen die Könige nach den Erfahrungen des Investiturstreites von vornherein das strengere Abhängigkeitsverhältniss festzuhalten bedacht waren.

Ein solcher Unterschied tritt nun im Kaiserreiche auch später gar nicht hervor; die gesammten Regalien der Kirche werden als eine vom Reiche lehnrührige Masse ohne Unterscheidung von Einzellehen betrachtet, auf welche sich Mannschaft und Treuschwur beziehen. So schreibt 1266 K. Richard dem Erzbischofe von Köln: *Licet principalium ecclesiarum*

---

1. Menestrier H. civ. de Lyon pr. XL. 2. Brussel Us. d. fiefs 1, 32. 3. Brussel Us. d. fiefs 1, 29.

*regalia, que ipsis pie a piorum imperatorum et regum Ro-
manorum munificentia sunt indulta, non multum hactenus consueta sunt recipi vel concedi, nisi recipiens per persone sue
presenciam concedentis imperatoris vel regis aspectui se pre-
sentet, — tamen — recepto prius a dilecto nobis A. — tuo —
nuntio — pro te nobis in animam tuam prestito fidelitatis
nobis debite iuramento, tibi — iura et feuda regalia Coloniensis ecclesie per presentes transmittimus teque de
eisdem auctoritate presentium simpliciter investimus: — volumus
tamen quod quamcito ad partes vicinas Colonie cognoveris nos
venisse, ad presentiam nostram te conferas, prestiturus nobis
homagium et iteraturus fidelitatis prestite iuramentum;* [1]*
entsprechend sind auch spätere Lehnbriefe gefasst;[2] und dennoch
besass der Erzbischof neben früheren Regalien seiner Kirche
ein so bedeutendes und in so später Zeit erworbenes Lehen,
wie das Herzogthum Westfalen. Und wieder werden minder
mächtige Bischöfe und Aebte, deren Kirchen niemals Herzogthum
oder Grafschaft erwarben, ganz in denselben Formen belehnt, wie
die mächtigsten geistlichen Reichsfürsten; als Lehnsgegenstand
werden immer im allgemeinen die *regalia feuda principatus* oder
mit Auflösung des Ausdrucks die *regalia sive feuda temporalia*
oder die *regalia nec non temporalia sive feuda* oder *Regalien,
Lehen und Werentlichkeit* des Stifts bezeichnet;[3] und werden
später wohl ausnahmsweise besondere Lehnstücke, wie etwa das
mit dem Stifte verbundene Herzogthum, betont, so werden sie
doch mit den Stiftsregalien zusammengefasst und nichts deutet
darauf hin, dass sie unter anderen Bedingungen zu Lehen gehalten
wurden; so leiht der König 1400 dem Bischofe von Münster:
*ecclesie tue Monasteriensis feoda et regalia ac temporalium
administrationes et alia universa et singula jura ad ducatum
dicte tue Monasteriensis ecclesie spectantia;*[4] der Bischof von
Wirzburg wird noch 1781 mit des Stifts Würzburg und des Herzogthums Franken Regalien, Lehen und Weltlichkeiten belehnt.[5]

---

1. Lacomblet UB. 2, n. 509. 2. Lacomblet UB. 2, n. 667. 3, n. 43. 3. Vgl.
Zöpfl Alterthümer 2, 29. 54. 95. 97. 4. Niesert Münst. UB. 2, 43. 5. Zöpfl Alterth.
2, 115.

Danach muss sich allerdings im Reiche die Anschauung eines
zur Mannschaft verpflichtenden Lehnsverhältnisses der geistlichen
Fürsten zum Kaiser aus der Investitur mit den Regalien· entwickelt haben. Aber schon der Umstand, dass sich aus derselben
Wurzel in Frankreich ein solches Verhältniss nicht entwickelte,
wird darauf hindeuten, dass diese Anschauung nicht schon gleich-
sam von vornherein mit der schärferen Ausbildung des Lehnwesens überhaupt gegeben war, dass es nicht Zufall ist, wenn
wir in früherer Zeit wohl den Treuschwur, nicht aber Mannschaft
der Bischöfe nachweisen können. So weit ich nun sehe, ist nicht
früher, als unter K. Friedrich I, von der Mannschaft bei Investitur der geistlichen Fürsten die Rede. Die frühesten urkund-
lichen Beispiele gehören durchweg Burgund an; der Kaiser leiht
1157 dem Bischofe von Avignon die Regalien *accepta ab eo
debita fidelitate et hominio,*[1] 1166 dem Erzbischofe von Vienne
recepto ab ipso hominii et fidelitatis debito,[2] 1178 dem Bischof
von Gap *accepta ab ipso fidelitate et hominio* und dem von Apt
facta nobis et imperio debita fidelitate cum hominio.[3] Das
Hominium wird also nicht etwa in ungenauer Fassung statt der
Fidelitas gesetzt, sondern neben derselben betont; überall ergibt
sich zugleich die Beziehung auf die gesammten Regalien der
Kirche. Fehlen für Deutschland noch. urkundliche Zeugnisse aus
dieser Zeit, so ist daraus nicht zu schliessen, dass dieselbe
Anschauung hier noch nicht Platz gegriffen hatte; denn hier
sind uns überhaupt aus dieser Zeit Verbriefungen der Regalien-
verleihungen noch nicht erhalten, während wir wenigstens bei
Schriftstellern schon entsprechenden Ausdrücken begegnen. So
erzählt Helmold, der Kaiser habe Heinrich dem Löwen die Investitur der überelbischen Bischöfe zugestanden und der Herzog
dann von ihnen verlangt: *ut reciperent ab eo dignitates suas et
applicarentur ei per hominii exhibitionem, sicut mos est fieri
imperatori;*[4] nach den Annalen von Kammerich zum J. 1168
redet der Kaiser den neugewählten Bischof an: *Jubeo quippe*

---

1. Gallia christ. 1, 142.   2. Bosco Bibl. Floriac. 88.   3. Gallia christ. 1.
87. 78.   4. Leibnitz Scr. 2, 612.

pro his omnibus a te nobis hominium fieri coram principibus regni. [1] Die erste mir bekannte urkundliche Erwähnung findet sich in einem Privileg von 1191 für S. Gislen, worin der König bestimmt, dass der Abt *facto hominio* die Investitur vom Könige erhalten solle; [2] dann sagt der König 1219, dass er den Bischof von Kammerich *facto nobis hominio et prestito fidelitatis iuramento* mit den Regalien investirt habe. [3]

Dieses erste urkundliche Auftreten des Ausdrucks unter K. Friedrich I erhält nun erhöhete Bedeutung durch die Angaben Ragewins, wonach sich unter den vom Pabste 1159 dem Kaiser gestellten Forderungen auch die befand: *Episcopos Italiae solum sacramentum fidelitatis sine hominio facere debere domino imperatori*, und der Kaiser darauf antwortete: *Episcoporum Italiae ego quidem non affecto hominium, si tamen et eos de nostris regalibus nihil delectat habere.* Wir werden daraus schliessen müssen, dass es sich nicht blos um eine sich allmählig entwickelnde, unter Friedrich zufällig zuerst hervortretende Anschauung handelte, sondern dass der Kaiser, wenn jenes auch in Deutschland und Burgund vielleicht der Fall gewesen sein sollte, wenigstens in Italien bewusst darauf ausging, dem Treuverhältnisse der Bischöfe das strengere Lehnsverhältniss unterzulegen. Und es scheint, dass in Italien wirklich von dem Hominium Abstand genommen wurde; es wird anscheinend nur in einer einzigen, nach Massgabe der Zeugen 1162 ausgestellten Urkunde erwähnt, wonach der Kaiser den Abt von S. Zeno *suscepta ab ipso debita fidelitate cum hominio* investirt; und es ist vielleicht nicht Zufall, dass diese einzige, mit Aufführung der Zeugen abbrechende Urkunde unausgefertigt blieb. [4] Und auch die Formen der Mannschaft ohne den Ausdruck fanden wir nur vereinzelt 1210 wieder beim Abte von S. Zeno, [5] während sonst in Italien nur vom Treuschwure die Rede ist. Damit soll nun freilich nicht gesagt sein, dass man nicht auch in Italien die Stellung der Bischöfe zum Kaiser als Lehnsverhältniss auffasste;

---

1 Mon. Germ. 16, 546.   2. Huillard H. D. 4, 751.   3. Huillard H. D. 1. 694.   4. Muratori antiq. It. 6, 245.   5. Vgl. oben S. 56.

denn die Fidelitas erschöpfte ja hier die Leistung des Vasallen
bei der Belehnung und musste um so mehr ins Gewicht fallen,
als es im allgemeinen als longobardischer Lehnsbrauch hingestellt
wird: *quatenus pro feudo, quod ab aliquo per ecclesiam deti-
netur, nulla sit facienda fidelitas.* [1]

Auf dasselbe Resultat, dass man erst unter K. Friedrich I
die Stellung der geistlichen Fürsten zum Könige als Lehnsverhältniss auffasste, führt uns nun auch die Beachtung der bei
königlichen Verleihungen an die Reichskirchen
gebrauchten Ausdrücke. In früherer Zeit deutet nichts
darauf hin, dass der Bischof das seiner Kirche Geschenkte als
Lehen besitzen solle. Wir finden freilich auch früher sehr häufig
Verleihungen an Geistliche *in beneficium;* dann aber sind es
persönliche Vergünstigungen, welche den Nachfolgern und der
Kirche nicht zu Gute kommen; vereinzelt kommen solche Verleihungen auch später noch vor, so wenn K. Friedrich 1164 dem
Erzbischofe von Köln ein Gebiet bei Mailand *in beneficio atque
in feudo* verleiht, ohne eines Rechtes der Nachfolger irgendwie
zu gedenken. [2] Wurde dagegen der Kirche als solcher etwas
verliehen, so finden wir durchweg die Form einer Vergabung
zu Eigen. [3] Allerdings kommen auch Vergabungen zu Eigen
an Laien bis in das zwölfte Jahrhundert hinein vor und der
Gegensatz der Verleihungsart tritt dann oft besonders deutlich
dadurch hervor, dass einem Laien dasjenige, was er bisher als
Benefizium besass, nun zu Eigen gegeben wird. Aber bei den
Kirchen finden wir nur Verleihung zu Eigen und zwar ohne Unterschied, ob es sich etwa nur um ein einzelnes Grundstück, oder
aber um die bedeutendsten Hoheitsrechte, wie Grafschaften handelt, welche an Laien wohl nie zu Eigen gegeben wurden. So
sagt, um aus zahlreichen Beispielen nur eins anzuführen, bei
welchem der Gegensatz ausdrücklich hervorgehoben wird, K.
Konrad 1028: *comitatum Venustensem cum omnibus suis pertinentiis et illis utilitatibus, quibus eum duces, marchiones seu*

---

1. II F. 101. Vgl. oben S. 55.   2. Lacomblet UB. 1, n. 407.   3. Vgl.
Zöpfl Alterth. 1, 111. 2, 10.

comites antea beneficii nomine visi sunt habere, Triden-
tinae ecclesiae — et Udalrico eiusdem ecclesiae venerabili epis-
copo suisque successoribus — a nostro iure et dominio in suum
ius et dominium transfundendo in perpetuum
damus atque largimur. [1] Die rechtlichen Wirkungen solcher
Verleihungen zu Eigen an die Reichskirchen zu untersuchen,
gehört nicht in den nächsten Bereich unserer Aufgabe; es würde
sich um die Frage handeln, welche Rechte dem Könige überhaupt an den Temporalien der Reichskirchen zustanden, und sich
ergeben, dass diese trotz der Form der Eigenthumsübertragung
ziemlich ausgedehnte waren; [2] es galt hier zunächst nur den
Gegensatz der Ausdrucksweise hervorzuheben. Bis in das dreizehnte Jahrhundert hinein finden wir bei Vergabungen an Kirchen
noch vielfach Ausdrücke gebraucht, welche entweder noch geradezu
auf eine Verleihung zu Eigen hinweisen oder bei welchen wenigstens die Verleihung zu Lehen nicht bestimmter betont ist. So
sagt der König 1152: *castrum Berwartstein, quod regno ac*
nobis attinet — Spirensi ecclesiae libera ac legitima donatione
contradimus; [3] 1167 für Köln über Andernach: *concedimus, lar-*
gimur, donamus; [4] 1172 für Würzburg über einen Wildbann:
legitima traditione contulimus; [5] 1180 für Köln über das Herzogthum Westfalen: *donavimus, concedimus, vexillo investivi-*
mus; [6] 1189 für Freising über Hoheitsrechte, auf welche der
Herzog von Oesterreich zu Gunsten der Kirche verzichtete:
donatione regali tradidimus; [7] 1193 für Passau über die Abtei
Niedernburg: *donavimus et confirmavimus;* [8] 1201 für Salzburg
über die Abteien Chiemsee und Seon: *donavimus;* [9] 1207 für
Passau: *comitatum — quem memoratus dux potestate et*
iure tenebat imperii in manus nostras resignavit et nos
eundem comitatum nobis libere resignatum statim Pattaviensi
ecclesie perpetuo libere et absolute possidendum con-

---

1. Hormayr Beitr. 2, 32.   2. Vgl. Waitz Verfassungsg. 4, 130. Reichsfür-
stenst. § 224.   3. Dümge Reg. Bad. 138.   4. Lacomblet UB. 1, n. 426.   5. Mon.
Boica 29 a, 407.   6. Lacomblet 1, n. 472.   7. Mon. Boica 31 a, 437.   8. Mon.
B. 29 a, 471.   9. Mon. B. 29 a, 505.

tulimus;[1] 1215 für Regensburg: *illa dua cenobia — dona-vimus ecclesie Ratisponensi cum proprietate atque advo-catia et omnibus attinenciis et cum omni eo iure, quod imperium in eis habuit.*[2]

Ausdrücke dagegen, welche auf eine Vergabung zu Lehen an Reichskirchen hinweisen, können wir nicht über die Mitte des zwölften Jahrhunderts zurückverfolgen. Allerdings heisst es in dem um 1037 von K. Konrad erlassenen Gesetzen: *Item si clericus, veluti episcopus, abbas, beneficium habens a rege datum non solummodo personae, sed ecclesiae, ipsum propter suam culpam perdat: eo vivente et ecclesiasticum bene-ficium vel honorem habente ad regem pertineat: post mortem vero eius ad successorem eius revertatur.*[3] Aber einmal ist uns das Gesetz nicht in der ursprünglichen Fassung überliefert; und würde uns diese für die betreffenden Ausdrücke auch vor-liegen, so kann es doch nach der ganzen Wortstellung kaum auffallen, wenn der Ausdruck Beneficium hier nicht blos auf das der Person, sondern auch auf das der Kirche Verliehene, welches nach sonstigem Gebrauche als Eigen derselben bezeichnet wird, bezogen wird. Nur dann würde uns diese Stelle einen Anhalt für den Schluss bieten, dass auch an Kirchen nicht blos zu Eigen, sondern auch zu Lehen gegeben wurde, wenn der Gegen-satz in ihr selbst hervorträte, oder wenigstens die hier ausge-sprochene Folge der Verwirkung des Beneficium auf die den Kirchen zu Eigen gegebenen Regalien nicht anwendbar wäre. Das aber ist nicht der Fall; vielmehr kann der Umstand, dass bei den Angaben über Verwirkung der Regalien ein Unter-schied zwischen zu Eigen und zu Lehen gegebenen nicht hervor-tritt, unsere bishorigen Ergebnisse, dass die Temporalien der Kirche eine einheitliche Masse bildeten, welche später als reichs-lehnbar galt, während sie doch früher durchweg in der Form einer Verleihung zu Eigen an die Kirche gekommen war, nur bestätigen. So wird 1065 dem Abte von Stablo von Seiten des Königs gedroht: *ut, si non properaret ad curiam indicto die*

---

1. Mon. B. 29 a, 539. 2. Mon. B. 30 a, 37. 3. II F. 40. vgl. Mon. Germ. 4, 38 b.

vel tempore, praeiudicium pati haberet totius boni, quod tenebat ex rege. [1] Otto von Freising erzählt, dass wegen Nichtleistung der Heerfahrt 1154 zu Roncalia *non solum laicorum feuda, sed et quorundam episcoporum, id est Hartvici Bremensis et Ulrici Halberstatensis, regalia personis tantum, quia nec personis, sed ecclesiis perpetualiter a principibus tradita sunt, abiudicata fuere;* [2] und ergänzend meldet Helmold: *Unde etiam legatus imperatoris veniens Bremam, occupavit omnes curtes episcopales et quaecunque reperisset, addidit fisci iuribus; idem factum est Othelrico Halberstalensi episcopo.* [3] K. Friedrich bestimmt 1227, wenn Geistliche während des Interdikts nicht celebriren wollen: *temporalia bona, per divos augustos progenitores nostros pia ecclesiis largitate donata faciemus — ad nostrum demanium revocari.* [4] K. Heinrich meldet 1234 an die Bürger Lüttichs und anderer Städte, dass der Bischof von Lüttich sich den Befehlen des Königs widersetze, und befiehlt ihnen: *quatenus in his, que a nobis et imperio tenet, thelonio, moneta, judicio et aliis temporalibus, nullam ei faciatis obedientiam vel aliquatenus intendatis, reservando nobis reditus eorundem quousque super his a nobis mandatum recipiatis speciale.* [5] K. Friedrich sagt 1242 vom Bischofe von Bamberg, dass, *ipso ex transgressione commissa in penam regalium ecclesie incidente, regalia ipsa sint ad nos et imperium racionabiliter devoluta.* [6] Wollten wir demnach auf den Ausdruck Beneficium in jener Bestimmung K. Konrads in dieser Richtung Gewicht legen, so würden wir überhaupt schon für jene Zeit alle Regalien der Reichskirchen als Benefizien der Kirche bezeichnen müssen, was den sonstigen Zeugnissen widerspricht. Dagegen konnte allerdings der Umstand, dass sie zwar nicht von der Kirche selbst, wohl aber von dem zeitweise damit Investirten verwirkt werden konnten, auf die Anschauung hinwirken, in den Temporalien Lehen des jedesmaligen Bischofs zu sehen.

---

1. Triumphus S. Remacli. Mon. Germ. 13, 440. 2. De gestis Frid. l. 2, c. 12.
3. Leibnitz Scr. 2, 605. 4. Huillard H. D. 3, 51. 5. Huillard H. D. 4, 690.
6. Mon. Boica 30 a, 286.

Wird nicht allein 1153, sondern sogar schon 846 vom Könige dem Abte von Bobbio die Grafschaft *iure honorabilis feudi* bestätigt,[1] so würde der Ausdruck allein schon genügend gegen die Echtheit der Urkunde sprechen. Aber gewiss nicht zufällig begegnen wir eben in der Zeit, wo wir zuerst eine Mannschaft der geistlichen Fürsten erwähnt fanden, auch zuerst in den Urkunden einer Vergabung zu Lehen an Reichskirchen, und zwar so, dass nicht blos das Neuverliehene, sondern unserer bisherigen Ausführung gemäss die gesammten Regalien der Kirche als Lehen bezeichnet werden. Der Kaiser bestätigt 1156 dem Bischofe von Verdun das *beneficium comitatus et marchiae*, wie es einst vom K. Otto der Kirche verliehen sei;[2] 1158 verleiht er dem Erzbischofe von Trier Silbergruben mit den Worten: *tibi et per te tuis successoribus cum ceteris regalibus in beneficio libere habendam concessimus et in perpetuum legitimo titulo possidendam.*[3] Der Reichsprobst von Goslar überlässt 1164 dem Probste von Richenberg *quicquid in predicto monte a domino imperatore beneficiario iure susceperamus.*[4] Der Kaiser sagt 1164 in Urkunde für den Bischof von Lodi: *ei suisque successoribus ex nostra liberalitate in feudum damus et nostra imperiali auctoritate confirmamus omnia regalia nostra, que habemus in his locis;*[5] und 1167: *ecclesiae Tridentinae et eius venerabili episcopo A., qui nunc est, castrum Gardae et eius comitatum — per rectum feudum concessimus;*[6] 1187 schenkt er dem Bischofe von Parma eine Burg *de quo ipsum — solemniter per feudum investimus et ut illud — honorifice teneat et habeat, sicut alia regalia, quae a nobis tenet et habet.*[7] Es heisst weiter in kaiserlichen Urkunden 1189 für den Bischof von Volterra: *ipsi et successoribus suis monetam recto feudo tenendum in perpetuum concedimus;*[8] 1213 für den Abt von Kempten: *comitatum Campidonensem ei et omnibus suis successoribus — ratione legalis feodi et*

---

1. Ughelli It. sacra 4, 931. 960.   2. Calmet H. de Lorraine 2, 350.   3. Beyer UB. 1, 673.   4. Heineccius Antiq. Gosl. 166.   5. Ughelli It. sacra 4, 670.   6. Ughelli It. s. 5, 598.   7. Affò Storia di Parma 2, 392.   8. Ughelli It. s. 1, 1443.

honorabilis beneficii conferre curavimus; [1] 1217 für
Passau: *comitatum contulimus memorato episcopo U. et suae
ecclesiae ab ipso suisque successoribus Pattaviensis ecclesis episcopis titulo legalis feudi perpetuo possidendum;* [2] 1225
bei der Schenkung von Richterich an Köln: *concedimus et donamus in legitimum feudum.* [3]

Wir erhalten demnach das **Ergebniss**, dass die Investitur
mit den Regalien die geistlichen Fürsten früher nur zur Treue,
erst seit der Mitte des zwölften Jahrhunderts auch zur Mannschaft verpflichtete; dass dem entsprechend bis zu dieser Zeit
die Regalien als Eigen der Reichskirchen, dann erst als Lehngut
betrachtet wurden; dass demnach erst seit dieser Zeit die Beziehungen der geistlichen Fürsten zum Reiche als eine eigentliche Lehnsverbindung aufzufassen sind, so sehr sie sich derselben
auch schon früher nähern mochten; und wäre es recht wohl
denkbar, dass eine solche Anschauung sich ohne äussere Einflussnahme allmählig entwickelt hätte, so bieten sich doch sehr
beachtenswerthe Anhaltspunkte, welche darauf hinweisen, dass
K. Friedrich I bewusst darauf ausging, jene der Krone günstigere
Auffassung in allen Reichsländern zu thatsächlicher Geltung zu
bringen.

·VI.

Hat sich ein Mannenverhältniss der Bischöfe und Aebte erst
spät und zwar aus der Investitur mit den Regalien entwickelt,
gelangten weiter wenigstens nach deutschem Lehnrechte nur diejenigen von ihnen zum Heerschilde überhaupt, welche vom Könige
selbst investirt und dadurch Reichsfürsten wurden, so ergab sich
daraus ihre Einreihung in der Heerschildordnung unmittelbar
hinter dem Könige. Und die Forderung, dass **der Pfaffenfürst
keines Genossen Mann** werden durfte, scheint durchweg streng
eingehalten zu sein.

In späterer Zeit findet sich allerdings wohl der Fall, dass

---

1. Mon. Boica 30 a, 15.   **2.** Mon. B. 30 a, 56.   **3.** Lacomblet UB, 2, n. 122.

ein geistlicher Fürst wegen Familienlehen von einem Genossen und selbst Untergenossen belehnt wird, also ein ähnliches Verhältniss, wie es die Kirchenlehen der Könige bieten. So heisst es 1317: *Girardus d. gr. episcopus Basiliensis dominus de Wippens recognoscit se esse hominem d. Ludovici domini Waudi* und habe von ihm die Burg Wippens und andere Lehnstücke.[1] Im J. 1416 erklärt Erzbischof Werner von Trier, *comes in Falkenstein et dominus in Minzenberg*, dass er ein Patronatsrecht, welches seine Vorgänger in der Grafschaft von Köln zu Lehen getragen, veräussert und dafür dem Erzbischofe und der Kölner Kirche ein anderes Patronatsrecht, *quod ad nos jure hereditatis virtute dictorum comitatus et dominii dinoscitur pertinere*, übertragen habe, *et idem jus patronatus — ab eodem — archiepiscopo in feodum presentium sub tenore recipimus, prout illud nobis et nostris successoribus comitibus de F. et dominis dominii de M. — concessit.*[2]

Dass dagegen ein geistlicher Fürst wegen seines Stiftes nicht Mann eines, wenn auch in der kirchlichen Rangordnung höherstehenden Genossen sein durfte, dafür geben uns die Verabredungen bezüglich des Lütticher Lehens von Rheims einen sehr bezeichnenden Beleg,[3] wie auch andere früher angeführte Beispiele für die Umgehung der Niederung des Schildes mehrfach Fälle treffen, in welchen ohne eine solche ein Pfaffenfürst des andern Mann geworden wäre. In der Urkunde, in welcher K. Otto 1198 Köln das Herzogthum Westfalen bestätigt, heisst es allerdings: *Mindensis etiam ecclesia ea, que a Coloniensi ecclesia de bonis tenet, quiete sine aliqua contradictione possidebit;*[4] dass aber der Bischof von Minden von Köln belehnt war, wird sich doch kaum mit Sicherheit daraus schliessen lassen. Nur eine Stelle aus früherer Zeit ist mir bekannt geworden, in welcher allerdings Belehnung eines Reichsbischofs durch einen anderen ganz bestimmt in Aussicht genommen ist; der Erzbischof von Trier sagt 1160: *feodum Pagani*

---

1. Wurstemberger Peter II. 4, 528.　2. Günther Cod. dipl. 4, 177.　3. Vgl. oben S. 22.　4. Lacomblet UB. 1, n. 562.

de M. et custodiam eiusdem castri cum pertinentiis suis eo
modo, eadem securitate et iisdem conditionibus, quibus
Paganus et predecessores sui eandem custodiam et idem feodum
a nobis et predecessoribus nostris tenuisse cognoscuntur, vene-
rabili fratri nostro A. Virdunensi episcopo et per eum
successoribus suis, qui illud idem a nobis et successoribus
nostris requirere et recipere voluerint, perpetuo habendum nos
daturos in feudum communi consilio firmiter promisi-
mus; selbst die Annahme, dass die Belehnung des Genossen in
einer die Mannschaft ausschliessenden Form geschehen solle,
scheint hier durch den Wortlaut der Urkunde ausgeschlossen.
Ob die Verabredung wirklich zur Ausführung gekommen sei, ist
freilich zweifelhaft, da sie an die Bedingung geknüpft war, dass
der damalige Lehnsträger sich dazu verstehen würde, die Burg
als Trierer Afterlehen vom Bischofe von Verdun zu Lehen zu
nehmen. [1]

Aus späterer Zeit wird auch ein Fall erwähnt, dass ein
Bischof wegen einer mit dem Stifte verbundenen Grafschaft Lehen sogar von einem Laienfürsten nimmt; es heisst
1363: *Ipso anno Engelbertus episcopus (Leodiensis) relevavit*
tanquam comes Lossensis a duce Brabancie Wincelao
feudum de advocatia S. Trudonis et feuda de castro Durachii
et de Kaelmont. [2] Es ist das mit jenen früher erwähnten Belehnungen wegen Familiengut nicht auf gleiche Linie zu stellen,
denn der Bischof war hier nicht zufällig und nur persönlich, sondern eben in seiner Eigenschaft als Bischof Herr der dem Stifte
heimgefallenen Grafschaft Loos; nach derselben Anschauung hätte
der Bischof ebensowohl als Herr von Bouillon Mann des Erzbischofs von Rheims sein können, was wir doch ausdrücklich
vermieden fanden; die Fiktion einer Scheidung des Grafen vom
Bischofe wird uns aber beweisen können, dass man sich des
Unstatthaften einer solchen Lehnsverbindung auch in dieser späteren Zeit noch wohl bewusst war.

Gehören die aufgeführten Ausnahmen von der Regel durchweg

---

1. Beyer UB. 1, 680. 2. Gesta abb. Trudon. Mon. Germ. 12, 439.

den linksrheinischen Reichslanden an, so wird das insoweit zu beachten sein, als auch die später anzuführenden Abweichungen von der Strenge des Reichslehnsrechts vorzugsweise die lothringischen und burgundischen Reichslande treffen.

VII.

Nach den Rechtsbüchern sollen alle Fürsten, geistliche wie weltliche, keines Laien Mannen seien, als des deutschen Königs. Die Beachtung thatsächlich bestehender Lehnsverbindungen, welche dem Gesichtskreise der Verfasser der Rechtsbücher allerdings ferner lagen, nöthigt uns aber zu einer Einschränkung dieses Satzes, insofern **Pfaffenfürsten und Laienfürsten Mannen fremder Könige** sein konnten. Und nicht allein, dass sich das an einzelnen Thatsachen nachweisen lässt; wir finden es mit nächster Beziehung auf Laienfürsten auch als allgemeingültiges Reichsrecht ausgesprochen, wenn Giselbert von Hennegau zu 1190 sagt: *quicumque enim in imperio principis gaudet privilegio, nemini hominium facere potest, qui consecratus non fuerit; licet eis hominia facere regibus tantummodo, et episcopis et abbatibus, qui regales dicuntur.* [1] Wird hier der Grund für den Vorzug der Könige darin gesucht, dass auch sie die Weihe der Kirche erhielten, so finden wir eine entsprechende Anschauung schon bei Thietmar, wenn er bei Erwähnung des Aufhörens der ausnahmsweisen Investitur der baierischen Bischöfe durch Herzog Arnulf sagt: *Quin potius reges nostri et imperatores, summi rectoris vice in hac peregrinacione prepositi, hoc soli ordinant, meritoque pre caeteris pastoribus suis presunt, quia incongruum nimis est, ut hii, quos Christus sui memores huius terrae principes constituit, sub aliquo sint domino absque eorum, qui exemplo Domini benediccionis et coronae gloria mortales cunctos precellunt. Audivi tamen nonnullos sub ducum, et quod plus doleo, sub comitum potestate magnam sustinere calumniam.* [2]

----

1. ed. Duchasteler 211.   2. Mon. Germ. 5, 742.

Den Interessen des Reichs musste der Grundsatz, dass
deutsche Fürsten und Magnaten anstandslos Vasallen fremder
Könige sein konnten, wenig entsprechen, auch wenn die höhere
Verpflichtung gegen den römischen Kaiser und König vorbehalten
wurde. Schon in karolingischer Zeit hatte man Bestimmungen
zweckmässig gefunden, wonach der Vasall nur im Reiche seines
Königs Benefizien haben sollte.[1] Allerdings waren auch Unterthanen und Vasallen fremder Könige zugleich Vasallen des Reichs; aber doch in der Regel nur wegen ihrer
im Reiche belegenen Besitzungen; wenn der Graf von Champagne
1162 für eine Reihe nahe den Reichsgränzen, aber doch in Frankreich gelegener Burgen Mann des Kaisers wird, so gründete sich
das auf ein besonderes Ausnahmsverhältniss.[2] Im allgemeinen
ging man von dem Grundsatze aus, dass es nicht wünschens-
werth sei, dass fremde Grosse Besitzungen im Reiche erwürben.
Als es sich darum handelte, 1187 dem Grafen von Champagne
das Erbe von Namur zuzuwenden: *imperator — audientibus
universis principibus et aliis viris nobilibus dixit et asseruit,
quod dum ipse viveret comes Campaniensis vel aliquis potens
Francorum princeps comiti Namurcensi in tantis bonis nequaquam succederet.*[3] Und in einem auszugsweise vorliegenden
Schreiben führt K. Friedrich 1220 unter den Gründen für Auf-
schub seines Kreuzzuges an: *cum enim vidua ducis Lotharingiae
cum comite Campaniae matrimonium contraxerit et praedictus
comes, praeterquam alienigena sit, se proprio motu in possessionem feudorum imperii intromiserit, principes rogaverunt
et etiam exigente iustitia requisiverunt, ut res ista, quae tantum
ad honorem imperii spectabat, ante suum profectum convenienti
fine terminaretur.*[4] Konnte auch bei der so engen Begränzung
der Erbfolge in deutsche Reichslehen ein nicht abzuweisender
Rechtsanspruch fremder Grossen auf dieselben nicht erwachsen,
so mochte doch oft die Belehnung landrechtlicher Erben im

---

1. Vgl. Waitz Verfassungsg. 4, 188. 221. **2.** Vgl. Ducange Dissert. sur l'hist.
de saint Louis ed. Henschel 59. Huillard H. D. Introd. 269. **3.** Gislebert. Hannon.
ed. Duchasteler 162. **4.** Huillard H. D. 1, 805. vgl. Introd. 273.

Gnadenwege nicht wohl zu umgehen sein, und jedenfalls war
Erheirathung oder sonstiger landrechtlicher Erwerb von Allod im
Reiche nicht wohl zu verhindern. Etwaigen bedenklichen Folgen
suchte man nun eben dadurch vorzubeugen, dass man Gelegenheit
suchte, solche ausländische Fürsten wenigstens wegen aller ihrer
Besitzungen im Reiche in den Reichslehnsverband zu ziehen.
K. Friedrich leiht 1166 dem Grafen Odo von Champagne einige
burgundische Lehen, wogegen dieser ein genanntes Allod *et quae-*
cumque allodia acquiret in vita sua in imperio ihm zu Lehen
aufträgt, und zwar so, dass beim Abgange von Erben *omnia*
allodia, quae modo habet et ab hac hora in antea acquisierit
(in) imperio nostro, und die burgundischen Lehen dem Kaiser,
der Kaiserin und ihren Erben heimfallen.[1] Und als der Herzog
von Burgund, welcher die Grafschaft Albon erheirathet hatte,
1186 vom K. Heinrich belehnt wurde *de tota terra comitatus*
Albonii, qui infra districtum imperii continetur, verstand er
sich zugleich dazu, das *allodium U. de Baugeio et alia etiam*
allodia, quae supra terminos imperii sunt constituta, zu Lehen
zu nehmen; auch sein Sohn, welcher als Herzog folgen würde,
solle *salva fidelitate regis Franciae* dem Reiche huldigen *de*
allodiis, que habet et que habebit intra imperium, und zwar so,
dass er dem Reiche gegen einen Angriff des Königs von Frankreich, diesem gegen einen Angriff von Seiten des Reichs von
den Lehnstücken beistehen solle, welche er von jedem trage.[2]
War der ausgedehnte Lehnsbesitz der Grafen von Flandern im
Reiche durch K. Heinrich II selbst zeitweiser Vortheile wegen
begründet, so führte er später zu manchen Schwierigkeiten, und
mehrfach versuchten ja die deutschen Könige, Reichsflandern aus
der Verbindung mit dem französischen Lehnfürstenthume zu
lösen;[3] und standen die Grafen von Toulouse und Barcelona,
dann die Anjou wegen der Provence im Reichslehnsverbande,
so wurden ja auch dadurch die mannichfachsten Wirren veranlasst.

---

1. Chevalier Mem. de Poligny 1, 323. 2. Perard Recueil 233. 3. Vgl.
Warnkönig Flandr. RG. 1, 258.

Bei den deutschen Grossen, welche Mannen fremder
Könige wurden, handelte es sich weniger um Besitz in fremdem
Lande, wie er ausnahmsweise vorkommen mochte und bei dem
eine solche Regelung der Beziehungen zum Herrscher allerdings
ganz nahe lag; wir finden umgekehrt wenigstens später mehrfach, dass dem fremden Herrscher im Reiche belegenes Allod
aufgetragen wird; vorwiegend aber handelte es sich um Kammer-
·lehen. Das ganze Verhältniss scheint sich vorzugsweise durch
die Kämpfe zwischen England und Frankreich entwickelt zu
haben, bei welchen für beide Parteien Unterstützung durch die
deutschen, zumal niederländischen Grossen von grösster Wichtigkeit war; es hatte vorwiegend den Charakter eines auf die
herkömmlichen Bedingungen der Lehnsverpflichtung geschlossenen
Soldvertrages. Wenn die Theorie dem Kammerlehen die Natur
des rechten Lehens nicht zuspricht,[1] so fällt das für die Verhältnisse des Heerschildes nicht ins Gewicht, da, wie die anzuführenden Beispiele zeigen, die dafür entscheidende Mannschaft
durchweg ausdrücklich erwähnt wird.

Die Könige von England scheinen den Anfang gemacht
zu haben. Das erste mir bekanntgewordene Beispiel finde
ich bei Giselbert zum J. 1172: *Balduinus comes Hanoniae
dominum regem Anglorum Henricum — adiit et ei super. c.
marchis sterlingorum magno pondo annuatim habendis hominium fecit, et sicut eius pater ab ipso rege et ab eius arunculo
Henrico rege Angliae infeodatus fuerat; hominibusque suis
Hanoniensibus quibusdam sua ab ipso rege feuda fuerunt recog-
nita et reassignata, E. scilicet de Ruez. xv. marchae, W. de
Linea. x. marchae, A. de Proui. x. marchae, H. de Braina. x.
marchae, R. de Carneriis. x. marchae. Ibi I. de Avethnis per
intercessionem comitis Hanoniensis ab ipso rege. xxx. marchis
infeodatus fuit.*[2] Derselbe Schriftsteller gibt uns den frühesten
Beleg, dass auch Reichsfürsten, und selbst Pfaffenfürsten eine
solche Verbindung eingingen, indem er vom K. Richard nach
dessen Entlassung aus der Gefangenschaft im J. 1194 erwähnt:

---

1. Homeyer S. 284.   2. Gislebert. ed. Duchasteler 81.

ipse in transitu suo Coloniensi archiepiscopo et S. Leodiensi electo et duci de Lemborch feoda in argento annuatim persolvenda dedit et insuper duci Lovaniensi quamdam terram in Anglia, quam Matthaeus, comes Boloniensis, pater uxoris suae, reclamaverat in feodo reddidit, — et omnes infeodati ab eo auxilium ei promiserunt contra regem Francorum, ita quod saltem tantam comiti Flandriae et Hanoniensi guerram facerent, quod comes nequaquam domino regi Franciae auxilium ferre posset. [1] K. Richard bekundet 1398, dass der Erzbischof von Köln *per procuratores suos — fidelitatem et homagium nobis fecit et huiusmodi fidelitatis et homagii iuramentum nobis prestitit in forma debita et consueta*, dass er ihm Hülfe versprochen habe, *sicut vasallus et homagialis fidelis domino suo facere tenetur* und auf Erfordern fünfhundert Lanzen stellen werde, und dass er ihm dagegen *ad totam vitam suam in feodum ac loco feodi pensionem annuam mille librarum* verliehen habe; noch im folgenden Jahrhunderte werden solche Rentenlehen für Köln mehrfach erwähnt. [2] So werden auch 1207 die Grafen von Loos, [3] 1212 die Herzoge von Limburg, [4] 1213 die Grafen von Holland [5] englische Vasallen; für die meisten Magnaten der niedern Lande lässt sich ein solches Verhältniss nachweisen. [6] Doch auch in entfernteren Reichstheilen finden sich englische Vasallen. Der Graf von Savoien trägt 1246 dem Könige benannte Besitzungen zu Lehen auf und erhält dafür tausend Pfund einmal und jährlich zweihundert Mark; eine Verbindung, welche sich längere Zeit verfolgen lässt. [7] Im J. 1294 wird der Graf von Katzenellenbogen für einige Allodialgüter, [8] 1355 der Graf von Holstein, [9] 1397 Herzog Ruprecht von Baiern [10] Vasall des Königs von England.

Frankreich blieb in dieser Richtung nicht zurück. Im J. 1196 belehnt der König einen der einflussreichsten Rathgeber

---

1. Gislebert. 242.   2. Lacomblet UB. 3, n. 1050. 4, n. 229. 231. 242. 255.
3. Wolters Cod. dipl. Lossensis 67.   4. Ernst Hist. d. Limbourg 6, 179.   5. Kluit Hist. com. Holl. 2, 349.   6. Weitere Belege bei Rymer Foedera 1.   7. Wurstemberger Peter II. 4, 105. 465. 468. Lünig Cod. dipl. It. 1, 651.   8. Wenck Hess. G. 1, 61.
9. Archiv der Gesellsch. 6, 914.   10. Mon. Zollerana 5, 386.

des Kaisers, den Reichstruchsess Markward von Anweiler mit einer Villa. [1] Weiter fasste man vorzüglich den Herzog von Brabant ins Auge, der schon 1204 als französischer Vasall nachzuweisen ist [2] und 1208 von Seiten Frankreichs als Thronkandidat aufgestellt und mit bedeutenden Summen unterstützt wird; [3] 1213 bestätigt ihm der König die vierhundert Pfund jährlich, *quas ei de feodo dedimus;* und wie bedenklich ein solches Verhältniss für das Reich war, ergibt sich daraus, dass der Herzog im Lehnseide nicht den römischen Kaiser oder König schlechtweg ausnimmt, sondern nur den damaligen von Frankreich begünstigten König Friedrich oder *illum, qui de assensu domini mei regis Philippi electus esset in imperatorem Romanorum — si forte de predicto Frederico humanitus accideret.* [4] Auch in dem Vertrage, durch welchen sich 1295 der Graf von Holland gegen Rentenlehen dem Könige von Frankreich *par hommage et feauté* verpflichtet, ist der König von Deutschland nur bedingt ausgenommen, so dass ihm der Graf nur gegen einen französischen Angriff beistehen darf. [5] Im vierzehnten Jahrhunderte finden wir viele lothringische Magnaten in Lehnsverbindung mit Frankreich; so 1304 die Grafen von Bar, [6] 1307 die von Hennegau, [7] 1328 und später die von Jülich, [8] dann die von Mark, Geldern, Berg und Kleve. [9] Besonders weiten Umfang gewann das Verhältniss 1358, wo wir in einem Verzeichnisse derjenigen, *qui depuis le commencement de ces presentes guerres sont entrez en la foi et hommage du roi nôtre sire,* die Erzbischöfe von Trier, Mainz, Köln, die Bischöfe von Metz und Lüttich, den Herzog von Brabant, den Sohn des Herzogs von Jülich, den Markgrafen von Montferrat, die Grafen von Salm, Vaudemont, Genf, Zweibrücken, Saarbrück, Namur, Kirburg und Nassau genannt finden. [10] Den Erzbischof von Köln finden wir nochmals 1378 als Vasallen

---

1. Bréquigny Table d. dipl. 4, 202.   2. Butkens Troph. 1, 56.   3. Delisle Catal. d. actes de Phil. Auguste 514.   4. Huillard H. D. 1, 267.   5. Leibnitz Cod. iur. gent. 34.   6. Calmet Hist. de Lorraine 2, 428.   7. Reiffenberg. Monum. 1, 490.   8. Lacomblet UB. 3, n. 239. 4, n. 3. 8. 17. 35.   9. Lacomblet UB. 3, n. 825. 830. 839 851. 932. 1006.   10. Brussel Us. d. fiefs 1, 45.

Frankreichs. [1] Auch für die Entwicklung der burgundischen Verhältnisse dürfte zu beachten sein, dass der Delfin 1294 französischer Vasall wurde, [2] und 1337 [3] und später auch der Graf von
Savoien als solcher nachzuweisen ist; auch hier lautet 1355 die
Ausnahme des Kaisers nicht unbedingt, sondern nur *excepto imperatore Romano pro tempore quoad ea, quae iura et honores
imperii concernunt*, [4] was natürlich manchen Ausflüchten Raum
geben konnte.

Von geringerem Gewichte sind die Lehnsverbindungen deut-
scher Fürsten und Magnaten mit andern fremden Königen. So
mit Schottland; 1248 überträgt K. Wilhelm *feudum ac terras,
quam progenitores nostri comites Hollandie a domino illustri
Scotorum rege et suis progenitoribus hactenus tenuerunt*, seiner
Schwester und deren Gemahl. [5] Der Herzog von Lothringen wird
1260 für tausend Mark *vasallus ad forum et consuetudinem
Castellae* des K. Alfons von Kastilien, abgesehen von dem
Dienste, welchen er ihm *ratione imperii* zu leisten hat. [6] Als
Vasallen des Königs von Dänemark finden wir 1312 den Herzog
von Pommern, [7] 1315 wird der Graf von Anhalt gegen fünfhundert
Mark *homo et vasallus* des Königs, [8] 1323 nimmt der Herr von
Meklenburg Herrschaften von ihm zu Lehen. [9]

Von wie weitgreifender politischer Bedeutung dieses ganze
Verhältniss war, wie sehr es insbesondere die Versuche Frankreichs, sich in die Angelegenheiten der westlichen Reichstheile
einzumischen, fördern musste, ist hier nicht weiter auszuführen.
Entkleiden wir es der dem Charakter der Zeit angepassten besondern Form, so handelt es sich einfach um das später so stark
betonte verhängnissvolle Recht der deutschen Stände, selbstständig Bündnisse mit dem Auslande einzugehen, wenn dieselben
nur nicht gegen das Reich gerichtet waren.

Aus der Anschauung, dass der Fürst eines Königs Mann

---

1. Lacomblet UB. 3, n. 1050 Anm.   2. Hist. de Dauphiné 2, 74.   3. Lünig
Cod. dipl. It. 1, 651.   4. Lünig C. d. It. 3, 1041.   5. Mieris Charterbook 1, 249.
6. Calmet Hist. de Lorraine 2, 486.   7. Riedel Cod. dipl. Brandenb. II, 1, 329.
8. Beckmann Anhalt 1, 86.   9. Lünig RA. 9, 498.

seien könne, ohne seinen Schild zu niedern, ist nun unzweifelhaft auch die bevorzugte Stellung des einzigen Königs unter den deütschen Fürsten, des Königs von Böhmen, in Lehnssachen und der auffallende Umstand zu erklären, dass im Reiche ausser den Reichsfürsten selbst nur die grossen böhmischen Kronvasallen den Fürstentitel führten. [1] Nach vielleicht nicht überall streng zu erweisenden Angaben sollen später die Kurfürsten von Mainz, Pfalz, Sachsen und Brandenburg, der Erzbischof von Salzburg, die Bischöfe von Bamberg, Würzburg, Eichstädt, Augsburg und Konstanz, die Herzoge von Oesterreich, Baiern und viele andere Fürsten und Magnaten dem böhmischen Lehnhofe angehört haben; [2] mindestens für die weltlichen Kurfürsten von Pfalz, Baiern, Sachsen und Brandenburg liegen noch aus späterer Zeit eine Reihe von Lehnsbriefen vor. [3] Und dieses Verhältniss geht nicht etwa nur bis K. Karl IV zurück, wenn auch diesem vorzüglich der böhmische Lehnsverband seine weite Ausdehnung verdankt; schon früher waren die schlesischen Herzoge Fürsten und Vasallen der böhmischen Krone geworden, 1289 Friedrich der Kleine von Meissen; das Reichsfürstenthum Mähren erscheint als böhmisches Afterlehen; die Belehnung der Fürstbischöfe von Prag und Olmütz war vom Reiche dem Könige von Böhmen wahrscheinlich gleich bei seiner Erhebung überlassen. [4] Nennt Markgraf Heinrich von Meissen 1251 den König von Böhmen seinen Herrn, [5] so dürfte er auch Lehen von ihm gehabt haben; und erzählt die Chronik von Königssaal, dass Herzog Albrecht I sich während der Streitigkeiten mit seinen Landherren erboten habe, Oesterreich vom K. Wenzel zu Lehen zu nehmen, [6] so muss ein solches Verhältniss wenigstens für statthaft gegolten haben.

Heisst es weiter in der Urkunde über die beabsichtigte Erhebung Oesterreichs zum Königreiche im J. 1245: *Ad decus preterea regni tui presentis privilegii auctoritate permittimus, ut de provincia Carniole ducatum facias immediate tibi et per*

---

1. Vgl. Reichsfürstenst. § 19. 2. Vitriarius illustr. 3, 877. 3. Lünig
Corp. iur. feud. 2, 11 ff. 4. Vgl. Reichsfürstenst. § 87. 167. 191. 208. 5. Märker
Burggrafth. Meissen 410. 6. Dobner Mon. Boh. 5, 98.

te nobis et successoribus nostris et imperio responsurum; et ut in ducatu ipso Anselinum cognatum tuum, fidelem nostrum, in ducem valeas promovere, plenam tibi concedimus potestatem,[1] so ergibt sich auch daraus, da der zu erhebende Herzog doch wohl zugleich Reichsfürst sein sollte, dass ein Fürst Mann auch eines vom Kaiser belehnten Königs sein könne.

Der König von Frankreich erkannte allerdings keinen höheren Herrn an und wir dürften ihn demnach bezüglich des Heerschildes auf eine Linie mit dem römischen Könige oder Kaiser stellen. Im übrigen wurde wohl eine kaiserliche Lehnshoheit über alle Könige beansprucht und selbst die Stellung Frankreichs mit dieser Theorie in so weit in Einklang gebracht, dass man sie nur als besondere Ausnahme fasste. Wenigstens zeitweise gelang es ja auch, gegenüber den Königen von England, Dänemark, Polen und Ungarn, weiter den christlichen Königen des Morgenlandes die Forderung des Lehnseides zur Geltung zu bringen; und wenigstens der König von Böhmen war dauernd nicht blos dem Kaiser, sondern auch dem deutschen Könige zur Mannschaft verpflichtet. Durften andererseits selbst Pfaffenfürsten Mannen belehnter Könige werden, ohne den Schild zu niedern, wie ja Köln und Lüttich 1194 vom K. Richard Lehen nahmen,[2] als er eben selbst für England Mann des Kaisers geworden war,[3] so ergibt sich daraus die Anschauung eines besondern Heerschildes belehnter Könige, welcher zwischen dem ersten und zweiten der Rechtsbücher seine Stelle finden würde.

VIII.

Im dritten Heerschilde stehen die Laienfürsten, da sie nicht nur des Königs, sondern auch der Pfaffenfürsten Mannen sind. In den Rechtsbüchern ist noch die Ansicht ausgesprochen, dass das nicht immer so gewesen sei, wenn es heisst, dass die Laienfürsten den sechsten Heerschild in den siebenten gebracht hätten, seit sie der Bischöfe Mannen geworden seien, was früher nicht

---

1. Huillard H. D. 6, 302. **2.** Vgl. oben S. 76. **3.** Vgl. Abel K. Philipp 313.

der Fall gewesen sei. Um so näher liegt eine Erörterung der Frage, seit wann denn die **Laienfürsten Mannen der Pfaffenfürsten** geworden seien.

Die weltlichen Grossen besassen allerdings schon früh B e n e - f i z i e n a u s K i r c h e n g u t ; aber diese waren ihnen nicht von den Kirchen selbst, sondern vom Könige geliehen. Bezüglich der grossen Säkularisation unter den frühern Karolingern leidet das keinen Zweifel.[1] Nicht anders war das bei den spätern, oft sehr umfangreichen Verleihungen von Klostergütern durch die Könige;[2] die dadurch entstandenen Lehen werden noch im zwölften Jahrhunderte häufig erwähnt, man wusste, dass sie aus Kirchengut bestellt waren; aber sie erscheinen durchweg als Reichslehen, nicht als Kirchenlehen. Unter den späteren Karolingern waren die lothringischen Abteien am härtesten mitgenommen. Von Moyenmoutier, dessen Besitzungen unter K. Lothar II und Zwentibold an Laien gekommen waren, sagt der Kaiser 1114: *dux Lothariensis 1515 mansos ab illo monasterio quondam non sine peccato discissos ex nostra manu tenet.*[3] Epternach war bei dem Normanneneinfalle unter K. Arnulf getroffen; 993 restituirt ihm K. Otto *omnes ecclesias in toto regno nostro — sive per regiam dominationem in beneficium concessas, seu per astutam pravorum hominum direptionem iniuste pro beneficio hactenus habitas*; 1041 bewilligt der Kaiser, dass Graf Heinrich von Luxemburg den Hof Epternach selbst, *quam beneficii nomine visus est habere*, restituirt; 1067 gibt Herzog Gerhard von Lothringen der Abtei ein Gut zurück, *quod possederam in beneficio ex regno;*[4] 1192 schreiben die Mönche dem Kaiser, die Abtei sei einst so reich gewesen, dass zur Zeit K. Arnulfs *regni Lotharingiae vires eius praediis et possessionibus non parva ex parte sint augmentatae et dignitates, ducatus scilicet Brabantinus, comitatus de Gelre et comitatus Lucelburgensis, ad scutum regalis exercitus complendum de bonis eius sint sagaciter ordinatae; praeter illa, quae comes Flandriae et comes Hollandiae*

---

1. Vgl. Roth Benefizialwesen 363.   **2.** Vgl. Waitz Verfassungsg. 4, 163. 219.
3. Calmet Hist. de Lorraine 1, 535. vgl. 2, 11. 53.   **4** Beyer UB. 1, 323. 369. 424.

de manu imperii habent in maritimis scilicet locis, Walachria, in Schalda et in utraque Bivilandia et in Brinsila; harum vero omnium dignitatum bona, quamvis de manu vestrae benignitatis suscipiantur, tamen perpendere debet clementia vestrae serenitatis, quod in archivis nostrae ecclesiae adhuc privilegia eorum summa diligentia conservantur; [1] wusste man danach, wie das die folgende Aufzählung der luxemburgischen Lehen [2] bestätigt, noch genau, was ursprüngliches Kirchengut war, so wurde dieses doch trotz der sonstigen Lehnsfähigkeit des Abtes nicht von diesem, sondern vom Reiche verliehen. Ebenso treffen wir in den Urkunden des zwölften Jahrhunderts noch überaus häufig auf die Nachwirkungen der umfassenden Säkularisation der baierischen Klostergüter durch Herzog Arnulf; [3] sie erscheinen jetzt durchweg als Reichslehen, mit welchen zunächst vom Reiche der Herzog von Baiern belehnt ist. Die Abtei Mönchsmünster selbst besass von den Zeiten König (Herzog?) Arnulfs her *beneficiario more potius quam iure* der Herzog, von welchem sie 1133 der Markgraf von Vohburg zu Lehen hatte. [4] Um 1160 schenkt Herzog Heinrich dem Kloster Polling ein Gut, *quod antiquitus eidem ecclesiae pertinuit et quo ipse ab imperatore F. inbeneficiatus fuit; prius de manu omnium, qui hoc iure beneficii possederant, legitime solutum et libere receptum, deinde regali potestate et liberalitate imperatoris F. sibi concessum.* [5] Die verliehenen Güter werden als *ad regnum translata* bezeichnet; [6] einzelne werden von den Königen restituirt, [7] dann unter K. Konrad III und Friedrich I mehrfach Privilegien verliehen, in welchen von vornherein gestattet wird, dass der Herzog [8] oder *ab imperio inbeneficiati* [9] den Abteien die entzogenen Lehngüter überhaupt oder bis zu einem gewissen Masse zurückstellen dürfen, wobei wohl ausdrücklich auf Herzog Arnulf hingewiesen wird; [10] noch 1221 findet sich ein solches Privileg

---

1. Martene Coll. ampl. 4, 459.　　2. Martene 4, 463.　　3. Vgl. Büdinger Oesterr. Gesch. 1, 239.　　4. Mon. Boica 29 a, 259.　　5. M. B. 10, 22.　　6. M. B. 7, 90.　　7. M. B. 28 a, 408. 507. 29 a, 28.　　8. M. B. 6, 177. 7, 107.　　9. M. B. 7, 364. 29 a, 271.　　10. M. B. 6, 177.

für Wessobrunn. [1] Als K. Otto 972 gebeten wurde, den Abt von Ottobeuern von der Heerfahrt, Hoffahrt und andern Reichslasten zu befreien, entschieden die Reichsfürsten: *nequaquam id aliter fieri posse, nec deberi a regiali obsequio avelli, nisi parte prediorum prefate abbatie abstracta nobis tradantur sub ea conditione, ut a nostra regali potentia duci Alamanorum Purchardo suisque successoribus ducibus Alamannie in beneficium concedantur, sitque in omnibus regni negotiis semper paratus verbis et factis ante prefate abbatie abbatem;* und erregt die Form der Urkunde Bedenken, so wird ihr Inhalt nicht allein durch andere gleichzeitige Zeugnisse, sondern auch durch Wiederholung in Bestätigungsurkunden K. Lothars und K. Friedrichs vom J. 1171 sicher gestellt, welche insbesondere gleichfalls die Verleihung eines Theiles des Kirchenguts durch den König an den Herzog von Schwaben erwähnen. [2] Auch bei dem letzten mir bekannten Falle, dass eine Divisio des gesammten Klosterguts vorgenommen wurde, so dass ein Theil als Beneficium an Laien kommt, der andere Theil mit Verbot der Verleihung an andere, als Mitglieder der eigenen Familie, dem Kloster vorbehalten bleibt, nämlich bei der Verleihung der Güter von S. Maximin durch K. Heinrich im J. 1023, werden die Beliehenen dafür Lehnsträger der Krone, haben nur dieser Dienste davon zu leisten; ein Unterschied von anderm Reichslehngute tritt nur etwa darin hervor, dass der Abtei ein Heimfallsrecht bei erblosem Abgange vorbehalten bleibt; K. Heinrich sagt selbst, dass er die Güter seinen genannten Getreuen geliehen habe und 1056 werden sie vom Kaiser als solche erwähnt, welche *ex nostra parte in beneficium* gegeben seien. [3]

Doch finden sich auch später noch manche Beispiele, dass einzelne Klostergüter von den Königen verliehen wurden. Allerdings wird, wie das auch früher oft geschah, [4] der Fall erwähnt, dass der Abt Herr bleibt, nur durch den König zur Verleihung gezwungen wird; so spricht 1051 der Kaiser von einem Gute,

---

1. Mon. Boica 7, 393. 2. M. B. 31 a, 212. 29 a. 100. 3. Beyer UB. 1. 349. 403. 4. Vgl. Waitz Verfassungsg. 4. 161.

84

quam cuidam A. Theodericum abbatem (S. Maximini) iniuste pro beneficio prestare iussimus, während der Abt später darüber sagt: *invitus et valde coactus hoc feci, quia nisi ego amicorum usus consilio illud propria manu prestitissem, dominus meus imperator illud ei perpetuo dono tradidisset;* und der Vasall selbst scheint das nur als wirkungslose Form betrachtet zu haben, da er den Lehndienst glaubte weigern zu dürfen.[1] In andern Fällen war unzweifelhaft der König selbst der Verleiher; 1040 spricht er von Gütern der Abtei Kissingen, welche er dem Grafen Otto zu Beneficium gegeben habe;[2] 1043 restituirt er der Abtei Hersfeld ein Beneficium, *quod felicis memoriae pater noster inde ablatum comiti Ottoni tradidit;*[3] 1101 stellt er der Abtei S. Maximin Höfe zurück, welche er unrechtmässiger Weise zu Beneficium gegeben habe.[4] Spätere Beispiele sind mir nicht bekannt geworden; die strengen Synodalbeschlüsse aus der gregorianischen Zeit gegen gewaltsame Verleihung von Kirchengut ohne Willen der Kirchen dürften hier eingewirkt haben. Auch Fürsten erlaubten sich solche Eingriffe; nach dem Tode K. Ottos II riss der Herzog von Schwaben die Abtei Weissenburg an sich *et beneficia militum eiusdem loci fratrumque deputata necessariis fautoribus suis distribuit;*[5] noch 1125 stellte der Kaiser an S. Maximin Güter zurück, welche acht Jahre früher der Pfalzgraf ihr entrissen und *suis non veritus est beneficiare militibus.*[6] Das Gesagte trifft übrigens ausschliesslich Abteien; die bischöflichen Kirchen hatten sich seit späterer karolingischer Zeit weiterer Säkularisationen zu erwehren gewusst.[7]

Wir finden nun allerdings Beispiele, dass schon in karolingischer Zeit Grafen auch mit Benefizien von Kirchen, Bisthümern, wie Abteien, beliehen waren;[8] aber schon der Umstand, dass wir auch den König in derselben Stellung antreffen,[9] muss es doch im höchsten Grade unwahrscheinlich machen, dass

1. Beyer UB. 1, 388. 439. 511. 2. Mon. Boica 29 n, 73. 3. Wenck Hess. G. 3, Urk. 52. 4. Beyer UB. 1, 458. 5. Zeuss Trad. Wizenburg. 305. 6. Beyer UB. 1, 510. 7. Vgl. Roth Benefizialwesen 347. 8. Vgl Roth Benefizialw. 404. Waitz Verfassungsg. 4, 171. 9. Vgl. oben S. 37.

der Beliehene, weil er ein Benefizium hatte, in einem der spätern Mannschaft entsprechenden Verhältnisse zum Bischofe oder Abte gestanden habe. Der Ausdruck Beneficium wird uns für die frühere Zeit zunächst nur ein rein dingliches Verhältniss bezeichnen, die Nutzniessung eines Gutes, dessen Eigenthum einem Andern verbleibt, mit welchem eine persönliche Verpflichtung gegen den Verleiher nicht nothwendig verbunden war;[1] und solches wurde ja auch in früherer Zeit, wie wir das bei dem ohne Mannschaft empfangenen Lehen oder beim Zinslehen sahen, als ohne Einfluss auf den Schild des Beliehenen betrachtet.[2] Ganz entsprechend dem späteren Zinslehen, offenbar ohne Begründung einer weitern persönlichen Verpflichtung, können wir gräfliche Kirchenlehen jener frühern Zeit ausdrücklich nachweisen; Graf Orendil schenkt 813 Eigen an Freising, so dass es nach seinem Tode an die Kirche fallen soll: *si autem aliquis de filiis meis dignus fuerit, ut ad ministerium comitis pervenerit, hoc volo atque constituo, ut iam dictam rem cum consilio episcopi in beneficium accipiat ea ratione, ut decem solidos de argento ad censum domui sancte Marie exinde reddat.*[3] Erst dann werden wir ein dem späteren Mannlehen entsprechendes Verhältniss auch in früherer Zeit annehmen dürfen, wenn zum Benefizium auch die Vasallität hinzukam, wenn sich nachweisen lässt, dass der Beliehene sich zu einer der späteren Mannschaft entsprechenden persönlichen Verpflichtung und den dadurch bedingten Diensten herbeiliess. Mag auch vorwiegend das Benefizium verliehen sein, um den Beliehenen zum Vasallen zu haben, so war der Ausdruck doch noch überall anwendbar, wo eine Verleihung zur Nutzniessung von der Uebertragung zu Eigen unterschieden werden sollte; und eine solche Verleihung konnte ja durch die verschiedensten Gründe veranlasst sein. Würde der Ausdruck Beneficium allein die Annahme der Vasallität rechtfertigen, so hätten wir schon 946 ein Beispiel, dass einer der mächtigsten Fürsten Vasall des Bischofs von Speier wurde. Der fränkische

---

1. Vgl. Roth Benefizialw. 435. Waitz Verfassungsg. 4, 218.　**2.** Vgl. oben S. 16. 27.　**3.** Meichelbeck Hist. Fris. 1 b, 159. Vgl. Waitz Verfassungsg. 4, 155. 169.

Herzog Konrad schenkt der Kirche alle seine Güter und Rechte
in der Stadt Speier; dagegen erhält er eine Reihe anderer Güter
vom Bischofe *in beneficium* unter der Bedingung, dass *cuncta
hec, que ab ipso serenissimo presule in causam beneficii suscepi*,
nach seinem Tode an die Kirche zurückfallen.[1] Das Beneficium
erscheint als eine wohl kaum genügende Gegenleistung für die
Schenkung; dass der Herzog dafür Vasall der Kirche werde, ist
weder irgendwie angedeutet, noch der ganzen Sachlage nach
wahrscheinlich. Wollten wir hier die Anschauung des Mannlehens festhalten, so müssten wir dann auch umgekehrt den Erzbischof von Trier als Vasallen des Herzogs von Lothringen
betrachten, weil dieser 928 als Laienabt von S. Maximin der
Trierer Kirche einige Klostergüter *in beneficio* verleiht.[2] Selbst
in bedeutend späterer Zeit möchte es bedenklich sein, bei Verleihung eines Beneficium zugleich die Begründung eines Lehnsverhältnisses nothwendig anzunehmen; der Bischof von Passau
gründet 1067 das Kloster S. Nikolaus und bestellt ihm zu Vögten
den Grafen von Formbach und den Markgrafen von Oesterreich;
für das *servitium, quod plerumque occasione advocatie ab hominibus religiosis exigitur*, gibt er ihnen genannte Güter *in beneficium, ea conditione, ut nec ipsi nec aliqui successorum suorum
aliquod ab illis servitium quasi iure advocatie aliquando pre-
sumant expetere;*[3] waren jene nicht etwa schon früher Mannen
des Bischofs, so dürfen wir darin doch schwerlich die Begründung einer Lehnsverbindung sehen. Es dürfte manchen Schwierigkeiten unterliegen, die Zeit genauer zu bestimmen, in welcher
wir annehmen dürfen, dass wenigstens dem Rittermässigen Benefizien in der Regel nicht mehr auf Grund besonderer Verabredung
über die Gegenleistung, sondern auf Grund allgemeingültiger,
für den Einzelfall nicht mehr besonders zu bedingender lehnrechtlicher Verpflichtungen geliehen wurden; wenn um 1050 bei Pre-
karieverträgen ein Ritter vom Bischofe von Osnabrück genannte
Güter und Rechte *in beneficium* erhält, gegen Zins, aber unter
ausdrücklichem Ausschlusse der Verpflichtung zur Heerfahrt und

---

1. Remling UB. 1. 11.   2. Beyer UB. 1, 233.   3. Mon. Boica 28 b. 216.

Hoffahrt,[1] so dürfte sich daraus wohl schliessen lassen, dass man gerade diese, später mit dem Lehen so eng verbundenen Pflichten, sich schon damals als in der Regel aus der Verleihung von Benefizien folgend dachte.

Was nun die Mannlehen von Kirchen betrifft, so scheinen Freie und Edle schon früh keinen 'Anstand genommen zu haben; gegen Benefizien Vasallen der Kirchen zu werden; so werden 834 *nobiliores persone de rebus memorati monasterii (Campidonensis) beneficia habentes* mit Rücksicht auf den zu leistenden Kriegsdienst,[2] 887 *vasalli nobiles* von Korvei erwähnt.[3] Dass man für Herzoge und Grafen das Verhältniss lange nicht statthaft hielt, darauf dürften schon die bis in das eilfte Jahrhundert fortgesetzten Verleihungen von Kirchengut durch den König an mächtige Laienfürsten hindeuten; wäre damals schon die spätere Anschauung massgebend gewesen, so würde man schwerlich zu dem gewaltsamern Mittel gegriffen haben, wenn auf dem Wege einer dem Abte anbefohlenen Belehnung dasselbe zu erreichen war; und mochten mächtige Vasallen wenig Nutzen bringen, so würden doch wohl die Aebte lieber selbst solche angenommen haben, um nur der Gefahr einer Divisio zu entgehen. Bei einer der angesehensten Reichsabteien, bei Lorsch, finden wir noch im eilften Jahrhunderte eine, was den Rang betrifft, ziemlich bescheidene Stiftsmannschaft. Als die Abtei 1067 an Bremen gegeben werden sollte, heisst es vom Abte: *communicato. xii. illustrium fidelium suorum consilio, quo numero etiam beneficialis summa militaris clipei, qui vulgo dicitur herschilt, Laureshammensis ecclesiae adtinens includitur;* aus der Aufzählung ergibt sich aber, dass diese vornehmsten Vasallen doch höchstens einfache Edle waren, bis auf den einen Grafen Adalbert von Kalwe, von welchem ausdrücklich gesagt wird, dass er unter ihnen *et natu et fide amicorumque ac militaris rei copia* hervorgeragt habe.[4] Der Sohn Adalberts, Gottfrid, wurde nun aber als Rheinpfalzgraf einer der mächtigsten

---

1. Möser Osnabr. Gesch. 4, 36. 38.   2. Mon. Boica 2^ a, 27.   3. Cod. dipl. Westf. 1, 26.   4. Cod. dipl. Lauresham. 1, 183. 184. 189.

Reichsfürsten, blieb Vasall, aber nicht zum Vortheile der Kirche: *Nam septem principalia beneficia, quae vulgo appellantur Vollehen, morte septem nobilissimorum ecclesiae fidelium in unam personam Godefridi in brevi devoluta sunt et post ipsum ad generum eius, ducem Welephonem, transierunt, maximo videlicet ecclesiae detrimento; exinde siquidem militaris clipeaturae, scilicet herescilt, integritas confusa atque in diversa distracta est et ecclesiae status tam in militari frequentia, quam in re stipendiaria in suis oportunitatibus et regalibus expeditionibus inminutus est, multorum serviciis in unam personam collatis, solumque remansit inane nomen dominii et hominii.* Und war eine solche Häufung der Kirchenlehen in einer Hand einmal erfolgt, so war es schwer, auf den frühern Zustand zurückzukommen; obwohl Gottfrid ohne Sohn starb und damit alle Lehen heimfielen, getraute der Abt sich doch nicht, dem Schwiegersohne einige zu entziehen; kaum dass es gelang, einige Höfe zum Behufe des Klosters zurückzuhalten. [1] Die Ehre, mächtige Fürsten zu Vasallen zu haben, sollte damit bezahlt werden, dass ihnen möglichst der ganze zu Lehen bestimmte Theil des Klostergutes verliehen wurde; und damit nicht zufrieden, konnte ihnen häufig auch das zum Unterhalte der Brüder Bestimmte kaum vorenthalten werden. Aehnliche Erfahrungen machte Fulda; um 1160 klagt der Abt, dass in jeder Provinz dreitausend Mansus für je sechs Fürstenlehen bestimmt gewesen seien, dass nun aber ein einziger Fürst mehr habe, als für alle bestimmt gewesen sei: *Nonne landegravius et filius Cunradi regis plurimorum principum beneficia sibi contraxerunt et adhuc sitiunt? Simili modo et alii multi avaricie morbo devincti semper inhiant, ut suam cupiditatem repleant.* [2]

Sahen wir, dass eine der angesehensten Reichsabteien zu Beginn des zwölften Jahrhunderts noch keinen der mächtigern Reichsfürsten zum Mann hatte, so wird freilich der Einzelfall nicht schon massgebend sein dürfen, zumal der Gedanke nahe liegt, dass man sich Bischöfen gegenüber früher zu einer solchen

---

1. Cod. dipl. Laur. 1, 231. 233.   2. Böhmer Fontes 3, 172.

Verbindung verstand. Wichtiger für unsern Zweck ist die Nachricht des Mönchs von Weingarten über den 1101 gestorbenen
Herzog Welf von Baiern: *Hic est ille, qui primus ex nostris,*
eo quod fautoribus suis in tot commotionibus bellorum predia
sua distribuendo paternos reditus comminuit, manus suas epis-
copis et abbatibus prebuit et beneficia non modica ab eis recepit. [1]
Ist das Zeugniss nicht gleichzeitig, so lässt es sich doch noch
anderweitig stützen. In einem Freisinger Traditionsbuche findet
sich ein Verzeichniss der *dona praestita a domino Meginwardo*
episcopo, also zwischen 1078 und 1098, in welchem als Empfänger
Herzog Welf, die Grafen von Scheiern, Dachau, Andechs und
andere erscheinen; [2] dä doch aller Wahrscheinlichkeit nach anzunehmen ist, dass es sich dabei um die Eingehung neuer Lehnsverbindungen handelt, so stimmt das mit obiger Nachricht und
dürfte überhaupt die Zeit näher bezeichnen, zu welcher in diesen
Gegenden die Grossen Mannen der Kirche wurden. Weitere
Unterstützung gibt die Nachricht des Bernold zu 1093: *Gebe-*
hardus Constantiensis episcopus et apostolicae sedis legatus
Welfonem ducem Baioariae per manus in militem accepit, sicut
et proprium fratrem Bertaldum ducem Alemanniae iam dudum
fecit; [3] wäre damals das ganze Verhältniss schon ein seit längerer
Zeit übliches gewesen, so dürfte der Bischof von Konstanz doch
gewiss einer der ersten gewesen sein, von welchem Zähringer
und Welfen Lehen genommen hätten. Auch bei den Staufern
finde ich kein früheres Zeugniss, als die Erwähnung eines Benefizium des Herzogs Friedrich vom Bischofe von Wirzburg im J.
1104. [4] Alles zusammengefasst, dürfte sich doch mit hinreichender
Sicherheit schliessen lassen, dass in Baiern und Schwaben
wenigstens die Herzoge sich erst gegen das Ende des eilften
Jahrhunderts dazu verstanden, Mannen der Pfaffenfürsten zu
werden.

Für den Norden des Reichs werden wir die Gränze weiter
zurückschieben müssen; und es wird das damit zusammenhängen.

---

1. Hess Mon. Guelf. 18.   2. Meichelbeck Hist. Fris. 1 a. 289.   3. Mon.
Germ. 7, 487.   4. Schannat Vindemiae 1, 62.

dass, wie ich an anderm Orte zu zeigen denke, hier den geistlichen Fürsten schon früh eine weit selbstständigere staatsrechtliche Stellung zukam, als in Baiern und Schwaben. Nach
Sachsen insbesondere gehört das früheste mir bekannt gewordene Zeugniss für ein unzweifelhaftes Mannenverhältniss eines der
mächtigsten Laienfürsten zu einem Bischofe; wir lesen im Leben
Bischofs Meinwerk von Paderborn zum J. 1011: *Bernhardus
pius dux Saxonicus, filius Herimanni ducis, obiit et filius eius
Bernhardus favente sibi Meinwerco episcopo amicisque suis
ducatum obtinuit et homo episcopi factus inge obsequium
in omni fidelitate sibi exhibuit.* [1] Ziemlich eben so hoch dürfte
die Lehnsverbindung des Herzogs mit Minden hinaufreichen, da
es um 1070 vom Herzoge Magnus und dem Bischofe heisst: *fide
data dextras invicem acceperunt, ea quidem conditione, ut ipse
dux fidelissimus tutor et defensor sit Mindensis ecclesiae;* er
erhält dagegen die Zehnten, *quas avus suus dux B. felicis
memoriae habuit super curtes suas ex predicti Mindensis episcopi concessione,* soweit dieselben nicht sein Oheim *in beneficium*
erhalten hatte. [2]

Am genauesten unterrichtet sind wir darüber, wie das Erz-
stift Bremen zu seinen grossen Vasallen kam, und ersehen daraus,
dass vielfach der Ehrgeiz und die Eitelkeit der geistlichen Herren,
welche sich darin gefielen, die mächtigsten Nachbarn zu Mannen
zu haben, nicht weniger als die Habsucht der Laienfürsten zur
Ausbreitung eines den frühern Anschauungen widersprechenden
und weder den Kirchen noch dem Reiche frommenden Verhältnisses beitrug; es mag sich schon darauf beziehen, wenn K.
Heinrich 1024 in einer Urkunde für Fulda gegen diejenigen eifert,
*qui oblaciones fidelium recipiunt et ea, que deo debentur et ad
dei servicium traduntur, rursus ad secularem pompam et super-
biam exercendam concedunt.* [3] Vom Erzbischofe Adalbert von
Bremen nun heisst es: *Praeterea cum omnes, qui erant in
Saxonia sive in aliis regionibus clari et magnifici viri, adoptaret*

, **1.** Mon. Germ. 13, 114.   **2.** Cod. dipl. Westf. 1, 120.   **3.** Dronke Cod. dipl.
Fuld. 350.

in milites, multis dando quod habuit, ceteris pollicendo quod non habuit, inutile nomen vanae gloriae magno corporis et animae dampno mercatus est. [1] Die vom Könige 1057 dem Stifte geschenkte Grafschaft im Fivelgau hatte Graf Ekbert; tausend Mark Silber sollte sie tragen; er zahlte nur zweihundert, war dafür aber *miles ecclesiae.* Vor allem liess der Erzbischof es sich kosten, um den Grafen von Stade, welcher seine Grafschaften bisher vom Reiche hatte, zu bewegen, sie von ihm zu Lehen zu nehmen: *Pro quo archiepiscopus Utoni tantum optulit in precariae nomen de bonis ecclesiae, quod aestimatur singulis annis reddere mille libras argenti, cum utique tanta quantitate precii maior possit ecclesiae fructus omni anno parari, nisi quod pro mundi gloria adipiscenda sufficit nobis ideo esse pauperes, ut divites multos in servitio habeamus.* [2] War hier aber einmal die Bahn gebrochen, so mochte natürlich kein Nachbarfürst zurückbleiben, wo es galt, sich durch Eingehung einer doch in entscheidenden Fällen wirkungslosen Namensabhängigkeit möglichst viel vom Kirchengute zuzueignen; was der Erzbischof auf der einen Seite selbst gesucht hatte, musste er auf der andern nothgedrungen gewähren. Um eine Stütze gegen den Herzog Ordulf zu haben, nahm er dessen Bruder, den Grafen Hermann, als Vasallen an; da aber dieser später *aliquid magnum sperans et ambiens beneficium* den Erzbischof nicht willfährig fand, hinderte ihn der Treueid nicht an einem Verwüstungszuge gegen die Stiftslande. Als der Erzbischof dann später von des Herzogs Sohne Magnus gedrängt wurde: *ignominiosum quidem, sed necessarium cum tyranno foedus pepigit, ut, qui hostis erat, miles efficeretur, offerens ei de bonis ecclesiae mille mansos in beneficium et amplius;* und das Schlussergebniss war: *Tantis igitur largitionibus, sicut hodie videri potest, nichil lucratus est archiepiscopus erga Udonem et Magnum, quam ne expelleretur a suo episcopatu; a ceteris vero nichil aliud servitii meruit, nisi ut dominus vocaretur.* [3] Die Lehnsverbindungen blieben bestehen:

---

1. Adami Brem. Gesta I. 3. c. 35. 2. Adami Brem. Gesta I. 3. c. 45. 3. Adami Br. G. I. 3. c. 42. 43. 48.

in Urkunde von 1091 konnte der Erzbischof als *milites ecclesiae*
den Herzog von Sachsen, den Markgrafen von Stade und vier
Grafen aufführen. [1]

Ist nun in den besprochenen Fällen der Charakter einer
eigentlichen Lehnsverbindung nicht zu bezweifeln, indem die
Laienfürsten nicht blos Benefizien von den Kirchen haben, sondern dafür auch Mannen derselben werden, so wird dieser im
Norden auch da nicht zu bezweifeln sein, wo überhaupt in dieser
Zeit von kirchlichen Benefizien der Laienfürsten die Rede ist.
So erhielt Markgraf Otto von Meissen 1062 unter Bedingungen
die *beneficia Moguntini episcopatus* in Thüringen, welche schon
vor ihm sein Bruder Markgraf Wilhelm gehabt hatte; [2] der Pfalzgraf von Sachsen klagt 1073, dass ihm das *beneficium, quod de
abbatia Herolfesfelde magnum habuerit*, auf Befehl des Königs
entzogen sei. [3]

In Lothringen dürfte im allgemeinen die Entstehung des
Verhältnisses etwas später fallen, als in Sachsen, reicht aber
doch vielfach ziemlich weit in das eilfte Jahrhundert zurück. So
insbesondere die Hoheit des Stiftes Köln über seine beiden mächtigsten Vasallen, den Herzog von Brabant und den Rheinpfalz-
grafen. Die Entstehung der ersteren lässt sich genauer nachweisen. Nach einer wahrscheinlich auf die Altaicher Annalen
zurückgehenden Nachricht erhielt der entsetzte Herzog Gottfried
von Oberlothringen, als er 1051 vom Kaiser seiner Haft entledigt
wurde, Lehen von Köln. [4] In dieser Lehnsverbindung nun verblieb er auch, seit er 1065 Herzog von Niederlothringen wurde,
wie sich bestimmt aus der Erzählung über die beabsichtigte
Uebertragung der zu Stablo gehörigen Abtei Malmedy an Köln
ergibt; es heisst, dass der Herzog als Vogt von Stablo sich der
Sache der Abtei nicht so kräftig annahm, wie sein Vorgänger,
und zwar, wie der Verdacht geäussert wurde, *pro beneficio, quod
ex eo (archiepiscopo) tenebat;* später beauftragte ihn dann der
Erzbischof *super eius fidei sacramento* in seiner Abwesenheit

1. Hodenberg Hoyer UB. 8, 25.   2. Lambert. Mon. Germ. 7, 162.   3. Bruno.
Mon. Germ. 7, 338.   4. Ann. Altah. ed. Giesebrecht 84.

seine Rechte wahrzunehmen, und er widersetzte sich wirklich einer
dem Kloster günstigen Entscheidung *dicens, se fidei gratia
nullo modo posse perpeti domino suo absenti vim ullam fieri.* [1]
Dieselbe Erzählung wird uns andererseits mit genügender Sicherheit schliessen lassen, dass sein Vorgänger Herzog Friedrich noch
nicht Mann der Kölner Kirche war, da bei dem ausdrücklich auf
die Mannschaft Gottfrieds zurückgeführten Gegensatze im Be-
nehmen beider Herzoge ein solches Verhältniss nicht wohl hätte
unerwähnt bleiben können. Heisst es dagegen, dass der Erzbischof den Neffen des Herzogs, den Grafen von Luxemburg,
*asciverat sibi militem pro beneficio huius (Malmundariensis)
advocationis,* [2] so werden wir auch darin ein Zeugniss für erste
Anknüpfung einer Lehnsverbindung in dieser Zeit zu sehen haben.
Die Lehnsverbindung mit dem pfalzgräflichen Hause würde noch
höher hinaufgehen, wenn wir auf eine solche die Worte des
Mönchs von Brauweiler beziehen dürfen, welcher von Ludolf, dem
ältesten 1031 vor dem Vater gestorbenen Sohne des Pfalzgrafen
Ezzo sagt: *comitatum seu praefecturam adeptus est, scilicet ut
ingruente bellicosi discriminis articulo Coloniensis archiepiscopi
legionis signifer, id est primipilarius, esset;* doch war weder
er, noch sein kinderlos gestorbener Sohn Heinrich, welcher *post
mortem eius comitatum — meruit,* selbst Pfalzgraf. [3] Im J.
1067 werden dann Zehnten in Westfalen erwähnt, welche der
Pfalzgraf, zu dessen Beneficium sie gehörten, dem Erzbischofe
resignirt. [4]

Besonders genau sind wir über den Beginn einer der wichtigsten Lehnsverbindungen dieser Art in Lothringen, der zwischen
Lüttich und Hennegau, unterrichtet. Nach der Erzählung Giselberts hatte der Graf von Hennegau früher nur Allod und Reichslehen; die durch den Grafen von Flandern bedrängte Gräfin
Richilde und ihr Sohn Balduin übergaben dann gegen Zahlung
bedeutender Geldsummen und um Schutz zu erhalten, *allodia
sua omnia in Hanonia sita episcopo Leodiensi Theoduuino,*

1. Triumphus S. Remacli. Mon. Germ. 13, 444. 445.   2. Mon. Germ. 13, 440.
3. Böhmer Fontes 3, 378.   4. Lacomblet UB. 1. n. 209.

94

welche der Bischof dann wieder *ipsi Richeldi et eius filio Bal-
duino in feodo ligio tenenda concessit;* dann wusste der Bischof
beim Könige auch zu erwirken, dass dieser ihm alle Hennegauer
Reichslehen, insbesondere die Grafengewalt lieh, *ita quod saepe
dicta Richeldis et eius filius Balduinus sub una manu et uno
hominio ligio universa allodia et familias et feoda ab episcopo
Leodiensi receperunt, quae etiam eorum successores eodem modo
prosecuti sunt;*[1] das betreffende im J. 1071 ausgefertigte kaiserliche Privileg ist uns erhalten.[2] Der anscheinend sonst auf sehr
genaue Quellen zurückgehende Bericht Giselberts verschweigt uns
aber einen für unsern Zweck wichtigen Umstand, den nämlich,
dass damals zunächst der Herzog von Niederlothringen für Hennegau Vasall von Lüttich wurde. Die kurze Angabe Lamberts
zum J. 1071: *Filius Balduwini — comitatum Reginheri quondam comitis — sancto Lamperto tradidit; quae rursum episcopus Leodiensis duci Gotefrido, ille itidem ipsi filio Balduwini beneficii loco dedit,*[3] erhält erwünschte Bestätigung durch
eine anscheinend gleichzeitige urkundliche Aufzeichnung, in welcher es, nachdem erzählt ist, wie der König mit Zustimmung der
Gräfin und ihres Sohnes die Grafschaft dem Stifte schenkte,
weiter heisst: *et ibidem in presencia regis et omnium principum
dux Godefridus miles effectus est domni episcopi
Dietwini accepto ab eo hoc beneficio; ipsa vero comitissa (miles)
ducis effecta hoc idem accepit a duce beneficium, ea scilicet
ratione, ut si dux non fuerit vel filius hereditarius, ab episcopo requireret beneficium ipsa vel filius vel filia —; quod si
hi defuerint aut ab episcopo non requisierint militari iure,
omnes milites cum castris et beneficiis in manum episcopi
veniunt et in eius dominatu ultra maneant.*[4] Es sind dann hier,
wie bei Giselbert, noch eine Reihe Bestimmungen zur genaueren
Regelung eines Verhältnisses, welches noch ziemlich vereinzelt
sein mochte, hinzugefügt. Da der Herzog schon 1076 ohne Sohn
starb und die Grafschaft später immer unmittelbar vom Bischofe

1. Gislebert. Hanon. ed. Duchasteler 3. 9. 10. **2.** Miraeus Op. dipl. 3, 15.
3. Mon. Germ. 7, 182. **4.** Ernst Hist. du Limbourg 6, 109.

zu Lehen genommen wurde,[1] so scheint man jene Verabredungen genau eingehalten zu haben; daraus erklärt sich denn auch, dass Giselbert bei sonstiger Genauigkeit von dem Zwischenherrn schweigt.

Der Erzbischof von Trier schloss 1052 mit dem Grafen von Arlon einen umfassenden Prekarievertrag, ohne dass ein Mannenverhältniss dadurch begründet erscheint; als Entgelt für den Genuss der Kirchengüter dienen die der Kirche angewiesenen Allode des Grafen, welche nach seinem und seiner Söhne Tode mit jenen der Kirche heimfallen. Unabhängig davon erhält der Graf für sich und seine Söhne andere Kirchengüter, für welche Kriegsdienst bedungen wird; und scheint hier allerdings die Gegenleistung bestimmter auf das Lehnsverhältniss hinzuweisen, so muss es doch auffallen, dass in der Urkunde jegliche Andeutung, welche auf das Mannenverhältniss zu beziehen wäre, fehlt;[2] sie macht den Eindruck, als hätten sich für die dem Lehnsverhältniss sich nähernden Verbindungen der Kirchen mit mächtigen Laien festere Formen in dieser Gegend noch nicht ausgebildet, als trage man noch Anstand, sie dem Mannlehen völlig gleichzustellen. Später bekundet dann Egilbert, der von 1078 bis 1101 Erzbischof war, dass er dem Grafen Wilhelm von Luxemburg *pro fidelitate, pro devoto obsequio, pro certo et indubitato contra omnes preter regiam potestatem ferendo auxilio, quod mihi et b. Petro promisit et iurarit, sexcentos mansos in beneficium* versprochen habe, welche erst nach und nach aus den heimfallenden Lehen ergänzt werden sollen.[3] Handelt es sich hier offenbar um Mannlehen, so ist auch wohl nicht zu bezweifeln, dass es sich bei einer so bedeutenden Verleihung nur um die erste Begründung eines Lehnsverhältnisses handeln konnte; zu so ausgedehnter Vermehrung der Lehen eines schon früher gewonnenen Vasallen mochte kaum ein Anlass vorliegen, während allerdings auch Grafen noch in viel späterer Zeit Bedenken trugen, neue Lehnsverhältnisse mit einem Stifte einzugehen, wenn

---

1. Alberici chron. ed. Leibnitz 565. Mieris Charterboek 1, 246. Reg. Albr. n. 395. **2.** Beyer UB. 1, 393. **3.** Beyer UB. 1, 450.

der Vortheil nicht ein erheblicher war; so belehnt der Bischof
von Paderborn 1189 den Grafen von Teklenburg mit bedeutenden
Lehngütern, verspricht ihm aber noch eine Ergänzung aus heimfallenden Lehen, *quia vir illustris et potens et genere ac dignitate magnus non facile pro remodica se de novo alicui ecclesie
sive persone obligaret.*[1]

Lässt sich so wenigstens in einer Reihe von Einzelfällen
nachweisen, dass nicht blos Herzoge, sondern auch mächtige,
bisher nur vom Reiche belehnte Grafen erst in der zweiten Hälfte
des eilften Jahrhunderts Vasallen gerade derjenigen Bischöfe
wurden, welche ihnen am nächsten lagen, von welchen Verleihungen ihnen am erwünschtesten sein mussten, bei welchen sie
am meisten auf Geneigtheit, ihnen solche gegen Mannschaft zu
gewähren, rechnen konnten, so wird damit gewiss im allgemeinen
die Zeit genügend genau bezeichnet sein, in welcher mächtige
Laienfürsten sich entschlossen, der Pfaffenfürsten Mannen zu
werden. Für einfache Grafen werden wir wohl noch etwas weiter
zurückgreifen müssen, wegen eines Verhältnisses, welches hier
überhaupt von sehr entscheidendem Einflusse gewesen zu sein
scheint, nämlich wegen der Vergabung ganzer Grafschaften an Reichskirchen. War die Grafschaft erledigt, so
konnte nun der Bischof zum Grafen setzen, wen ihm beliebte;
erfolgte, wie wir das bei den Grafschaften Stade und Hennegau
sahen und wie es auch sonst häufig der Fall war, die Vergabung
in der Art, dass der Graf dem Könige die Grafschaft aufliess,
um sie dem Bischofe zu Eigen zu übertragen, so hielt der Graf
die Grafschaft nun vom Bischofe, wie früher vom Reiche. Wollte
man nun auch noch Bedenken tragen, für die Zeit des Beginns
dieses Verhältnisses die Grafengewalt selbst schon als Mannlehen, nicht blos als Amt, zu betrachten, so wird doch wenigstens
sicher anzunehmen sein, dass der Bischof im Falle freier Verfügung nur einen Vasallen zum Grafen setzte, oder dass im
zweiten Falle der nun von ihm gesetzte Graf sich ihm auch zur
Mannschaft verpflichtete; reiche Ausstattung mit Kirchenlehen

---

1. Cod. dipl. Westf. 2, 201.

wird in der Regel das gewesen sein, wodurch der Bischof die Zustimmung des Grafen zur Vergabung erwirkte. Gewöhnte man sich aber dadurch einmal an die Anschauung, dass Grafen Vasallen von Bischöfen sein könnten, so mochten bald auch Grafen, welche ihre Grafschaft selbst nicht vom Bischofe hatten, weiter dann auch Herzoge keinen Anstand nehmen, Kirchengut zu Mannlehen zu empfangen. Schien das in Baiern und Schwaben später der Fall zu sein als in andern Reichstheilen, so würde das unsere Ansicht über das Ineinandergreifen beider Verhältnisse insoweit bestätigen, als aus Gründen, welchen wir hier nicht näher nachgehen, in jenen Ländern Vergabungen von Grafschaften an Kirchen nicht stattfanden.

Ziehen wir nun aber auch dieses Verhältniss mit in Rechnung, so wird auch dadurch die Zeit des Beginnes nur wenig zurückgeschoben. Denn das erste mir bekannte Beispiel der Vergabung einer ganzen Grafschaft an eine Kirche ist die der Grafschaft Huy an Lüttich im J. 985;[1] und auch diese steht wenigstens nach Massgabe der erhaltenen Verleihungsurkunden noch sehr vereinzelt; in grösserer Zahl finden sich diese erst seit dem Beginne des folgenden Jahrhunderts. Könnte es demnach an und für sich Zufall sein, dass das erste mir bekannt gewordene Beispiel für die Lehnsabhängigkeit eines der mächtigern Laienfürsten von einem Pfaffenfürsten nicht über 1011 zurückreicht, so werden wir nach Massgabe aller besprochenen Haltpunkte doch annehmen müssen, dass das Verhältniss überhaupt nicht viel früher bestanden haben kann; bei den grossen Vortheilen, welche es den Laienfürsten bot, müssten wir es sonst im eilften Jahrhundert schon viel weiter verbreitet finden.

Als Ergebniss wäre etwa festzuhalten, dass das Verhältniss, vom sächsischen Norden um den Beginn des Jahrhunderts ausgehend, doch erst in der zweiten Hälfte desselben festen Fuss gefasst zu haben scheint, und erst gegen dessen Ende die Anschauung, welche seiner Eingehung früher im Wege stand, im ganzen Reiche gebrochen sein dürfte. Dann gab es freilich

---

1. Miraeus Op. dipl. 1, 51.

bald keinen Laienfürsten mehr, dessen Besitz nicht zum grossen Theile aus Kirchenlehen bestand.

Fassen die Rechtsbücher das ganze Verhältniss als eine Niederung des Schildes der Laienfürsten, so ist das allerdings dem späteren Zustande ganz angemessen; und auch für frühere Zeiten glaubten wir ja den Grund, welcher das Verhältniss nur langsam aufkommen liess, in einer entsprechenden Anschauung finden zu müssen. Aber es ist doch auch zu beachten, was wir oben über die Zeit bemerkten, seit wann man die Bischöfe als Mannen des Königs betrachtete. Im eilften Jahrhunderte kann man die Pfaffenfürsten noch kaum als lehnrechtliche Genossen der Laienfürsten bezeichnen, da sie noch keines Herrn Mannen waren, in ähnlicher Weise an der Spitze der lehnrechtlichen Verleihungen aus Kirchengut standen, wie der König derjenigen aus Reichsgut; der Laienfürst, der ihnen die Hände zur Mannschaft bot, erhielt dadurch allerdings noch einen andern, staatsrechtlich niedriger stehenden Herrn, als den König, wurde aber strenggenommen doch nicht eines bisherigen Genossen Mann, trat in der vom Könige ausgehenden Kette von Lehnsverbindungen nicht unmittelbar auf eine tiefere Stufe. Seit man aber auch die Pfaffenfürsten dieser Kette als Mannen des Königs einfügte, war damit allerdings die Scheidung eines zweiten und dritten Heerschildes unmittelbar gegeben.

IX.

Dürfen wir für frühere Zeit die Belehnung der Laienfürsten durch die Reichsbischöfe und Reichsäbte als ein eigenthümliches, mit den Abstufungen des Reichslehnsverbandes noch nicht in engeren Zusammenhang gebrachtes Verhältniss betrachten, so liegt die Frage nahe, ob denn hier gerade die Eigenschaft des Reichsstiftes das Entscheidende war, ob der Fürst sich nicht auch von anderen Kirchen mit deren Gut belehnen lassen konnte; und es führt uns das auf die allgemeinere Frage nach dem **Einflusse der Belehnung durch Heerschildslose auf den Heerschild.**

Nach der Strenge des Rechts haben unter den Geistlichen

nur Reichsbischöfe und Reichsäbte den Heerschild,
nur sie volle aktive und passive Lehnsfähigkeit. Ihre aktive
Lehnsfähigkeit hängt unzweifelhaft zusammen mit der Verpflichtung zur Heerfahrt, welcher sie mit ihren Vasallen und Ministerialen genügten. In dieser Richtung stellt sich aber früher kein
scharfer Gegensatz gegen andere Prälaten heraus; auch diese
finden wir im eilften Jahrhunderte und vielfach auch noch später
von Vasallen und ritterlichen Ministerialen umgeben. Die passive
Lehnsfähigkeit der Pfaffenfürsten ergab sich, wie wir früher nachwiesen, wenigstens im Reiche daraus, dass man die Investitur
mit den Temporalien als eine Belehnung auffasste. Auch hier
war das begründende Verhältniss bei nichtfürstlichen Prälaten
vorhanden, auch sie wurden von einem geistlichen oder weltlichen
Herrn mit den Temporalien investirt; und hätte sich die Auffassung der Investitur als Belehnung früher ausgebildet, so würden wir sehr wahrscheinlich auch Geistliche in verschiedenen
Heerschilden finden. Aber seit dem Verbot der Laieninvestitur
und der gregorianischen Reformen überhaupt wurde nicht allein
der Auffassung der Investitur eine von lehnrechtlichen Gesichtspunkten sich entfernende Richtung gegeben, sondern es wird nun
auch offenbar, wie wir hier nicht näher ausführen wollen, mehr
und mehr die Anschauung massgebend, dass der Prälat kein
kriegerisches Gefolge haben solle; wir finden im zwölften Jahrhunderte neben den Nachwirkungen der frühern Zustände überaus
zahlreiche Bestimmungen, welche diese zu mindern oder zu beseit-
tigen, bei neugegründeten Kirchen ein Aufkommen des Verhältnisses von vornherein abzuschneiden suchten. Um so schärfer
musste sich denn auch die Ausnahmestellung der Reichsbischöfe
und Reichsäbte ausprägen, welche nach Zugeständniss der Kirche
von einem Laien investirt wurden, welche nach wie vor zur Heerfahrt verpflichtet waren; und die Anschauung einer ausschliesslichen Lehnsfähigkeit derselben konnte um so weniger Anstand
finden, da diese auch den kirchlichen Rangverhältnissen in so
weit entsprach, als wenigstens in Deutschland die Bischöfe regelmässig nur vom Könige investirt wurden, nicht, wie insbesondere
in Frankreich und Arelat der Fall war, vielfach auch von andern

geistlichen und weltlichen Grossen, wo sich denn auch eine analoge Beschränkung der geistlichen Vasallen auf einen Heerschild nicht durchführen lassen würde.

Stellte sich so bei den Geistlichen der Heerschild in seiner Bedeutung als Lehnsfähigkeit überhaupt am schärfsten begränzt dar, so scheint es, als sei diese Bedeutung des Ausdrucks Heerschild vorzugsweise von der Ausnahmestellung der Reichskirchen hergenommen, insbesondere der Reichsabteien, wo der Unterschied sich am bestimmtesten ausprägt, da der Heerschild beim Bischofe Regel, beim Abte Ausnahme ist. Auch da, wo jene besondere Bedeutung nicht unterliegt, finde ich den Ausdruck im zwölften Jahrhunderte durchweg nur in nächster Beziehung auf die Verpflichtung der Reichsabteien zur Heerfahrt, welche ja mit der Lehnsfähigkeit aufs engste zusammenhing, gebraucht. In Epternacher Aufzeichnung von 1192 hiess es, das Kirchengut sei an weltliche Fürsten gegeben *ad scutum regalis exercitus complendum.* [1] In der Lorscher Chronik bezeichnete der *militaris clipeus* die Gesammtheit der Kirchenmannschaft; [2] ebenso in Urkunde K. Konrads von 1147, welcher von Lorsch drei Höfe erhält, aber mit Ausnahme dessen, was die *homines seu ministeriales Laureshamensis ecclesiae jure beneficiali ex antiquo possident, quae idcirco remisimus., ne forte dignitas regalis abbatiae militari clipeo, qui vulgo dicitur herschilt, subtracto diminuatur.* [3] Die Reichsheerpflicht der Aebte bezeichnet das Wort, wenn gegen 1200 der Herzog von Baiern sagt, dass er für Altaich, Tegernsee und andere Kirchen *obsequium illud quod dicitur herschilt* zu leisten habe. [4] Sehr früh würde in dieser Bedeutung der Ausdruck nachzuweisen sein, wenn 972 K. Otto den Abt von Ottobeuern befreit *ab expeditione regali et exercitali vel hostili clipeo;* [5] aber die Echtheit der Urkunde in dieser Form unterliegt grossen Bedenken, was freilich nicht hindert, die Stelle späteren Zeugnissen anzureihen. Mit unmittelbarer Beziehung auf die Lehnsfähigkeit der Reichskirchen erscheint dann der Aus-

---

1. Vgl. oben S. 81.   2. Vgl. oben S. 87.   3. Cod. dipl. Lauresham. 1, 240.
4. Böhmer Fontes 3, 504.   5. Mon. Boica 31 a, 212. vgl. 29 a, 402.

druck in königlicher Urkunde von 1151; ein Laie behauptet Zehnten von der Aebtissin von Kissingen *iure paterno in beneficio* zu haben; aber durch Rechtsspruch wird entschieden: *quia ecclesia Kizzingensis regalia, quod herscilt dicitur, non haberet, nullus laicorum quicquam de iure beneficiali ab ecclesia pretaxata vel ab abbatissa obtinere posset.* [1] Und ebenso, wenn Johann von Viktring vom K. Friedrich II sagt: *Anno imperii suo tercio apud Capuam presentibus pluribus episcopis et magnatibus sancivit: Quod nullus prelatus ecclesiasticus possessiones ecclesie cui preest alienare vel infeodare potest perpetualiter ad heredes infeodati, nisi sint prelati qui insignia sua de manu imperatoris suscipere et cum eo bellice expeditionis gestare clippeum consueverunt.* [2] Eine nächste Beziehung auf den Reichslehndienst, zu welchem nur die Pfaffenfürsten mit Ausschluss jedes andern verpflichtet waren, scheint auch in dem Umstande zu liegen, dass der Auctor Vetus die Ausdrücke *beneficialis clypeus* und *regalis clypeus* ganz gleichbedeutend gebraucht; [3] wie denn überhaupt die ganze Lehre vom Heerschilde zunächst nur den Reichslehnsverband im Auge gehabt zu haben scheint, da bei einer Anwendung auf die aus Eigen bestellten Lehen der Satz, dass auch bei Eigen die Verleihung bis in die siebente Hand gehe, zu einem unlösbaren Konflikte mit den sonstigen Bestimmungen führen muss. [4] Ohne Beziehung auf den Reichslehnsverband finde ich das Wort nur 1248 und später gebraucht, indem pommerische Klöster vom Herzoge *ab omni iure advocatie, communis placiti et expeditionis et etiam ab illo iure, quod herskild dicitur,* befreit werden. [5]

So eng freilich haben wir uns den Zusammenhang von Heerfahrt und Heerschild nicht zu denken, dass etwa die v o n d e r H e e r f a h r t b e f r e i t e n R e i c h s ä b t e den Heerschild nicht gehabt hätten. Dauernde Befreiung von der Heerfahrt finden wir überall da, wo eine Divisio des Klosterguts vorgenommen war; der von den Laien für die ausgeschiedenen Güter dem

---

1. Mon. Boica 29 a, 306.   2. Böhmer Fontes 1, 277.   3. A. V. 1 § 2. 6. 4. Vgl. Homeyer S. 297.   5. Dreger Cod. dipl. 278, 338, 380.

Reiche zu leistende Kriegsdienst galt als Ersatz. In den bezüglichen Verbriefungen für Ottobeuern und S. Maximin ist das
ausdrücklich gesagt.[1] Noch im dreizehnten Jahrhunderte bemerkt
Hermann von Altaich über die von der Säkularisation Herzog
Arnulfs betroffenen baierischen Klöster: *Attamen quia dicte possessiones ad augmentum regni cesserant, gracia fit regalibus
ecclesiis, sicut in quorundam monasteriorum privilegiis adhuc
cernitur, quod ab obsequiis illis que facere solebant imperatoribus et regibus cum milicia et armis, quando ipsos reges con-
tigit ire in aliquam expeditionem, essent penitus absoluta —.
Domnus etiam Ludwicus dux Bawariae, pater videlicet Ottonis
ducis, sepius fatebatur, quod pro Altahensi et Tegernsensi et
similibus ecclesiis de suo ducatu obsequium illud, quod dicitur
herschilt, ipse et alii sui successores imperio exibere deberent;* [2]
in Privilegien für Tegernsee von 1163 und 1193 wird beides in
Verbindung gebracht.[3] Das Bedingtsein beider Verhältnisse tritt
sehr bestimmt hervor, wenn es 933 heisst, die Abtei Görz sei
so gegründet: *quod si (abbas) omnem teneret abbatiae terram,
oporteret et satellites tenere, cum quibus publice militaret; sin
autem nil amplius haberet, nisi quod ad mensam fratrum per-
tineret, nullum deberet servitium, nisi fratribus ministrare et
religioni providere.* [4] Hatte eine Reichsabtei nicht genügendes
Gut, dass Vasallen damit ausgestattet werden konnten, so mochte
es vom Kriegsdienst befreit sein, bis sein Besitz genügend wuchs;
so heisst es 888 für Werden, welches nichts besitze, als das Erbe
des h. Ludgerus und Schenkungen frommer Leute: *Abbas illius
monasterii ad castra et in hostem ire non cogatur, nisi forte
regia liberalitate adiutus beneficii copiam quandoque accipiat
illud faciendi*, was 1024 und 1033 bestätigt wird.[5] Die reichen
königlichen Schenkungen geschahen ja vorzugsweise, um die
Leistungsfähigkeit der Reichskirchen insbesondere auch für die
Heerfahrt zu erhöhen, da dem Könige über die Stiftsmannschaften
ein ausgedehnteres Verfügungsrecht zustand, als über die der

---

1. Vgl. oben S. 83.   2. Böhmer Fontes 3, 546.   3. Mon. Boica 6, 179. 200.
4. Calmet H. de Lorraine 1, 338.   5. Lacomblet UB. 1, n. 76. 160. 168.

Laienfürsten; erklärt doch 1157 der Erzbischof von Mainz:
*Legibus atque decretis irrefragabili catholicorum virorum, tam
sanctorum patrum, quam piissimorum principum sanctione dif-
finitum est, ut ecclesie, que munificentia sunt imperiali dotate,
pro imperiali obsequio et imperii necessitate debeant se ipsas
exponere, atque ad imperialis honoris promovendam maiestatem
plena presidia, collatione bonorum suorum, presertim in bellico
examine, ubi de maiestate imperii agitur, pro viribus admi-
nistrare.* [1]

Die Abteien, welche von der Heerfahrt und andern Leistungen
befreit waren, waren nun wohl vorzugsweise der Gefahr ausge-
setzt, vom Könige vergabt und an Bischöfe zur Investitur gewiesen
zu werden; wussten sie sich aber in der Investitur durch das
Reich zu behaupten, so blieb ihnen auch der Heerschild vollständig gewahrt, so dass für diesen doch die Investitur durch
das Reich, nicht die Verpflichtung zur Heerfahrt das Entscheidende war. Denn nicht blos, dass solche befreite Aebte Reichsfürsten blieben und ihnen damit nach der Theorie der Heerschild
zukam; wir finden sie auch thatsächlich als Lehnsherren, und
zwar auch von Laienfürsten. So hat der Abt von Werden 1223
und später die Herzoge von Braunschweig, [2] der von Tegernsee
noch 1358 den Herzog von Baiern zu Mannen; [3] und der König
selbst hatte Lehen von Ottobeuern. [4] Mit der Befreiung von der
Heerfahrt entfiel allerdings für ein solches Stift das Bedürfniss
ritterlicher Vasallen, soweit der Reichsdienst solche erheischte;
und dem Abte von S. Maximin wurde 1023 ausdrücklich verboten, das dem Stifte verbliebene Gut zu Lehen auszugeben. [5]
Aber das eigene Bedürfniss, wie das Drängen der benachbarten
Grossen führte doch überall dazu, dass die aktive Lehnsfähigkeit
nicht ruhend blieb; für S. Maximin insbesondere können wir,
worauf wir zurückkommen, selbst nach seiner Mediatisirung noch
eine Reihe gräflicher Vasallen nachweisen.

Entbehrten nun alle nicht vom Reiche investirten Geistlichen

---

1. Guden Cod. dipl. 1, 225.   **2.** Orig. Guelf. 4, 99. 128. Lacomblet UB. 2, n 184.
3. Mon. Boica 6, 348.   **4.** Vgl. oben S. 45.   **5.** Vgl. oben S. 83.

104

des Heerschildes, so wurde doch die Lehnsunfähigkeit
nichtfürstlicher Geistlichen nicht allein bei den thatsächlichen Lehnsverbindungen nur wenig beachtet, sondern auch
die Theorie selbst hat sie nicht streng durchgeführt, indem sie
ja überhaupt den Unfähigen ein ziemlich ausgedehntes aktives
und passives Lehnrecht zugesteht. [1] Nur wo es sich um unmittelbare Einbeziehung in den Reichslehnsverband handelte,
scheint man auch später noch Gewicht auf die Unfähigkeit gelegt
zu haben. So belehnt 1307 K. Albrecht seinen Hofprotonotar
mit der reichslehnbaren Burg Scharfenberg, *non obstante, quod
idem N. cum sit clericus et in sacris constitutus, feodum habere
non potest, nam ipsum ad habendum et tenendum castrum predictum — a nobis et imperio descendens in feodum, habilitamus
capacemque reddimus — lege, qua clericos feodum habere pro-
hibet nec non omnibus aliis obstaculis — non obstantibus —;
permittimus insuper — quod idem N. dicta feoda tam in fidelitatis sacramenti prestatione, quam in omni aliorum onerum,
castro et feodo predictis imminentium, exhibitione possit et
debeat per alium deservire.* [2] K. Karl gestattet 1360 dem Dom-
herrn Rudolf von Löwenstein, in die Reichslehen seines Bruders
zu folgen: *und wann er ein geistlich man und geweihet ist und
solicher lehen nicht behalten mag, so geben wir im einen lehen-
trager, den erwirdigen A. bischoff zu Wirczburg — und seine
nachkomen bischofe zu Wirczburg — daz sie ym die egenante
lehen seine liebetage als vormunde getreuwlichen tragen sullen.* [3]
Und die Anschauung, dass auch die Lehnsfähigkeit des geistlichen Fürsten sich doch auf die Lehen seines Stifts beschränkt,
findet sich in der Urkunde K. Wilhelms vom J. 1249, wodurch
er Philipp, Erwähltem von Salzburg, die Belehnung über Kärnthen mit seinem Bruder zu gesammter Hand ertheilt, mit der
Befugniss, dem Bruder bei erblosem Abgange zu folgen: *ad que
et quos opere divina feliciter gubernandos habilitamus te de
nostre plenitudine regic potestatis, quiescente prorsus obiectu,
quod in Saltzburgensem archyepiscopum es electus, consecrandus*

1. Vgl. Homeyer S. 309. 2. Schöpflin Als. dipl. 2, 85. 3. Glafei Anucd. 277.

aut etiam consecratus ac quavis legalia contraria non obstante.[1] Wo es sich nicht um Reichsleben handelt, da finden wir sehr häufig belehnte Geistliche und zwar mit ausdrücklicher Hervorhebung der Mannschaft, ohne dass die Unfähigkeit irgend betont ist. So überträgt beispielsweise die Aebtissin von Meschede 1177 dem neugestifteten Kloster Küstelberg einen Hof *tali modo, ut ciusdem ecclesie prelati per successionem abatisse loci nostri hominii debeant fidelitatem, ita sane, ut hoc beneficium magis sit ecclesie ab ecclesia, quam persone a persona.*[2] Der Erzbischof von Köln bekundet 1334, dass der Edelherr von Alpem die Lehnsverpflichtung von sieben und zwanzig ritterbürtigen Vasallen, mit welchen er vom Erzbischofe belehnt war, an den Probst von S. Andreas zum Behufe seiner Kirche verkauft und den Erzbischof um Wiederverleihung gebeten habe: *ipsumque H. de Juliaco prepositum suosque successores in perpetuum suo et prepositure sue nomine de predicto homagio cum plenitudine iuris sui in nomine domini presentibus investimus, recipientes ipsum Henricum et eius successores prepositos s. Andree in nostros et ecclesie nostre fideles.*[3] Konnte hier der Lehndienst selbst geleistet werden, so finden wir ihn allerdings in manchen andern Fällen durch einen Zins ersetzt; so bekundet 1215 der Bischof von Münster, dass die Aebtissin von Notteln die von ihm lehnrührige Vogtei von den Beliehenen erkauft habe: *et nos eandem in feodum porreximus abbatisse, ita quod sicut ipsa sic et succedentes ei abbatisse de nobis et successoribus nostris ipsam in perpetuum teneant advocatiam, et in huiusmodi feodi recognitionem sex aureos — persolvat annuatim,* und zwar, wie es in früherer Urkunde heisst, als Ersatz *obsequii feudalis,* welches bis dahin dem Bischofe von der Vogtei geleistet sei.[4] Dagegen finden wir unfähige Geistliche sogar zum Mannengericht zugelassen; 1339 findet und bekundet der Domherr Reinart von Westerburg einen Spruch des Kölner Lehnhofes;[5] und bezüglich des Trierer Lehnhofes bestimmt K. Karl 1354 ganz allgemein:

---

1. Wiener Jahrbücher 108, 158.   2. Seibertz UB. 1, 100.   3. Lacomblet UB. 3, n. 277.   4. Cod. dipl. Westf. 3, 34. 47. vgl. 344.   5. Lacomblet UB. 3, n. 340.

quod archidiaconi et alii praelati et clerici feudum a prefato archiepiscopo vel eius successoribus obtinentes, praeterquam causas sanguinum, et etiam castrenses et ministeriales una cum aliis vasallis ipsius ecclesiae Trevirensis sententiare et finire, seu sententias super causis et quaestionibus dicere valeant et proferre.[1] Hie und da mag sich auch ausser den Reichskirchen aus der Investitur mit den Temporalien die Anschauung einer Lehnsverbindung entwickelt haben, zumal, wenn die Investitur nicht dem Sprengelbischofe zustand. Die Aebtissin von Gerbstädt im Sprengel von Halberstadt erhielt von altersher die Investitur vom Bischofe von Münster; 1318 wird dieser ersucht, einen Bevollmächtigten zu belehnen, weil die Aebtissin selbst *ad faciendum homagium vel fidelitatis sacramentum prestandum pro feodo, quod monasterium in Gerpsede a vobis tenet et tenere debet*, nicht kommen könne; Lehnsgegenstand sind hier, wie sich aus den bezüglichen Briefen bestimmter ergibt, die gesammten Temporalien der Abtei.[2] Alle angeführten Fälle, wie die meisten der mir sonst bekannt gewordenen, betreffen Belehnung von Geistlichen durch Geistliche, und im allgemeinen wird wenigstens in Deutschland die Anschauung massgebend gewesen sein, dass es sich für Geistliche nicht zieme, Laien Mannschaft zu leisten;[3] und die so überaus häufig vorkommende Allodifikation von Lehngütern, welche an Kirchen geschenkt wurden, zeigt doch, dass in dieser Richtung Beachtung der Unfähigkeit die Regel ist. Erwähnten wir aber bereits, dass selbst Bischöfe für ihre Person von Laien belehnt waren,[4] so kommt es doch auch vor, dass eine Kirche selbst Mannlehen von Laién hatte; so bekundet 1282 der Graf von Los, *quod cum vir religiosus W. — abbas S. Trudonis suo et conventus sui nomine advocatiam villae de H. — a nobis in feudo recepisset et nobis inde coram hominibus homagium fecisset, prout homines nostri feodales debere fieri iudicabant*, er der Abtei nun das *homagium advocatiae praedictae* verkauft habe.[5]

---

1. Hontheim H. Trev. 2, 176. **2.** Kindlinger Beitr. 3, 323. 325. **3.** Vgl. oben S. 54. **4.** Vgl. oben S. 70. **5.** Bertholet H. de Luxembourg 5, pr. 71.

Gehört das Beispiel nach Lothringen, so dürfte auch hier wieder an eine Einwirkung französischen Brauchs zu denken sein, nach welchem ja Belehnung von Kirchen auch von andern Laien, als dem König, sehr gewöhnlich war.

Häufiger noch finden wir nun Belehnung durch Unfähige und zwar so, dass auch Fähige von ihnen belehnt werden; und es fragt sich, welchen Einfluss eine solche Verbindung auf den Heerschild hatte. Der Heerschild überhaupt wurde allerdings bei Belehnung durch einen Heerschildslosen nicht verloren; denn die Theorie kennt eine Belehnung Fähiger durch Unfähige ohne eine solche Folge anzudeuten.[1] Aber es ist auch nicht wohl denkbar, dass bei solchen Verbindungen von den Heerschildstufen ganz abgesehen worden wäre. Bei einer Belehnung durch Frauen dürfte in dieser Richtung unzweifelhaft der Schild des Mannes oder des Vaters massgebend gewesen sein; es ist gewiss nicht anzunehmen, dass jemand, welcher durch Belehnung vom Manne oder Vater seinen Schild geniedert hätte, ohne solche Folge Vasall der Wittwe oder der Tochter werden konnte. Weigerte sich 1267 der Graf von Berg eine von ihm erkaufte und von der Gräfin von Sain lehnrührige Burg von dieser zu Lehen zu nehmen,[2] so ist der Grund gewiss nicht in der Unfähigkeit der Gräfin als Frau zu suchen, sondern darin, dass die Grafen von Berg und die von Sain Genossen waren.

Bei der Belehnung durch unfähige Geistliche fehlt eine ähnliche Grundlage für eine solche beziehungsweise Zuordnung zu einzelnen Heerschildstufen; nur die thatsächlich nachweisbaren Lehnsverbindungen werden hier einen Schluss erlauben; wir werden von der Anschauung ausgehen dürfen, dass der vom Fähigen belehnte Unfähige mindestens als eine Stufe unter dem Herrn, der den Fähigen belehnende mindestens als eine Stufe über dem Manne stehend aufzufassen ist. Der erste Gesichtspunkt wird nur den Schluss berechtigen, dass der unfähige Geistliche jedenfalls unter den Pfaffenfürsten steht, da er von diesen häufig belehnt wird; weitere Anhaltspunkte könnten sich nur dann

---

1. Vgl. Homeyer S. 309.   2. Lacomblet UB. 2, n. 572.

ergeben, wenn wir häufiger Belehnung Geistlicher durch Laien fänden, was eben nicht der Fall ist. Fassen wir dagegen das aktive Lehnrecht der Geistlichen ins Auge, so finden wir einfache Ritterbürtige so häufig Prälaten zur Mannschaft verpflichtet, dass man in einem solchen Verhältnisse schwerlich etwas Unstatthaftes erblickt haben kann; und zwar auch solche Ritterbürtige, welche Mannen von Edelherren waren, also nach der Eintheilung des Sachsenspiegels im fünften Heerschilde standen. Schon erwähnte Urkunden bieten uns dafür Belege; als 1215 die Aebtissin von Nottuln die Vogtei von dem Edelherrn von Holte erkaufte, war damit von diesem Roger von Nottuln belehnt, *qui et illam tanquam suum feodum sequendo a prenominata recepit abbatissa;*[1] und als 1334 der Edelherr von Alpen dem Probste von S. Andreas die Mannschaft ritterbürtiger Vasallen verkaufte und der Probst vom Erzbischofe von Köln damit belehnt wurde, sagt dieser: *precipientes districte prefatis vasallis, quos ex nunc a priori iuramento fidelitatis absolvimus et eos suosque posteros prefato Henrico preposito suisque successoribus prepositure supradictis oneribus conferimus, ut ipsi eidem preposito suisque successoribus omnem fidelitatem observent et reverenter in omnibus, que ad eorum ministerium pertinent et pertinuerunt ab antiquo obediant et intendant;*[2] da in beiden Fällen die Weisung an den andern Herren keinem Anstande zu unterliegen scheint, so dürfen wir wohl schliessen, dass man Prälaten in dieser Richtung mit Edelherren mindestens auf eine Stufe stellte.

Dagegen scheint sich zu ergeben, dass man eine Belehnung nicht allein von Fürsten, sondern auch von Grafen und andern freien Herren durch Prälaten als eine Niederung betrachtete, da sich andererseits solche Lehnsverbindungen häufiger nachweisen lassen müssten. Ausnahmen werden wir allerdings hier, wo es sich um ein Verhältniss handelt, welches überhaupt mit der ganzen Gliederung des Lehnwesens nur lose verknüpft war, von vornherein erwarten dürfen; so hatten nicht

---

1. Cod. dipl. Westfaliae 3. 47. vgl. oben S. 105.   2. Lacomblet UB. 3, n. 277. vgl. oben S. 105.

allein die Grafen von Everstein Lehen von der Aebtissin von
Neuenheerse,[1] sondern 1438 lässt sich sogar ein Fürst, der Landgraf von Hessen, von der Aebtissin mit der von den Edelherren
von Schonenberg heimgefallenen Stiftsvogtei zu rechtem erb-
lichen Mannlehen belehnen.[2] Dennoch scheinen solche Ausnahmen selten gewesen zu sein. In einem Verzeichnisse der
Besitzungen des Rheingrafen Wolfram um 1200 finden wir allerdings als Lehnsherren eine Reihe unfähiger Prälaten, nämlich die
Aebte von S. Alban, S. Maximin, Siegburg, die Aebtissin von
Altenmünster, den Domprobst von Speier und den Probst von
S. Wido;[3] aber die Rheingrafen waren auch eben nicht freie
Herren, sondern Mainzer Stiftsministerialen. Die von Eppenstein,
welche 1339 von einer Reihe unfähiger Geistlicher belehnt sind,[4]
waren freilich Edelherren. Besonders beachtenswerth erscheint
es mir, wenn der Abt von S. Burchard zu Wirzburg 1236
bekundet, dass er in Anbetracht der Dienste, welche ihm der
Edelherr Gottfrid von Hohenlohe erwiesen habe und noch erweisen
könne: *hominibus suis domino G. videlicet de Cymmern, C. de
Ehinheim, H. Leschen advocatiam in K. cum omnibus atti-
nentiis eiusdem et omnia feoda, que dominus A. nobilis vir de
Ingelstat ab ecclesia nostra tenebat, in feodo contulimus, domino
G. de Hohinloch et suis heredibus fideliter conservanda,*[5] oder,
wie es in der Urkunde von 1241 über denselben Gegenstand
heisst, *conservandum ad utilitatem praefati nobilis G. et suorum
heredum.*[6] Allerdings erscheint auch hier früher ein Edler vom
Prälaten belehnt; aber abgesehen davon, ob wir demselben nach
Massgabe dessen, was wir über den fünften Heerschild des
Schwabenspiegels bemerken werden, den Schild der Hochfreien
zusprechen müssen, fällt unzweifelhaft die stärkere Beweiskraft
der Stelle dahin, dass nicht der Edelherr von Hohenlohe, welchem
doch der Nutzen zukommen sollte, belehnt wird, sondern Mannen
desselben zu treuer Hand; doch unzweifelhaft, um eine Niederung

---

1. Spilcker Beitr. 3, 473.   2. Wigand Archiv 6, 302.   3. Kremer Orig.
Nassov. 2, 217.   4. Wenck Hess. G. Urk. 2, 347.   5. Hansselmann Landeshoheit 1, 402.   6. Ludewig Rel. manuscr. 2, 224.

des Heerschildes zu umgehen. Unter dem Vorbehalte, dass es sich hier nur um die ungefähre Einreihung eines an und für sich der Heerschildsordnung fremden Verhältnisses handeln kann und dass eingehendere Beachtung des Ortsgebrauchs vielleicht manche Abweichungen ergeben dürfte, möchte das Gesagte uns etwa berechtigen, den unfähigen geistlichen Lehnsherrn eine dem vierten Heerschilde entsprechende Stellung anzuweisen.

Von andern Unfähigen würden für unsern Zweck noch etwa die Städte in Betracht kommen; ohne auf die bezüglichen Verhältnisse näher einzugehen, wird es hier genügen, darauf hinzuweisen, dass auch freie Herren anstandslos Lehen von mächtigen Städten genommen zu haben scheinen, wie 1263 und später die Grafen von Jülich, Katzenellenbogen, Berg von der Stadt Köln,[1] während mir andererseits Fürsten in gleicher Stellung in Deutschland nicht aufgefallen sind.

Kehren wir zu den Geistlichen zurück, so scheinen weiter manche Anhaltspunkte zu ergeben, dass es, obwohl die Theorie nur den Fürsten unter ihnen den Heerschild zuspricht, doch auch nichtfürstliche Geistliche mit weitergehendem Lehnrecht als dem der Heerschildslosen überhaupt gab.

Da wird zunächst die Stellung mittelbargewordener Bischöfe und Aebte zu beachten sein, welche früher vom Reiche mit den Regalien investirt, später in Folge königlicher Vergabung die Investitur von einem andern Herrn zu empfangen hatten. Fasste man nun diese Investitur als Afterbelehnung, so verlor nicht allein der Bischof oder Abt den fürstlichen Heerschild, und damit nach der Strenge der Theorie den Heerschild überhaupt, sondern auch der Schild seiner bisherigen Mannen wurde dadurch geniedert. Nach Analogie entsprechender Fälle müsste es den letztern gestattet gewesen sein, an den höhern Herrn zu folgen; und zuweilen scheint das auch der Fall gewesen zu sein. So sagt K. Friedrich 1153 bei Bestätigung der Vergabung der Reichsabtei Beaume an Clugny: *Jubemus etiam, ut quicumque ex iure Balmensi abbati olim hominium faciebant,*

---

1. Lacomblet UB. 2. 530. 532. 613. 614. 624. 810.

Cluniacensi abbati absque ulla contradictione modo similiter faciant.[1] Wurde dieser Gesichtspunkt aber streng eingehalten, so musste dadurch die Vergabung für den Abt und die Kirche nur um so empfindlicher werden; und Regel dürfte seine Einhaltung kaum gewesen sein. Bei spätern Vergabungen, als das Lehnsverhältniss sich nach allen Seiten fester ausgebildet hatte, wird das aktive Lehnrecht wohl ausdrücklich gewahrt. So sagt der Kaiser 1166 bei Vergabung der Abtei Nienburg an Magdeburg: *hoc interposito, ut abbas Nuenburgensis ecclesiae in eo honore cum beneficiatis et ministerialibus remaneret integraliter, cum omni sua iusticia et plenitudine, sicut eam habuimus et dimisimus;*[2] wie denn noch 1180 der Abt *presentibus et consentientibus quam pluribus nobilibus beneficiatis et ministerialibus ecclesiae Nuenburgensis* urkundet.[3] Bei der Vergabung der Reichsabteien Chiemsee und Seon an Salzburg 1201 wird zwar in der königlichen Urkunde[4] der Punkt nicht erwähnt; aber der Erzbischof sichert 1201 Chiemsee und 1202 gleichlautend dem Abte von Seon zu, *ut abbatissa plenariam habeat potestatem administrandi feoda antiqua et legitima vasallis et ministerialibus instituendis, fidelitates ab eis recipiendi.*[5] Damit stimmen denn die thatsächlichen Lehnsverbindungen; schienen freie Herren diese bei andern Prälaten zu meiden, so finden wir sie doch häufig als Vasallen ehemaliger Reichskirchen, welche erst im zwölften Jahrhunderte ihre Unmittelbarkeit verloren; selbst Fürsten können wir in solcher Stellung nachweisen. So erhält 1254 der Graf von Hirschberg die von den Grafen von Ulten heimgefallenen Chiemseeer Lehen;[6] S. Maximin, seit 1139 unter Trier, hat noch 1222 und später die Grafen von Nurburg, Dietz, Nassau und die Wildgrafen zu Vasallen;[7] und nach den Lehnbüchern von Niederaltaich, seit 1152 unter Bamberg, werden noch im vierzehnten und fünfzehnten Jahrhunderte nicht allein die Grafen von Hals und Ortenburg, sondern auch die Herzoge von Baiern und

---

1. Biblioth. Cluniac. 1414. 2. Ludewig Reliq. 12, 365. 3. Beckmann Anhalt. Hist. 1, 439. 4. Mon. Boica 29 a, 504. 5. Mon. Boica 2, 449. 132. 6. Mon. Boica 2, 454. 7 Günther Cod. dipl. 2, 143. 3, 121. 632. 4, 283. 526.

Oesterreich vom Abte belehnt. [1] Und die jetzt festere Einfügung
der Reichsabteien in den Reichslehnsverband wird nicht wenig
dazu beigetragen haben, dass im dreizehnten Jahrhunderte solche
Vergabungen nur noch ganz vereinzelt vorkamen und auch dann
mehrfach rückgängig gemacht werden mussten. [2]

Das Lehnrecht solcher Aebte wird man kaum einfach dem
der Unfähigen gleichstellen, ihm andererseits aber auch nicht die
Anschauung eines niedrigern geistlichen Heerschildes unterlegen
dürfen; die Bestimmung K. Friedrichs über Nienburg wird doch
kaum anders verstanden werden können, als dahin, dass dem
Abte und seinen Vasallen ihr bisheriger lehnrechtlicher Rang
vollkommen gewahrt werden sollte. Man konnte dabei davon
ausgehen, dass man die Investitur durch den Bischof als etwas
dem Lehnwesen ganz Fremdes betrachtete; auch finde ich sie
nirgends als Lehnsverhältniss bestimmter bezeichnet; schreibt um
1280 der Bischof von Bamberg an den Abt von Niederaltaich:
*amministracionem regalis iuris, quod ad nos ex imperiali dona-
cione pertinere dinoscitur, vobis cum omni sui plenitudine per
presentes litteras duximus concedendam, ita tamen, ut iuramentum nobis debitum, cum requisiti fueritis, nobis ea fidelitate
qua convenit faciatis*, [3] so geht das nicht über die Formen der
Treuverpflichtung, wie sie auch früher bei der Investitur üblich
war, [4] hinaus. Ich denke, die Sache wird etwa so zu fassen sein,
dass wir zwar solchen Aebten den zweiten Heerschild, und damit
den Heerschild überhaupt, nicht zusprechen dürfen, da ihnen als
nicht vom Reiche belehnt das Erforderniss der passiven Lehnsfähigkeit fehlte; dass ihnen aber bezüglich der aktiven Lehnsfähigkeit die Rechte des zweiten Heerschildes vorbehalten waren.
Und damit wäre dann auch vereinbar, dass sie Laienfürsten zu
Mannen haben konnten.

Entsprechend würden wir uns denn auch die Stellung von
Bischöfen zu denken haben, welche früher unmittelbar, später
von geistlichen Fürsten investirt wurden; der Bischof von Triest,

---

1. Mon. Boica 11, 321. 324.   2. Vgl. Reichsfürstenst. § 235 n. 4. 237 n. 9.
243 n. 8.   3. Mon. Boica 11, 254.   4. Vgl. oben S. 54.

wenigstens seit 1180 dem Patriarchen von Aglei untergeben,[1] versprach noch 1244 dem Grafen von Görz ein Lehen.[2] Ganz unvereinbar mit der Beibehaltung auch nur einer solchen Stellung war es freilich, wenn 1252 die überelbischen Bischöfe sich nicht mehr vom Könige, sondern von einem Laienfürsten, dem Herzoge von Sachsen, belehnen lassen sollten; und in den Gegenvorstellungen der Bischöfe wird bestimmt darauf hingewiesen, dass sie nach Durchführung solcher Massregel nicht mehr Genossen der Fürsten und Edeln seien würden; sie bitten um Fürsprache, *quia omnium principum et nobilium interest, pares suos sibi inpares fieri non debere.*[3]

Dagegen wird uns nun doch die Annahme eines der Theorie unbekannten **niedrigern geistlichen Heerschildes** sehr nahe gelegt durch die eigenthümliche Stellung der **jüngern salzburgischen Suffragane**, der Bischöfe von Gurk, Chiemsee, Seckau und Lavant. Sie war verschieden von der der mediatisirten Bischöfe und Aebte, insofern diese Bisthümer nie reichsunmittelbar, sondern von den Salzburger Erzbischöfen gegründet und dotirt waren. Diesen stand nun nicht allein von jeher die Investitur zu,[4] sondern diese Investitur wurde entsprechend der Entwicklung bei den Reichskirchen später ausdrücklich als eine Belehnung und zwar mit Mannschaft aufgefasst, und weiter als ein Reichslehen der Erzbischöfe, also als Reichsafterlehen der Bischöfe. Schon 1179 wird der Bischof von Gurk andern Vasallen gleichgestellt, wenn auf Klage des Erzbischofs, dass er vor erhaltener Investitur Lehen ertheile, vor dem Reiche entschieden wird: *quod nec Gurcensis electus, nec quisquam alius possit aut debeat aliquod feodum in quemquam transferre, antequam ipse a suo auctore sit investitus.*[5] K. Heinrich beklagt sich 1228 darüber, dass der Pabst sich in den Streit über die Regalien des Bisthumes Gurk eingemischt habe, da doch in Reichslehnssachen ihm keine Entscheidung gebühre, und erklärt:

---

1. Vgl. Reichsfürstenst. § 217 b. 10. 2. Notizenblatt 7, 329. 3. Cod. dipl. Lubecens. II, 1, 103. vgl. Reichsfürstenst. § 203. 4. Vgl. Reichsfürstenst. § 209. 5. Juvavia 250.

memoratum ius regalium esse feudum — a predecessoribus nostris profectum — et de ipso feodo Salzburgensem archiepiscopum et suam ecclesiam a predecessoribus nostris iam dudum recognoscimus infeodatum;[1] und 1230 erfolgte eine kaiserliche Entscheidung, wonach die Kirche von Gurk *cum omni iure investiturae regalium, hominii videlicet et fidelitatis* der Mutterkirche unterworfen seien solle.[2] Und 1218 bei Gründung der Bisthümer Chiemsee und Seckau bewilligt der König dem Erzbischofe, dass den Bischöfen gestattet sein solle, alles, was ihnen zugewandt würde, *nomine regalium possidere et episcopi earum a te et a successoribus tuis — more vassalorum ea recipiant et cum iuramento fidelitatis praestent hominium et in iuramento fidelitatis nullum penitus excipiant vel excludant.*[3]

Danach wird die passive Lehnsfähigkeit dieser Bischöfe, ihre Einfügung in den Reichslehnsverband keinem Zweifel unterliegen. Fragen wir nun nach der aktiven Lehnsfähigkeit, so sind mir Lehen von den Bischöfen von Chiemsee, Seckau und Lavant, deren Bisthümer erst 1218 und 1228 gegründet wurden, nicht bekannt geworden. Jedenfalls werden wir schliessen dürfen, dass sie keine Fürsten zu Mannen hatten; denn unter den sehr vollständig erhaltenen Urkunden, durch welche die Kirchenlehen der frühern Herzoge von Oesterreich in Oesterreich, Steier und Kärnthen den Söhnen K. Rudolfs übertragen wurden,[4] finden sich keine Verbriefungen jener Bischöfe.

Anders gestaltet sich das bei dem schon im J. 1072 gegründeten Bisthume Gurk. Nicht allein werden Gurker Lehen oft erwähnt, Grafen, so 1206 die von Görz,[5] 1282 die von Ortenburg[6] als Vasallen der Kirche aufgeführt, sondern auch die Herzoge von Kärnthen erscheinen 1158 und später als Mannen des Bischofs,[7] und 1280 bekundet K. Rudolf, dass der Bischof

---

1. Meiller Babenberg. Reg. 143.   2. Juvavia 250.   3. Diplomataria Styriae 1, 194.   4. Lichnowski G. d H. Habsb. Reg. 1, 54. 55. 56. 60. 61. 74. 5. Ankershofen Reg. n. 651.   6. Mittheil. d. Vereins f. Steierm. 5, 216.   7. Ankershofen Reg. n. 356. 367. Fontes rer. Austr. II, 1, 13.

seinen Söhnen verliehen habe *in feudum omnia bona — que dicto episcopo et ecclesie sue per mortem illustrium principum Austrie, Styrie, Karinthie et Karniole in eisdem partibus et in marchia vacare ceperunt.* Diese Ausnahmsstellung ist weniger auffallend, wenn wir nach Massgabe unserer früheren Erörterung annehmen, dass man zur Zeit der Gründung von Gurk die Investitur durch den Erzbischof noch nicht als eine Lehnsverbindung betrachtete. War das später der Fall, so ergab sich eine ganz eigenthümliche Stellung; der Bischof war Mann des Erzbischofs und hatte wieder Laienfürsten zu Mannen und in der Heerschildsordnung würden wir ihm seine Stelle z w i s c h e n d e m z w e i t e n u n d d r i t t e n H e e r s c h i l d e anzuweisen haben. Aber unbedingt scheint man das doch nicht so aufgefasst zu haben; meldet eine spätestens der Mitte des dreizehnten Jahrhunderts angehörige Aufzeichnung: *Der hertzoge Otacker von Steyer het diu purch ze Rohatz und wol sechs hundert huben, di dar zuo gehorten, von dem pischolfe von Gurch; du der hertzog Otacker starp, du en achtet der hertzoge Leupolt der alte, des hertzogen Leupoldes en, uf daz lehn nicht und v e r s m a h t i m d a z l e h n z e h a b e n v o n d e m p i s c h o l f e v o n G u r k; du unterwunten sich des selben lehns di von Gonwitz; also ist daz lehn under wegen bliben,*[1] so zeigt sich doch offenbar die Anschauung, dass es sich für einen Herzog von Oesterreich nicht zieme, Mann eines Salzburger Vasallen zu sein.

Wir stossen so überall, zumal wo es sich um Kirchenlehen handelt, auf Ausnahmsverhältnisse, welche sich der allgemeinen Regel nicht fügen, welche in die Ordnung und Bedeutung der Heerschilde eingreifen, ohne dass die Theorie sie beachtet hätte, während sie zugleich im wirklichen Leben vielfach verschieden beurtheilt werden mochten. Es waren eben zwei, wohl nahe verwandte, aber doch ursprünglich bestimmt geschiedene Verhältnisse, die Investitur und das Mannlehen, ineinander übergegangen, und zwar so, dass nur für eine erste Stufe die Verschmelzung, so weit das irgend statthaft, vollständig und folgerichtig durch-

---

1. Mon. Boica 29 b, 316.

geführt war, während nun doch bei der dadurch einmal gegebenen
Anschauung eines Zusammenhanges beider Verhältnisse und der
bei der Investitur ebenso, wie beim Lehen vorliegenden Fortsetzung der Verbindung durch niedere Stufen, auch für diese
gewisse Wechselbeziehungen beider nicht unbeachtet bleiben
konnten. Reicht zu ihrer Beurtheilung die Lehre von dem Lehnrechte der Unfähigen, wie die Rechtsbücher sie bieten, nicht aus,
haben sich überhaupt vielleicht nie allgemeingültige Normen für
dieselben gebildet, so mag es uns doch immerhin zustehen, uns
auf Grundlage der Thatsachen zu vergegenwärtigen, wie sie bei
folgerichtiger Durchführung der der Theorie zu Grunde liegenden
Anschauungen einzureihen gewesen wären.

X.

Bezüglich der Lehnsverbindung weltlicher Fürsten mit Laien
sagen die sächsischen Rechtsbücher, der Fürst soll keines Laien
Mann sein, als des Königs, und die schwäbischen setzen noch
bestimmter hinzu: und ist er eines andern Laien Mann, so mag
er nicht Fürst sein.[1] Dieser Satz bedarf nun, wie wir bereits
erörterten,[2] insoweit einer Einschränkung, als die Fürsten nicht
blos des deutschen Königs, sondern auch anderer Könige Mannen
sein durften; und in der Beschränkung, dass der **Laienfürst
keines Genossen Mann** sein darf, finden wir ihn durchweg sorg-
sam beachtet.

Dabei ist nun freilich zu erwägen, dass, wie ich anderweitig
nachwies,[3] der Ausdruck Fürst in verschiedener Zeit in verschiedener Bedeutung gebraucht wurde. Der Fürst der Rechtsbücher
entspricht nur der Anschauung eines engeren, vorwiegend durch
lehnrechtliche Momente bedingten Fürstenstandes, wie dieselbe
erst gegen Ende der Regierung K. Friedrichs I allgemein Platz
gegriffen zu haben scheint. Er entspricht aber nicht der frühern
Bedeutung des Worts, dem durch rein landrechtliche oder, wenn

---

1. Sächs. Ldr. 3, 58 § 1. Lhr. 71 § 21. Schwäb. Ldr. 130. Lhr. 144. **2.** Vgl.
oben S. 72. **3.** Vgl. Reichsfürstenst. § 33 ff.

man es lieber so nennen will, staatsrechtliche Momente bestimmten ältern Reichsfürstenstande, welchem man von den landrechtlichen Amtstiteln ausgehend alle Herzoge, Markgrafen, Pfalzgrafen, Landgrafen und Grafen zuzählte. Diesen werden wir gar nicht als eine lehnrechtliche Genossenschaft auffassen dürfen; er umfasste mindestens zwei Heerschilde. Denn selbst abgesehen von so vielen Grafen, welche ihre Grafschaft selbst nur von einem andern Laienfürsten zu Lehen hatten, finden wir im zwölften Jahrhunderte von Herzogen vielfach auch die mächtigsten andern Laienfürsten belehnt. So erfahren wir 1156 bei der Erhebung Oesterreichs zum Herzogthume, bei welcher vom Herzoge von Baiern die Mark *cum omnibus beneficiis, que quondam marchio Liupoldus habebat a ducatu Bawarie*, resignirt wird, [1] dass die Markgrafen von Oesterreich Lehen von Baiern hatten; und ebenso werden 1134 Lehen des Markgrafen von Vohburg, [2] 1144 des Markgrafen von Steier, [3] 1169 des Pfalzgrafen von Wittelsbach, [4] 1140 des Burggrafen von Regensburg [5] vom Herzoge von Baiern erwähnt.

Für den neuern Reichsfürstenstand finden wir dagegen ganz vorzugsweise den Begriff einer lehnrechtlichen Genossenschaft bestimmend; nicht der landrechtliche Amtstitel ist das Entscheidende; aus dem weitern Kreise der ältern Fürsten scheiden sich als bevorzugte Klasse diejenigen aus, welche von keinem Laienfürsten belehnt sind; nur freilich so, dass dieses rein lehnrechtliche Moment noch nicht genügt, sondern die Belehnung durch den König mit einem Fahnlehen oder Fürstenamt hinzukommen muss, deren nähere Bestimmung, welche wir an anderm Orte versuchen werden, doch auch auf landrechtliche Momente zurückführen würde. Finden wir nun den Begriff des Fürsten in dieser neuern Auffassung erst seit dem J. 1180 etwa massgebend, so liesse sich daraus schliessen, dass die ganze vorwiegend lehnrechtliche Theorie vom Fürsten und damit bei engstem Zusammenhange die von den Heerschilden in der in den

---

1. Oesterr. Archiv 8, 110.   2. Mon. Boica 29 a, 263.   3. Diplomataria Stiriae 2, 8.   4. Mon. Boica 10, 43.   5. Ried, Cod. dipl. 1, 205. 206.

Rechtsbüchern vorliegenden Gestaltung auch nicht in frühere
Zeiten zurückreichen könne. Für den gesammten Reichslehnsverband dürfte das auch richtig sein. Aber es sind sächsische
Rechtsbücher, in welchen die Theorie zuerst auftritt, und bei
einer Beschränkung auf Sachsen wird allerdings nichts im
Wege stehen, sie schon für frühere Zeiten als massgebend zu
betrachten. In Sachsen, wie ich anderweitig genauer nachweisen
werde, gipfelt die Lehnsverbindung nicht schon zunächst im
Herzoge, wie in den süddeutschen Herzogthümern; wie der sächsische Herzog, so erkennen hier auch die Markgrafen, der Pfalzgraf, der Landgraf und eine Reihe von Grafen, welche ihre Grafschaften unmittelbar vom Reiche hatten, keinen Laien als Herren
an, als den König; wir finden keine Spur, dass sie Mannen des
Herzogs gewesen wären, welchem überhaupt höchstens die Stellung eines Primus inter pares zukommt. Zeigt sich nun gerade
in Sachsen auch schon früher eine Beschränkung des Fürsten-
titels auf diejenigen, welche auch nach der Fassung der Rechtsbücher Fürsten oder doch Fürstengenossen gewesen sein würden,[1]
so wird nicht zu bezweifeln sein, dass die Anschauung eines vorwiegend durch lehnrechtliche Momente bestimmten Fürstenstandes
von Sachsen ausging und sich dann bis etwa 1180 im ganzen
Reiche Geltung zu verschaffen wusste.

Habe ich an anderm Orte lediglich nach äussern Kennzeichen
nachgewiesen, welche weltliche Grosse seit jener Zeit zu den
Fürsten gehörten,[2] so ergibt sich bei Prüfung der Einzelnen
durchweg, dass ihre lehnrechtliche Stellung der Forderung der
Theorie durchaus entspricht. Nur zwei Fälle einer Belehnung
von Laienfürsten durch Genossen sind mir bekannt
geworden.

Einmal hatte der Herzog von Lothringen Lehen vom Grafen
von Champagne und ein Versuch, sich diesem Verhältnisse zu
entziehen, dürfte eine Hauptveranlassung der Fehde im J. 1218
gewesen sein, da die erste Bestimmung des durch den König
vermittelten Friedens dahin lautet: *quod dux Lotharingie rediit*

---

1. Vgl. Reichsfürstenst. § 5ᵗᵉ.   2. Vgl. Reichsfürstenst. § 134 ff.

ad fidelitatem, quam debebat dictis comitisse et filio ejus de servitio scilicet et justicia, que predecessores ducis Lotharingie comitibus Campanie debuerunt. [1] Diese Verbindung lässt sich denn auch später noch verfolgen. In dem nach 1221 geschriebenen Lehnbuche der Champagne heisst es: *Dux Lotharingie fiduciam, justitiam et servitium (debet).* [2] Der Herzog nennt 1220 den Grafen *carissimum dominum meum,* 1225 *mon chier seignor,* umgekehrt bezeichnet dieser den Herzog als seinen Fidelis. [3] Der Pabst befiehlt 1234 dem Herzoge, *quatenus cum pro feudo quod tenere diceris a dilecto filio nobili viro Th. comite Campaniae f i d e l i t a t e m sibi et h o m a g i u m praestitisse dicaris, — nulli alii fidelitatem et homagium praestes, nec ab ipsius comitis fidelitate recedas;* [4] und Alberich erzählt zu 1229: *dux Lotharingiae Matthaeus, cum haberet discordias contra comitem Barri avunculum suum, alligatus est comiti Campaniae per h o m a g i u m.* [5] Wir lassen es dahingestellt, ob diese letzten Stellen zum Beweise genügen, dass der Herzog 1229 wirklich Mannschaft geleistet habe; dass früher die Belehnung in einer besondern Form erfolgte, bei welcher unzweifelhaft die Mannschaft vermieden war, ergibt sich bestimmt aus der Urkunde, nach welcher die Herzogin Agnes 1221 Stenay zu Lehen vom Grafen von Luxemburg nimmt, *eo modo sicut pater meus Theobaldus b. m. quondam comes Barrensis habuit a domino Henrico quondam comite Namurcensi et Lucellenburgensi; si autem propter decessum meum haec hereditas ad haeredem meum, q u i s i t d u x in Lotharingia pervenerit, ipse dux dictum castellum cum appendiciis e o m o d o a comite de Lucellenburgh recipiet, s i c u t i p s e a c o m i t e Campaniae a l i a s u a f e o d a r e c i p e r e c o n s u e v i t. Si vero alter haeres meus, q u i n o n s i t d u x, vel haeres ducis, qui dux non erit, memoratum castellum in haereditatem habuerit ille si creat . . . et voluntas ducis fuerit supradictum castrum cum appendiciis recipiet in feo-*

---

1. Huillard H. D. 1, 546. 2. Brussel Us. d. fiefs 1, 95. 3. Calmet H. de Lorraine 2, 430. 475. 441. 4. Calmet H. de L. 2, 448. 5. Alberici chron. ed. Leibnitz 531.

*dum a comite de Lucellenburch et de eo h o m o s u u s cffi-
ciatur.* [1]

Weiter hatten der Staufer Otto und die Herzoge von Meran
als Pfalzgrafen von Burgund Lehen vom Herzoge von Burgund
oder Dijon. K. Heinrich bekundet 1193, dass er zwischen dem
Sohne des Herzogs und seinem Bruder dem Pfalzgrafen einen
Vergleich vermittelt habe, wonach anerkannt sei, *quod Matiscon
et Polegium — sunt de feodo ducis Divionensis et quod jam
dictus frater noster hoc tenebit, quamdiu vixerit, et quicumque
post eumdem fratrem nostrum sive haeres suus fuerit sive alius
praenominata feoda — possidebit, tenebit ea de duce Divionensi
vel eius successore legitimo;* ganz dasselbe wird 1215 bezüglich
des Herzogs von Meran anerkannt, und wenn in beiden Fällen
das Homagium nicht erwähnt wird, während 1217 Graf Stephan
Macon vom Herzoge von Dijon mit der Bestimmung zu Lehen
nimmt, dass, wenn der *haeres legitimus, qui comitatum Burgundie tenebit, homagium dicto duci fecerit,* er es von diesem
als Afterlehen nehmen soll, so dürfen wir wohl annehmen, dass
der Herzog von Meran das Leisten der Mannschaft verweigerte. [2]

Haben wir in beiden Fällen Grund zu der Annahme, dass
die Belehnung nicht in strengster Form erfolgte, so mag auch
das zu berücksichtigen sein, dass es sich um eine Verbindung
mit auswärtigen Fürsten handelt und um den romanischen Westen
des Reichs, wo wir so manche Abweichungen von den einfachern
und strengern Satzungen des deutschen Lehnrechts finden. Dass
ein deutscher Laienfürst im dreizehnten Jahrhunderte Lehen von
einem andern deutschen Laienfürsten gehabt hätte, geschweige
denn sein Mann geworden wäre, dafür ist mir kein Beispiel
bekannt.

Umgekehrt lässt sich von allen den Grossen, welche, obwohl
sie höhere Amtstitel führten, doch nicht Fürsten waren, auch
durchweg nachweisen, dass sie Lehen von Laienfürsten hatten.
Als Beispiel für die Belehnung der Magnaten durch
Laienfürsten mag es genügen, auf einen der angesehensten

---

1. Bertholet H. de Luxembourg 4, 52.　　2. Perard Recueil 318. 321.

Magnaten, der Herzog von Limburg, hinzuweisen; wir finden ihn 1191 als Vasallen des Herzogs von Brabant, 1218 des Rhein- pfalzgrafen, 1222 des Grafen von Flandern. [1]

So streng nun auch früher die Fürsten darauf hielten, ihren Schild nicht zu niedern, so lässt sich doch eine Nichtbeach- tung des Grundsatzes seit dem vierzehnten Jahr- hunderte nicht läugnen und zwar in Folge der Erhebungen in den Fürstenstand, indem Magnaten, welche zu Fürsten erhoben wurden, diese Ehre nicht durch Auflassung ihrer oft bedeutenden Lehen von Laienfürsten erkaufen mochten.

Früher hatte man das allerdings beachtet. Der Graf von Hennegau war 1188 zum Markgrafen von Namur und Reichs- fürsten erhoben und hatte damals unzweifelhaft keine Lehen von Laienfürsten; aber 1191 folgte er auch in Flandern, womit Alost verbunden war; bei einer 1192 vom Kaiser vermittelten Sühne wurde nun anerkannt: *quod dux Lovaniensis in terra de Alost quaedam feoda habebat, unde compositum fuit, quod filius qui- libet comitis Hanoniensis ea a duce Lovaniensi in feudo teneret;* [2] also eine der uns bekannten Umgehungsformen. Aus einer andern Stelle sahen wir, dass damals der zweitälteste Sohn als Lehns- träger gestellt wurde, und schlossen daraus, dass man auch für den voraussichtlichen Erben des Fürstenthums eine solche Ver- bindung nicht statthaft hielt. Scheinen in deutschen Fürsten- häusern im allgemeinen auch die Fürstensöhne keine mit dem fürstlichen Heerschilde unvereinbare Lehen genommen zu haben, da mir Beispiele nicht bekannt sind und das wenigstens für den zur Nachfolge Berufenen schon wegen der Anschauung eines Nachwirkens der Niederung auch nach Aufgebung der bezüg- lichen Mannschaft unstatthaft scheinen muss, so scheint das in Lothringen vielleicht anschliessend an französische Lehnsge- bräuche weniger beachtet zu sein; [3] dann aber musste wenigstens die Mannschaft vor der Belehnung mit dem Fürstenthume gelöst werden. So war der Herzog von Brabant Mann des Grafen von

---

1. Ernst H. de Limbourg 6, 163. Lacomblet UB. 2, n. 76. Reiffenberg Monum. 1, 136. **2.** Giselbert Hanon. ed. Duchasteler 237. **3.** Vgl. oben S. 23.

122

Flandern geworden; als er aber 1190 vom Könige belehnt wurde, heisst es: *Oportuit autem ducem Lovaniensem, antequam domino regi faceret hominium, hominio comitis Flandriae renunciare.* [1]

Die Erhebungen im dreizehnten Jahrhunderte scheinen überhaupt nur solche getroffen zu haben, bei welchen die lehnrechtlichen Vorbedingungen des Fürstenstandes von vornherein vorhanden waren. Der 1235 erhobene Herzog von Braunschweig und der 1292 erhobene Landgraf von Hessen hatten als Nachfolger früherer Fürsten unzweifelhaft nur Eigen und Kirchenlehen; es fehlte ihnen nur das reichslehnbare Fürstenamt. Auch die Grafen von Habsburg, 1282 zu Herzogen von Oesterreich erhoben, hatten seit der Erledigung des Herzogthums Schwaben keine Lehen von Laienfürsten; und dasselbe scheint der Fall gewesen zu sein bei dem 1286 zum Herzoge von Kärnthen erhobenen Grafen Meinhard von Tirol, wenngleich der auffallende Umstand, dass Meinhard, obwohl 1282 K. Rudolfs Söhne auch mit Kärnthen belehnt wurden, doch schon vor 1286 zwar nicht Herzog, aber Herr von Kärnthen heisst und ist, sich zum Theil, wie ich anderweitig auszuführen denke, daraus erklären dürfte, dass mit Rücksicht auf den Heerschild Schwierigkeiten gegen seine Belehnung erhoben wurden.

Bei den zahlreicheren Erhebungen im vierzehnten Jahrhunderte scheint auf die Forderung kein Gewicht mehr gelegt zu sein. Ein auffallendes Beispiel bietet der 1336 zum Fürsten und Markgrafen, 1357 zum Herzoge erhobene Graf von Jülich. Vielleicht den Hauptbestandtheil seines Besitzes bildeten pfälzische Lehnsstücke, von deren Auflassung denn auch so wenig die Rede war, dass sogar den frühern noch neue Lehen hinzugefügt wurden. Im J. 1343 verleihen die Pfalzgrafen dem hochgebornen Fürsten, Markgrafen Wilhelm, zur Vermehrung seiner Lehen die Grafschaft Neuenahr; [2] 1357 zeigt der Herzog dem Pfalzgrafen seine Erhebung an und erklärt dabei ausdrücklich, dass trotzdem er und seine Nachfolger die Lehnsverbindung ganz wie früher fort-

---

1. Gislebert. Hanon. 211.   2. Lacomblet UB. 3, n. 389.

setzen wollen; [1] aus späterer Zeit liegt eine Reihe pfälzischer
Lehnbriefe vor, ohne dass sich irgendwo die geringste Andeutung
einer Ausnahmsstellung für den fürstlichen Vasallen zeigte. [2]
Aber auch andere minder bedeutende und sogar von Magnaten
herrührende Lehnsstücke wurden nicht resignirt; wie 1327 der
Graf den Grafen, so nennt noch 1338 der Herzog von Geldern
den Markgrafen seinen Mann; [3] noch 1353 ist Hillesheim Lehen
von Luxemburg; [4] auch eine seit 1265 nachweisbare Lehnsverbindung mit Limburg [5] scheint nicht gelöst zu sein, da der Herzog
1431 Lehen vom Herzoge von Brabant und Limburg hat. [6] Wenn
eine so auffallende Ausserachtlassung der lehnrechtlichen Forderungen keinen Anstoss mehr erregte, so wird das allerdings
die Annahme nahe legen, dass dem thatsächlichen Rechtsleben
gegenüber die Lehre von Niederung des Heerschildes im vierzehnten Jahrhunderte schon vielfach als antiquirt betrachtet
werden darf. Freilich nicht so, als wäre sie überhaupt nicht
mehr beachtet worden; die Herren von Meklenburg wurden 1350
unzweifelhaft in Veranlassung ihrer 1348 erfolgten Erhebung zu
Herzogen und Reichsfürsten von Brandenburg ihrer Lehnsverpflichtung entlassen; doch finden wir auch hier später, so 1373,
wieder Belehnungen. [7]

In späterer Zeit wird es demnach auch nicht befremden
können, wenn ein Fürst sogar sein Reichsfürstenthum von einem
andern Laienfürsten zu Lehen haben konnte, ohne seine fürstlichen Vorrechte zu verlieren, wie das bei Wirtemberg der Fall
war, welches der Herzog 1534 im Vertrage von Cadan als
Reichsafterlehen von Oesterreich zurückerhielt. Für eine Niederung als Folge der Verwirkung von Lehen finden
sich auch sonst Beispiele. K. Friedrich leiht 1162 dem Grafen
Raimund die Grafschaft Provence und ausserdem die Grafschaft
Forcalquier, *ita quod idem comes de Forcalquerio faciat homa-*

1. Lacomblet UB. 3, n. 565 Anm. 1.　2. Lacombl. UB. 3, n. 643. 683 Anm.
997. 4, n. 505. Günther Cod. dipl. 4, 121.　3. Lacombl. UB. 3, n. 223. 338.　4. Günther Cod. dipl. 3, 605.　5. Kremer Akad. Beitr. 3, 123.　6. Lacombl. UB. 4, n. 204.
7. Riedel Cod dipl. Brandenb. II, 1, 316. 2, 584.

124

gium et fidelitatem comiti Provincie quemadmodum nobis deberet, weil derselbe es versäumt habe, sich vom Kaiser belehnen zu lassen;[1] doch war das nicht von Bestand, da 1174 der Graf von Forcalquier wieder vom Kaiser belehnt wurde.[2] K. Friedrich IV lieh 1446 seinem Bruder Albrecht Brabant, Holland, Seeland und Hennegau, weil dieselben lange Zeit vom Reiche nicht empfangen und demnach heimgefallen seien, und verlangt dann vom Herzoge von Burgund, dieselben von Albrecht als Afterlehen zu nehmen.[3] Für die Annahme, dass etwa auch in solchem Falle, wie bei der Sühne eines Todschlags,[4] die Mannschaft eine Niederung nicht zur Folge hatte, fehlt uns jeder Anhaltspunkt.

XI.

Unsere Vergleichung der Theorie der Spiegel mit den thatsächlich bestehenden Lehnsverbindungen ergab bezüglich der drei ersten Schilde im allgemeinen eine genügende Uebereinstimmung zwischen Theorie und Praxis, wenn auch nicht alle Verbindungen im Systeme unterzubringen sind. Bezüglich der untern Stufe würde sich das nicht in gleicher Weise behaupten lassen; wir würden auf eine solche Reihe von Ausnahmen stossen, dass eine Wirksamkeit der Regel für das thatsächliche Leben kaum mehr anzunehmen wäre. Daraus folgt nun freilich nicht nothwendig, dass Theorie und Praxis sich überhaupt nirgends entsprochen haben. Bezüglich der höhern Heerschilde konnten wir, ohne auf Hindernisse zu stossen, an der Anschauung eines gemeinen Reichslehnrechtes wenigstens für den Umfang des deutschen Königreichs festhalten; Abweichungen, welchen wir vorzugsweise in Lothringen begegneten, liessen sich doch immerhin nur als Ausnahmen von der Regel bezeichnen, nöthigten uns nicht, hier die Wirksamkeit der allgemeinen Regel überhaupt in Frage zu stellen. Aber schon der Umstand, dass das sächsische und das

1. Martene Coll. ampl. 1, 860. 2. Mon. Germ. 4, 144. 3. Chmel Reg. Frid. IV. n. 2058. 2075. 4. Vgl. oben S. 7.

süddeutsche Rechtsbuch in Bezeichnung der den untersten Stufen Angehörenden nicht ganz übereinstimmen, wird uns, wollen wir den Grund nicht etwa in dem Unterschiede der Entstehungszeit suchen, den Gedanken einer Nothwendigkeit örtlicher Scheidung nahelegen, wie eine solche ja überhaupt sich mehr geltend macht, sobald wir die untern Kreise des Staatslebens ins Auge fassen; verzichtet der Verfasser des Sachsenspiegels selbst darauf, für das so verschiedenartig gestaltete Dienstverhältniss allgemeingültige Regeln aufzustellen, so liegt doch gewiss die Annahme nahe, dass das, was er über die untern Lehnsverbindungen sagt, sich immerhin für seinen nächsten Gesichtskreis als mit der Praxis übereinstimmend vollkommen bewähren mag, während sich in andern Reichstheilen die Entwicklung vielfach verschieden gestaltet haben mag. Und schon für den vierten Heerschild dürfte eine Scheidung nach diesem Gesichtspunkte angemessen sein.

Im vierten Heerschilde des Sachsenspiegels und, wenigstens im Ausdrucke übereinstimmend, auch des Schwabenspiegels finden wir die freien Herren. Der Stand der freien Herren, in den kaiserlichen und andern Urkunden mit wesentlich gleichbedeutenden Ausdrücken als *Nobiles, Barones, Magnates, edle* oder *freie Herren* bezeichnet, umfasste nicht allein die einfachen Edeln, sondern auch die grosse Masse der Grafen und weiter manche Grosse mit den höhern Amtstiteln eines Herzogs, Markgrafen, Pfalzgrafen oder Landgrafen, welche dem neuern Fürstenstande angehörten; unter allen diesen tritt ein weiterer Standesunterschied in den Urkunden nicht hervor.[1]

In Sachsen erhält nun der ganze Stand von vornherein ein etwas einförmigeres Gepräge dadurch, dass es hier keine Grosse mit höherem Amtstitel, als dem des Grafen gab, welche nicht Fürsten gewesen wären; dann dadurch, dass die meisten im dreizehnten Jahrhunderte noch blühenden Grafenhäuser den gräflichen Titel erst im Laufe des zwölften Jahrhunderts annahmen und ihn längere Zeit nicht regelmässig führten,[2] so dass zur Zeit der Entstehung des Sachsenspiegels es noch nicht gar lange her

---

1. Vgl. Reichsfürstenst. § 99. 100. 104.   2. Vgl. Reichsfürstenst. § 61.

war, dass der ganze, jetzt äusserlich in Grafen und einfache
Edle zerfallende Stand der freien Herren sich auch in der urkund-
lichen Bezeichnung der Einzelnen als Einheit darstellte.

Soll demnach die Angabe des Sachsenspiegels sich wenigstens im engern Kreise erproben, so darf in Sachsen der
freie Herr keines Genossen Mann sein, Grafen und Edle
dürfen nur vom Reiche oder von Fürsten, nicht aber von andern
Grafen oder Edeln belehnt sein. Und das scheint wirklich in
der Regel der Fall gewesen zu sein.

Allerdings erscheinen als Vasallen der Grafen von Anhalt
manche andere Grafen; so 1215 die von Valkenstein, 1323 die
von Honstein, Mansfeld, Wernigerode, Regenstein, Beichlingen
und Schrapelau.[1] Aber die Grafen von Anhalt waren Fürsten
und sind nie als Mannen von Laienfürsten nachzuweisen.

Als Lehnsherrn von Grafen erscheinen aber weiter die Grafen
von Orlamünde, so 1227 der Grafen von Mühlberg, 1246 der
Grafen von Gleichen.[2] Die von Orlamünde können wir nun
zwar nicht als Fürsten erweisen, aber es kommt ihnen doch als
Fürstengenossen eine Ausnahmestellung zu.[3] Was nun den
Heerschild der Fürstengenossen betrifft, so spricht ihnen
allerdings das sächsische Lehnrecht den fürstlichen Heerschild in
so weit ab, als es sagt, dass der, welcher von einem Fürsten
belehnt ist, welcher Fahnlehen hat, dasselbe von niemandem
empfangen darf, der Fahnlehens darbet, und wäre er auch ein
geborner Fürst.[4] Da nun aber unmittelbar vorher von der Un-
theilbarkeit des Fahnlehens die Rede ist, so möchte doch vielleicht der Sinn dieser Stelle dahin zu beschränken sein, dass ein
in das Fahnlehen gehöriges Lehngut nicht davon getrennt, nur
vom Fürsten selbst empfangen werden soll; woraus sich denn
noch nicht nothwendig ergäbe, dass der früher vom Vater mit
Eigen oder Kirchenlehen oder einem nicht in das Fahnlehen
gehörigen Reichslehen Beliehene eine Niederung des Schildes
erfahre, wenn er nach dessen Tode dasselbe nicht von dem

---

1. Beckmann Anhalt. Hist. 3, 312. 1, 481.   2. Lünig Corp. iur. feud. 2, 746.
Wenck Hess. G. 3, 118.   3. Vgl. Reichsfürstenst. § 157.   4. Vgl. Homeyer S. 550.

Nachfolger im Fürstenthume, sondern von einem jüngern Sohne empfängt. Und lässt die Theorie die Niederung des Schildes auch nach Aufhören der dieselbe veranlassenden Mannschaft noch für zwei Generationen nachwirken, so sollte folgerichtig doch der höhere Schild des Vaters auch dann fortwirken, wenn dem Sohne das jenen bedingende Fahnlehen fehlt; und wenigstens einen Beleg konnten wir für die Wirksamkeit dieser Auffassung beibringen. [1] Insbesondere aber scheinen die thatsächlichen Lehnsverbindungen für eine solche Auffassung zu sprechen. Denn einerseits scheinen die gräflichen Vasallen der Grafen von Orlamünde zu erweisen, dass freie Herren als Mannen von Fürstengenossen ihren Schild nicht zu niedern glaubten. Dasselbe ergibt sich, wenn 1174 der Graf von Berg, welcher nur Lehen vom Reiche und von Fürsten hatte, Mann des Grafen Heinrich Raspe, Bruders des Landgrafen von Thüringen, wird. [2] Und sind die Welfen von 1180 bis 1235 nur als Fürstengenossen zu betrachten, da ihnen das Fahnlehen fehlte, so wird man doch gewiss nicht angenommen haben, dass die zahlreichen Grafen und Herren, welche welfische Vasallen blieben, dadurch ihren Schild niederten. Andererseits aber scheinen die Fürstengenossen auch in ihren passiven Lehnsverhältnissen die Forderungen des fürstlichen Schildes erfüllt, von keinem Laienfürsten Lehen genommen zu haben; denn weder zeigt sich in Sachsen eine Spur des lothringischen Brauches, wonach die jüngern Söhne ihr Erbtheil vom ältern zu Lehen nahmen, noch sind mir sonst Laienfürstenlehen der Grafen von Orlamünde, Groitsch, Wettin, Brene, der thüringischen Nebenlinien irgendwie bekannt geworden. Gerade für die von Orlamünde dürfte sich das noch näher begründen lassen. Hatten sie überhaupt Lehen von Laienfürsten, so wäre doch gewiss zunächst an die Landgrafen von Thüringen, später auch Markgrafen von Meissen zu denken. Nun finden wir in der Geschichte der Landgrafen zum J. 1342 die sehr bezeichnende Erzählung: *Et accidit, quod semel idem comes de Wymar esset in Erfordia in hospitio suo et marchio pertransiens civitatem*

---

1. Vgl. oben S. 18.   2. Lacomblet UB. 1, n. 448.

comes post eum olamavit: Audi Friderice, quo tendis tu?
Marchio vero respiciens dixit: Vere ego faciam hoc, quod tu
vocabis me dominum tuum;[1] der Graf steift sich hier offenbar
darauf, dass er nicht Mann des Markgrafen ist und ihn demnach
nicht seinen Herrn heissen muss. Es folgte dann der Krieg,
welcher Orlamünde in die Gewalt des Markgrafen brachte. Noch
beim Verkauf von Orlamünde 1344 nennt der Graf den Markgrafen nicht seinen Herrn, sondern Oheim; als Lehnsherrn
erscheinen nur das Reich und der Abt von Hersfeld; 1347 verpflichten sich dann aber die Grafen, alle ihre Allode und Reichs-
und Fürstenlehen von Thüringen zu nehmen, worauf der König
1350 *illam mutatam comitum condicionem* bestätigt, was doch
bestimmt auf eine Niederung des Schildes hinzuweisen scheint. [2]
Und auch daran dürfte hier zu erinnern sein, dass, wenn in
Sachsen schon vor der allgemeinen Abschliessung des neuern
Fürstenstandes nur diejenigen Fürsten genannt werden, bei welchen die Erfordernisse desselben zutreffen, doch auch die Fürstengenossen den Principes zugezählt werden. [3]

Alles erwogen, dürfte die Stellung der Fürstengenossen zum
dritten Heerschilde sich der Stellung der mediatisirten Bischöfe
und Aebte, welche ihr Lehnrecht bewahrt hatten und welche wir
in dieser Richtung als geistliche Fürstengenossen bezeichnen
könnten, zum zweiten Heerschilde [4] vergleichen lassen; die Vorrechte des entsprechenden Schildes sind ihnen bezüglich der
aktiven Lehnsfähigkeit im allgemeinen gewahrt, nur fehlt eine
für den Vollbesitz des Schildes erforderliche passive Lehnsverbindung, hier die Belehnung mit den Regalien durch das Reich,
dort die Belehnung mit einem Fahnlehen. Und ganz unbeachtet
wird der Unterschied doch auch bezüglich des aktiven Lehnrechts
nicht geblieben sein. Der Bischof von Verden leiht 1228 dem
Otto, *illustri domino de Luneburg,* die Lehen, welche der Pfalzgraf Heinrich von seiner Kirche hatte; Otto soll sie weiter dem
Sohne des Grafen von Wölpe leihen, *exceptis bonis illis, que*

---

1. Pistorius Script. 1, 1344.   2. Michelsen Ausgang der Grafsch. Orlamünde
25—32   3. Vgl. Reichsfürstenst. § 5ᵃ.   4. Vgl oben S. 112.

*comes H. de Hoya dicit se de manu eiusdem domini Palatini
tenuisse; super quibus ita conventum est, quod si prenominatus
comes per ius vasallorum nostrorum declarare potuerit, quod
ipsum pro recipiendis eiusdem bonis ad dominum de Luneburg
transmittere non debeamus vel possimus, salva benevolentia et
amicitia eiusdem domini de Luneburg sepedictus comes eadem
bona, si qua fuerint, de manu nostra tenebit.* [1] Der Unterschied
ist offenbar darin zu suchen, dass der Pfalzgraf Reichsfürst, der
Herr von Lüneburg nur Fürstengenoss war; und wir dürfen
schliessen, dass, obwohl ein freier Herr von letzterm ohne Niederung Lehen nehmen konnte, sein aktives Lehnrecht doch nicht
so völlig mit dem des Reichsfürsten zusammenfiel, dass es mindestens zweifelhaft war, ob der obere Herr einen Vasallen vom
Reichsfürsten an einen Fürstengenossen weisen durfte.

Lassen wir nun die erwähnten Fälle einer Belehnung von
Grafen durch Grafen als nicht hieher gehörig bei Seite, so scheint
die Angabe des Sachsenspiegels wenigstens für das östliche
Sachsen, also das Land seiner Entstehung, durchaus zu
bewähren, insofern mir hier keine Lehnsverbindung zwischen freien
Herren bekannt geworden ist. Die Grafen von Valkenstein, deren
bezügliche Verhältnisse genauer untersucht sind, hatten wohl
Lehen von den Grafen von Anhalt und sonstigen Laienfürsten,
aber nicht von andern Grafen, während sie selbst keine freie
Herren zu Mannen hatten. [2] Nach Urkunde des Pfalzgrafen
Heinrich von Braunschweig hat 1225 Basilius von Osterode vier
verschiedene Lehnstücke von vier verschiedenen, aber sämmtlich
den freien Herren angehörigen Lehnsherrn, nämlich den Grafen
von Eberstein und Blankenburg und den Edelherrn von Schonenberg und Plesse, und zwar alle als Afterlehen vom Pfalzgrafen; [3]
dass in allen vier Fällen nur ein mittlerer Herr erscheint, würde
doch ein starker Zufall sein, wenn Lehnsverbindungen unter freien
Herren selbst gewöhnlich gewesen wären. Dass solche überhaupt
nicht stattfanden, wird freilich durch das Gesagte nicht bewiesen;

aber einen solchen Beweis erfordert unsere Behauptung auch
nicht; ergibt eine nicht unbedeutende Anzahl durchgesehener
Urkunden keinen Fall, so wird das den Schluss rechtfertigen,
dass er höchstens ausnahmsweise vorgekommen sein kann; und
Ausnahmen sind ja mit der Theorie vereinbar, da jemand seinen
Schild niedern kann, ohne seine landrechtliche Stellung als freier
Herr zu verlieren.

Auch im westlichen Sachsen dürfte an der Angabe des
Sachsenspiegels als Regel vielleicht noch festzuhalten sein. Die
Grafen von Eberstein scheinen weder von Grafen belehnt zu sein,
noch Edle zu Vasallen gehabt zu haben.[1] Wir erwähnten bereits,
dass der Graf von Arnsberg eine Belehnung durch den Grafen
von Dassel durch Scheinleihe umging.[2] Aber es finden sich
doch manche Ausnahmen. In einem um 1300 gefertigten Verzeichnisse der Mannen der Grafen von Wölpe erscheinen allerdings keine Edelherren; aber nach anderweitigen Zeugnissen
waren doch 1241 die Edlen von Adenoys, 1272 die Edlen von
Lo von ihnen belehnt.[3] Die Edelherren von Diepholz nehmen
1256 ihr ganzes Allod vom Grafen von Hoya zu Lehen.[4] Die
Grafen von Schwalenberg sind 1158 Vasallen der Grafen von
Ravensberg.[5] Schon 1082 erscheinen unter den als Nobiles
zusammengefassten Zeugen *comes G. de Cappenberg et Wig-
boldus et Bernhardus homines eius*,[6] in denen wir Edelherren
von Horstmar zu sehen haben, welche 1269 auch von den Grafen
von Bentheim belehnt erscheinen;[7] ebenso 1284 die Edelherren
von Büren vom Grafen von Waldeck.[8] Auch die von Gemen,
Ruze und Stromberg, welche 1252 vom Edeln von Montjoie statt
des Bischof von Münster belehnt werden,[9] sind Edelherren. In
den Mannbüchern der Grafen von Arnsberg finden wir als Mannen
die Grafen von Wittgenstein, die Edeln von Rudenberg, Holte,
Odenkenbach, Büren, Itter, Bilstein und Grafschaft.[10] Der Edle

---

1. Vgl. Spilcker Beitr 2, 304. **2.** Vgl. oben S. 13. **3.** Spilcker Beitr. 1,
279. 207. 230. **4.** Hodenberg Hoyer UB. 8, 68. **5.** Westfäl. Zeitschr. 8, 50.
6. Lacomblet UB. 4, n. 610. **7.** Cod. dipl. Westfaliae 3, 439. **8.** Wigand Archiv
1 c, 96. **9.** Vgl. oben S. 14. **10.** Seibertz UB. 2, 107. 119. 273. vgl. 1, 316.

von Lon, bereits früher Mann des Grafen von der Mark, trägt demselben 1278 sein gesammtes Allod zur Sühne eines Todtschlags zu Lehen auf und zwar mit ausdrücklicher Verpflichtung auch seiner Erben,[1] was bei solcher Veranlassung wenigstens dann nicht üblich gewesen zu sein scheint, wenn es sich um Personen gleichen Schildes handelte.[2] Danach wird sich insbesondere für Westfalen die Regel als solche kaum mehr festhalten lassen. Das Zerfallen der freien Herren in zwei Lehnsstufen entspricht dem Zustande, welcher sich für den Süden im Anschlusse an den Schwabenspiegel ergeben wird. Werden wir nun gleich in Lothringen eine noch weitergreifendere Gliederung, wie sie in Westfalen nicht vorzukommen scheint, nachweisen können, so möchte doch zunächst an eine Rückwirkung der bezüglichen Verhältnisse Lothringens auf Westfalen, wie eine solche sich auch sonst vielfach geltend machte, zu denken sein, an einen örtlichen Uebergangszustand zwischen der strengen lehnrechtlichen Einheit des Standes, wie sie das östliche Sachsen zeigt, und der noch weitergreifenden Gliederung in Lothringen, während ein innerer Zusammenhang mit dem äusserlich allerdings ganz entsprechenden Zustande des Südens nicht wohl zu begründen sein dürfte.

XII.

Die thatsächlichen Lehnsverbindungen unter freien Herren in Lothringen und Burgund sind mit den Angaben des Sachsenspiegels in keiner Weise mehr zu vereinen.

Behält nach sächsischem Lehnrechte der Sohn den Schild des Vaters und fanden wir das sogar bei jüngeren Fürstensöhnen in so weit massgebend, dass, wenn ihnen auch der volle fürstliche Heerschild abgehen mochte, sie doch nicht in den vierten Heerschild zurücktraten, so müssen sich in den westlichen Reichslanden die bezüglichen Verhältnisse schon desshalb anders gestalten, weil hier Belehnung der jüngern Söhne durch den

---

1. Cod. dipl. Westf. 3, 544.   2. Vgl. oben S. 7. Homeyer S. 305.

ältesten allgemein üblich war. Sagt Otto von Freising mit nächster Rücksicht auf die Grafschaft Burgund: *Mos in illa, qui pene in omnibus Galliae provinciis servatur, remansit, quod semper seniori fratri ciusque liberis seu maribus seu foeminis paternae haereditatis cedat auctoritas, caeteris ad illum tanquam ad dominum respicientibus,*[1] so werden wir einerseits von vornherein schliessen dürfen, dass im rechtsrheinischen Deutschland dieses Herkommen nicht bestand, während der Ausdruck Gallien durchaus entsprechend scheint, insoweit es sich wirklich in ganz Frankreich, Burgund und Lothringen nachweisen lässt. Wir finden es so weit ausgedehnt, dass selbst dann, wenn jüngere Söhne ungetheilte Lehen erhielten, sie diese nicht unmittelbar vom Herrn, sondern vom ältesten Bruder hielten. So waren 1152 vom Grafen Heinrich von Champagne der eine Bruder mit den reichslehnbaren Grafschaften Chartres und Blois, der andere mit der Grafschaft Sancerre belehnt.[2] Für Lothringen bietet ein Beispiel die reichslehnbare Markgrafschaft Namur, welche Graf Balduin von Hennegau 1195 dem jüngern Sohne Philipp bestimmte: *ita quod Philippus terram illam a fratre suo comite Flandriae et Hanoniae post patris decessum in feodo ligio teneret, et ipsa terra dominio Hanoniensi adderetur, comes autem Hanoniensis ipsam terram ab imperatore teneret.*[3] Man suchte in Frankreich dieses Verhältniss allerdings zu beseitigen, indem der König 1209 bestimmte: *Ut — quidquid tenetur de domino ligie vel alio modo, si contigerit per successionem heredum vel quocumque alio modo divisionem inde fieri, quocumque modo fiat, omnes qui de illo feodo tenebunt, de domino feodi principaliter et nullo medio tenebunt, sicut unus antea tenebat, priusquam divisio facta esset;* doch blieb das ohne Erfolg.[4]

Es fragt sich nun, ob dieses Verhältniss eine Niederung des Heerschildes der jüngern Brüder herbeiführte. In Frankreich unterschied man Fratriagium und Paragium.[5] Beim ersteren

---

1. Gesta Frid. l. 2. c. 29.   2. Ducange Diss. sur l'hist. de S. Louis ed. Henschel 13. Brussel Us. d. fiefs 2, 869.   3. Gislebert. Hanon. ed. Duchasteler 265.   4. Ducange Diss. 14. Brussel Us. d. fiefs 2, 874.   5. Vgl. Ducange Diss. 13. 14. Glossar. ed. Henschel 3, 404. 5, 81. Senckenberg Corp. iur. feud. 648.

wurde dem Bruder das Homagium geleistet, es zeigt sich kein Unterschied von einer andern Lehnsverbindung. Beim Paragium dagegen sind der Jüngere und seine Erben dem Aelteren und dessen Erben nur zur Fidelitas, nicht zum Homagium verpflichtet; erst nach einer Anzahl von Generationen, welche wohl allgemein dahin bestimmt wird, dass die Nähe der Verwandtschaft kein Ehehinderniss mehr bietet, oder nach dem Brauche der Normandie nach dem sechsten, nach dem Brauche von Tours und Anjou nach dem vierten Grade, tritt die Verpflichtung zur Mannschaft hinzu, oder auch dann, wenn das Paragium in fremde Hände kommt oder der Paragirte ohne Willen des Aeltesten dem obern Herrn unmittelbar Mannschaft leistet; es heisst weiter mehrfach ausdrücklich, dass das Paragium mit gleicher Ehre und mit gleichem Rechte gehalten werde, wie diese dem Aeltesten zustehen. Alle diese Bestimmungen zielen offenbar dahin, auch den jüngern Söhnen den Schild des Vaters trotz der Belehnung zu erhalten; wir finden auch hier wieder einen Beleg für Lehen ohne Mannschaft und Scheidung von Fidelitas und Homagium.[1]

Es scheint nun aber, dass in den Gegenden, welche für unsere nächsten Zwecke in Frage kommen, in Lothringen und Burgund, das Verhältniss in der Regel als Fratriagium gefasst wurde und demnach eine Niederung des Heerschildes der jüngeren Brüder zur Folge hatte. Denn Zeugnisse, welche auf das Paragium schliessen liessen, sind mir nicht bekannt geworden; dagegen wird die Mannschaft des jüngern Bruders häufig ausdrücklich erwähnt. So heisst es 1179 bei der Abfindung des jüngern Bruders des Herzogs von Lothringen: *Fredericus autem fecit fratri suo hominium ligium contra omnes homines praeter imperatorem;*[2] der Bruder des Herzogs von Brabant erhält 1236 sein Erbtheil von diesem *in homagium;*[3] 1255 bei Abfindung Peters von Savoien wird erwähnt: *pro hiis autem et aliis que de bonis comitatus Sabaudie tenet et possidet vel quasi dictus domnus P. ipse et successores eius in predictis*

---

1. Vgl. oben S. 16. 57.   2. Calmet II. de Lorraine 2, 382.   3. Butkens Troph. 1, 212.

*comiti Sabaudie, qui pro tempore fuerit, homagium et fidelitatem
faciant et facere teneantur, et inde debent valere comiti et prestare tamquam boni vassalli domno consilium et iuvamen*; dasselbe wird bestimmt für die Erben Philipps von Savoien, Erwählten
von Lyon, während für ihn selbst, offenbar nur wegen seiner
geistlichen Würde, das Anerkenntniss genügt, dass er seinen
Antheil *tenere in feudum a comite Sabaudie.* [1] Graf Johann
von Burgund bestimmt 1263: *que notre fils ainé Hugues comte
palatin de Bourgogne soit chief et sire de tos nos fiez et de
tos nos aleuz — et volons et commandons que tui nos enfants,
chacun et quant que a lui affiere de notre héritage ou aura,
soient sui homme lige héréditablement;* dieselbe Bestimmung
trifft 1278 die Gräfin Alix. [2] Der Graf von Luxemburg bestimmt
1270 den Antheil des jüngern Sohnes Walram und verfügt, *que
ledit chastel de Roussey — doit ladis Walerans il et si hoirs
tenir de Henri son frere et de ses hoirs ligement en fié et en
hommage;* und 1287 bekennt Walram selbst, dass er für seinen
ganzen Besitz in der Grafschaft Luxemburg Ledigmann seines
Bruders sei. [3] Damit konnte denn der jüngere Bruder auch nicht
mehr lehnrechtlicher Genosse des Bruders sein, wie das beim
Paragium der Fall war. Philipp von Namur, obwohl er ein
ungetheiltes Reichsfürstenthum vom Bruder zu Lehen hatte, war
nicht Genosse desselben, sondern Genosse seiner Vasallen; denn
1211 wird ein Spruch des Hennegauer Lehnhofes ausdrücklich
darauf gegründet, dass *ipse marchio Namucensis homo esset
curiae Haionensis et par iuris nobilibus in eadem curia.* [4] Philipp
und die folgenden Markgrafen von Namur waren denn auch nicht
Fürsten; auch sonst traten die jüngern Söhne der Fürsten hier
in den Stand der Edeln zurück, ohne auch nur den gräflichen
Titel zu bewahren, wie das doch nicht allein bei den sächsischen
Fürstengenossen, sondern auch bei den jüngern Söhnen von
Grafen sonst in Deutschland gewöhnlich der Fall war. [5]

---

1. Wurstemberger Peter II. 4, 189. 191.   2. Chevalier Mem. de l'oligny 1,
355. 365. 366.   3. Bertholet H. de Luxembourg 5, 64. 6, 4.   4. Reiffenberg Mon.
1, 133.   5. Vgl. Reichsfürstenst. § 143. 189.

Für die Fürstensöhne hatte das zugleich eine Niederung der landrechtlichen Stellung zur Folge; als einfachen Edelherren kamen ihnen manche landrechtliche Vorrechte des Fürstenstandes, deren die Fürstengenossen sich erfreuten, nicht zu. Aber das Verhältniss beschränkte sich nicht auf die Fürstenhäuser; und konnte für die jüngern Söhne der freien Herren eine Niederung der landrechtlichen Stellung sich nicht daraus ergeben, so musste schon das zur Folge haben, dass der landrechtliche Stand der freien Herren, welcher in Sachsen nur einem Heerschilde angehörte, hier mehrere lehnrechtliche Abstufungen umfasste. Die grosse Menge der Lehnsverbindungen unter lothringischen Edelherren ist freilich keineswegs lediglich durch dieses Verhältniss bedingt; wir finden solche sehr häufig von solchen neu eingegangen, welche in keinerlei näherer Verwandtschaft stehen; aber aller Wahrscheinlichkeit nach dürfte doch jenes Verhältniss hauptsächlich darauf hingewirkt haben, dass hier die Ansicht der Statthaftigkeit solcher Lehnsverbindungen festen Fuss fasste.

Gehen wir näher auf diese Verbindungen ein, so finden wir zunächst Edelherren als Vasallen von Grafen. Der Graf von Ahr führt um 1154 als *homines mei liberi* die von Braubach, Virneburg, Hart, Kente, Dyk, Stalburg, Elslo und andere auf, welche durchweg dem Stande der freien Herren angehören. [1] Die Edelherren von Dyk sind um 1160 gleichzeitig Mannen der Grafen von Ahr und Müllenark. [2] Im dreizehnten Jahrhunderte finden sich als Vasallen der Grafen von Kleve die Edelherren von Müllenark, Oye, Isenburg, Mörs und Gemen; [3] der Grafen von Berg die Edelherren von Gennep, Kuyk und Reifferscheid; [4] der Grafen von Jülich die Edelherren von Müllenark, Isenburg, Frentz, Neuenahr, Löwenberg, Tomburg, Schinnen, Greifenstein, Kuyk und Horn. [5] Dahin gehören denn weiter überhaupt die Nebenlinien der lothringischen Grafenhäuser.

Es würde aber nicht genügen, etwa Grafen und Edelherren

---

1. Lacomblet UB. 4, n. 624. **2.** Lacombl. 1, n. 531. **3.** Lacombl. 2, n. 393. 492. 555. 773. 831. 946. Cod. dipl. Westf. 3, 577. **4.** Lacombl. 2, n. 857. 860. 1051. **5.** Lacombl. 2, n 283. 594. 612. 625. 627. 709. 850. 861. 876. 882. 954. 3, n. 230. 243.

als zwei lehnrechtliche Stufen zu scheiden. Selten finden wir allerdings Edelherren als Vasallen von Edelherren; doch bieten uns die Herren von Heinsberg ein auffallendes Beispiel, da im dreizehnten und im Beginne des vierzehnten Jahrhunderts die Edeln von Güterswick, Reifferscheid, Stolberg, Randerath und Horn als ihre Mannen erscheinen. [1]

Besonders auffallend ist es aber, dass wir so häufig Grafen als Vasallen von Grafen finden, obwohl sonst gerade in Lothringen besonderes Gewicht auf den Grafentitel gelegt wird, da Grafen und einfache Edle, welche im dreizehnten Jahrhunderte allerdings als freie oder edele Herren zusammengefasst werden, hier doch dadurch schärfer geschieden erscheinen, dass zur Zeit des ältern Fürstenstandes bestimmter, als in andern Reichstheilen, in Lothringen alle Grafen, nie aber einfache Edle zu den Fürsten gezählt werden, [2] dass weiter auch später noch nur dem ältesten Sohne der Grafentitel zukam, Lehnsverbindungen unter Grafen sich also aus der Abfindung jüngerer Söhne in der Regel nicht erklären lassen. Und dieselben sind keineswegs vereinzelte. So sind im dreizehnten und vierzehnten Jahrhunderte Vasallen der Grafen von Luxemburg die Grafen von Bar, Vianden, [3] Salm, [4] Chiny, [5] Blieskastel, Loos, Virneburg [6] und Jülich; [7] der Grafen von Geldern die Grafen von Loos, [8] Jülich, [9] Kessel und Dale; [10] der Grafen von Kleve die Grafen von Dietz, Mörs und Mark; [11] der Grafen von Burgund die Grafen von Bar, Saarbrück, Mömpelgard, Vaudemont, Pfirt und Neuenburg; [12] der Grafen von Vienne die von Genf, Forez und Valence; [13] 1316 tragen die Grafen von Solms denen von Sain ihre ganze Grafschaft zu Lehen auf. [14] Der Graf von Neuenburg in Hochburgund wird

---

1. Lacomblet UB. 2, n. 485. 887. 3, n. 36. 87. 283.   2. Vgl. Reichsfürstenst. §58.   3. Calmet H. de Lorraine 2, 490. 492. Bertholet H. de Luxembourg 5, 59. 4. Bertholet 5, 15. Lünig RA. 23, 978.   5. Bertholet 5, 25. 6, 49. 58. 84.   6. Bertholet 5, 10. 25. 64.   7. Günther Cod. dipl. 3, 605.   8. Wolters Cod. dipl. Lossensis 127. Lacomblet UB. 3, n. 346.   9. Lacomblet UB. 3, n. 223. 339. 10. Butkens Troph. 1, 49.   11. Lacomblet UB. 2, n. 839. 3, n. 160. 302.   12. Chevalier Mem. de Poligny 1. 385. 386.   13. Lünig Cod. dipl. It. 1, 651.   14. Lünig RA. 23, 996.

1265 sogar Mann des Edelherrn von Waadt,[1] 1287 des Edeln von Chalons.[2]

Führten nun die früher aus Westfalen angeführten Beispiele doch nie über eine einfache Lehnsverbindung hinaus, so gelangen wir hier sogar auf doppelte und dreifache Lehnsverbindungen unter freien Herren. Die Grafen von Jülich, welche von andern Grafen belehnt waren, fanden wir vorhin als Herren zahlreicher Edeln. Aber auch nur für die Grafen würde eine Scheidung von zwei Stufen nicht ausreichen. Die Grafen von Vienne waren selbst wieder Vasallen der Grafen von Provence[3] und Savoien.[4] Die Grafen von Luxemburg hatten ihrerseits Lehen von blossen Magnaten, wie den Herzogen von Limburg,[5] den Grafen von Hennegau,[6] während andererseits gräfliche Vasallen von Luxemburg wieder Grafen zu Mannen hatten; so die Grafen von Bar die von Vaudemont[7] und Chiny,[8] die Grafen von Jülich den Raugrafen und die von Wittgenstein und Wilnau.[9] War der Graf von Namur Vasall des von Hennegau,[10] so hatte er den Grafen von Loos[11] und dieser wieder den Edeln von Eppenstein zum Manne.[12] Versuchen wir es hier Reihen durch Mannschaft verbundener Personen aufzustellen, so lassen sich aus den bisher angeführten Lehnsverbindungen Ketten bilden, bei welchen sogar noch Grafen auf der siebten Stufe stehen, auf welcher die Rechtsbücher die Lehnsverbindung überhaupt enden lassen; so 1. König; 2. Köln; 3. Rheinpfalz; 4. Limburg;[13] 5. Luxemburg; 6. Bar; 7. Vaudemont; oder 6. Jülich; 7. Wittgenstein. Ein Herbeiziehen einfacher Edelherren würde nach den mir bekannt gewordenen Belegen die Reihe nicht mehr verlängern.

Mit dem System des Sachsenspiegels sind diese Verhältnisse

---

1. Wurstemberger Peter II. 4, 375. **2.** Matile Mon. de l'hist. de Neuchatel 1, 220. 312. **3.** Papon Hist. de Provence 2, 96. **4.** Lünig Cod. dipl. It. 1, 642. **5.** Ernst II. de Limbourg 6, 213. Brussel Us. d. fiefs 1, 365. **6.** Mierís Charterboek 1, 279 **7.** Calmet H. de Lorraine 2, 82. 448. **8.** Bertholet 6, 88. **9.** Lacomblet UB. 2, n. 633. 701. 1018. 3, n. 275. **10.** Reiffenberg Mon. 1, 492. Vgl. oben S. 132. **11.** Reiffenberg Mon. 1, 262. **12.** Joannis Specilegium. 315. 326. **13.** Vgl. oben S. 121.

offenbar in keiner Weise mehr zu vereinen. Es könnte sich nun fragen, ob wir hier eine Mehrzahl von Heerschilden der freien Herren anzunehmen haben, oder aber ob etwa in diesen Gegenden die Beachtung der Lehre von der Niederung des Schildes auf den Stufen vom Fürsten abwärts überhaupt aufgehört habe. Gegen letzteres spricht zunächst, dass mir trotz der Häufung der Lehnsverbindungen dieser Art doch unter ihnen kein einziges Beispiel eines Kreuzens der Heerschilde vorgekommen ist. Weiter ist zu beachten, dass bei mehreren der Beispiele, welche wir für die Umgehung oder Verweigerung einer Niederung des Heerschildes anführten, gerade eine gegenseitige Belehnung lothringischer freier Herren vermieden werden sollte; so 1237 Belehnung des Walram von Limburg durch den Grafen von Jülich, 1267 des Grafen von Berg durch die Gräfin von Sain, 1331 des Grafen von Geldern durch den von Kleve. [1] Der Edle von Oye verkauft 1300 dem Edelherrn Luf von Kleve einen Waldtheil und leiht denselben dem Kämmerer des letztern auf so lange, bis derselbe die Belehnung vom Herrn, dem Grafen von Kleve, erwirken kann. [2] Reinald, Sohn des Pfalzgrafen von Burgund, heirathet 1282 die Erbin des Grafen Dietrich von Mömpelgard und erhält die Nachfolge in der Grafschaft zugesichert; dabei wird bedungen, dass Dietrich zwar die Grafschaft zu Lehen auftragen darf, aber nur dem Grafen von Burgund, den Königen von Frankreich oder Deutschland, dem Herzoge von Burgund oder dem Grafen von Champagne, [3] eine Bestimmung, für die offenbar nur der Gesichtspunkt des Heerschildes massgebend war. In dem Vertrage von 1237, in welchem der Graf Gottfried von Arnsberg seinem Vetter Graf Konrad von Rietberg alle Güter und Mannen nördlich von der Lippe abtritt, ist Rücksicht genommen auf solche, *qui ab ipso comite Conrado infeudandi sunt, et a manibus suis forte recipere noluerint vel recepta resignaverint;* [4] das ist doch wohl nur daraus zu erklären, dass Konrad als Herr von Kuik Mann anderer Grafen war, nicht

---

1. Vgl. oben S. 27. 107. 10.   **2.** Lacomblet UB. 2, n. 1068.   **3.** Dunod Hist. des Sequanois 2, 605.   **4.** Seibertz UB. 1, 264.

aber Gottfried. Es wird ferner gerade hier mehrfach die durch
die Belehnung begründete Genossenschaft der Mannen eines
Herrn besonders betont. Der Graf von Flandern sagt um 1167,
dass dem Grafen von Holland alle seine flandrischen Lehen
*iudicio baronum meorum, videlicet parium ipsius comitis Hol-
landiae,* abgeurtheilt seien.[1] Dem Grafen von Hennegau bot 1188
der Graf von Flandern seine Hülfe an, wenn er einige Burgen
von ihm zu Lehen nehmen wolle: *castra autem illa quamvis ea
quasi in allodio teneret et ad comitatum Hanoniensem pertinere
non viderentur, tamen ea ab ipso comite recipere noluit, timens
illius austeritatem, ut quandocumque sibi placeret, ea a comite
Hanoniensi requireret sibi reddenda, et ei ad suam voluntatem
in Flandria dies tanquam homini suo constitueret et, sibi si
placeret, eum tanquam aliquem baronem Flandrensem ad duel-
lum provocari faceret.*[2] Und den Markgrafen von Namur fanden
wir früher als Genossen der Mannen des Grafen von Hennegau
bezeichnet.[3] Endlich wird im Auge zu halten sein, dass wir
jene Verbindungen nicht als vereinzelt und zufällig eingegangene
zu betrachten haben; denn während mir doch für eine Reihe von
Magnaten dieser Gegenden, wie den Herzogen von Limburg, den
Grafen von Hennegau, Holland, Geldern, Zütphen, Kleve, Berg,
Sain, Aré, welchen sich in Westfalen die von Arnsberg, Ravensberg, Teklenburg und Bentheim anschliessen, kein Zeugniss vorgekommen ist, dass sie von andern, als Fürsten, welchen wir
den Grafen von Flandern gleichzustellen haben, belehnt waren,
ergibt sich da, wo wir diese Gränze überhaupt überschritten
finden, auch durchweg eine mehrfache Lehnsverbindung mit Mitgliedern der höhern Stufen; so hatten nach den oben angeführten
Belegen die Grafen von Luxemburg Lehen von Limburg und
Hennegau, die Grafen von Jülich von Limburg, Geldern und
Luxemburg, die Grafen von Loos von Geldern, Luxemburg und
Namur. Und während wir gerade die Edelherren von Heinsberg
mehrfach als Herren anderer Edeln nachweisen konnten, ist mir

---

1. Mieris Charterboek 1, 112. 2. Gislebert. Hanon. ed. Duchasteler 187.
3. Vgl. oben S. 134.

keine Lehnsverbindung derselben mit Grafen bekannt geworden; wird 1286 bei einer Sühne mit dem Grafen von Berg bestimmt, dass der Bruder des Edelherrn von Heinsberg Vasall des Grafen werden soll,[1] so dürfen wir daraus schliessen, dass er selbst sich als Genossen des Grafen betrachtete.

Finden wir demnach die Lehre von der Niederung des Heerschildes auch hier in unbezweifelter Wirksamkeit, scheint jeder darauf bedacht gewesen zu sein, sich die Stellung, welche er in der Gliederung des Lehnsverbandes einnahm, zu wahren, so werden wir folgerecht auch mehrere Stufen für Grafen und Edle annehmen und mindestens drei Heerschilde lothringischer freier Herren unterscheiden müssen. Wiesen wir thatsächlich innerhalb des einen landrechtlichen Standes gar vier Lehnsstufen nach, so waren diese, so weit unsere Nachweise reichen, lediglich durch die Niederung von Luxemburg und Namur bedingt, und sollten sich diese Fälle nicht vermehren lassen, so möchten sie sich immerhin als Ausnahmen von der Regel fassen lassen. Aber selbst für die Regel würde uns eine Beschränkung auf zwei Stufen doch schwerlich genügen dürfen; drei Stufen ergeben sich so häufig, dass man diese unzweifelhaft allgemein als ein statthaftes Verhältniss aufgefasst haben muss.

XIII.

Scheiden wir einmal Sachsen, weiter Lothringen als Gebiete eigenthümlicher Entwicklung aus, so scheinen sich für das übrige Deutschland die Verhältnisse des Heerschildes ziemlich übereinstimmend entwickelt zu haben; und für ihre Erörterung werden uns die Angaben des Schwabenspiegels den geeignetsten Anhaltspunkt bieten. Was den **vierten und fünften Heerschild des Schwabenspiegels** betrifft, so wird der vierte den freien Herren, der fünfte den Mittelfreien, der sechste den Dienstmannen zugesprochen. Die Gränze zwischen dem dritten und vierten Schilde ist hier durch den Gegensatz des Fürsten und Nichtfürsten scharf

1. Lacomblet UB. 2, n. 588.

bestimmt, ebenso die zwischen dem fünften und sechsten durch
den landrechtlichen Gegensatz von Freiheit und Unfreiheit.

Zweifelhaft kann es aber sein, worin wir den Unterschied
zwischen den freien Herren und Mittelfreien zu suchen haben;
zumal da der Schwabenspiegel den ihm eigenthümlichen Ausdruck
Mittelfreie keineswegs folgerecht zu gebrauchen scheint. Es wird
daher rathsam sein, zunächst von ihm selbst ganz abzusehen,
und uns auf Grundlage anderer Quellen jener Zeit die bezüglichen ständischen Verhältnisse des Südens zu vergegenwärtigen.
Die Bezeichnungen der Stände in den Urkunden, wie
wir dieselben insbesondere in den Zeugenreihen oft angewandt
finden, bieten dafür einen Anhalt. Wir werden annehmen müssen,
dass alle rittermässig lebenden Personenklassen zeitweise in der
Umgebung des Königs und der Fürsten vertreten waren, folglich
die gebrauchten Ausdrücke alle Lehnsfähigen umfassen müssen.
Wir finden nun regelmässig unter den Fürsten nur zwei Klassen
geschieden, von den wenigen Fällen abgesehen, wo in kaiserlichen[1] und vereinzelt in fürstlichen Urkunden[2] der Grafentitel
Veranlassung gab, die Comites als besondere Klasse den andern
vorzustellen. Zur Zeit der Entstehung des Schwabenspiegels und
schon geraume Zeit vorher werden diese Klassen in der Regel
als Nobiles und Milites bezeichnet; so z. B. mit nächster
Beziehung auf die Lehnsfähigkeit, wenn K. Rudolf 1277 den
Bürgern von Luzern das Recht ertheilt, *ut more nobilium et
militum imperii feodorum capaces esse possitis.*[3] Da der Ausdruck Miles Freie und Unfreie bezeichnen kann, zuweilen selbst
die Nobiles den Milites zugezählt werden, so ergibt sich daraus
nicht unmittelbar, dass es nur einen Stand freier Ritterbürtiger
gab; aber eine Prüfung des Standes der Einzelnen, welche als
Ritter von den Edeln geschieden werden, würde doch durchweg
ergeben, dass sie nur Dienstmannen waren. Und in den ersten
Jahrzehnten des Jahrhunderts und früher finden wir denn auch
ganz entsprechend die beiden Klassen als Nobiles und Mini-

---

1. Vgl. Reichsfürstenst. § 100. **2.** z. B. Meiller Babenberg. Reg. 83. **3.** Kopp
Urkunden. 23.

steriales bezeichnet. Von den Nobiles werden nun aber, ausser Sachsen, worauf wir zurückkommen, nie Liberi als eine niedere Klasse ritterbürtiger Freien unterschieden; es werden vielmehr zumal im zwölften Jahrhunderte in kaiserlichen und fürstlichen Urkunden die Ausdrücke Nobiles und Liberi abwechselnd und ganz gleichbedeutend zur Bezeichnung der zwischen den Fürsten und Dienstmannen stehenden Zeugenklasse gebraucht;[1] und das Zusammenfallen beider Ausdrücke lässt sich ja bis in die karolingische Periode zurückverfolgen.[2] Im dreizehnten Jahrhunderte kommt allerdings der Ausdruck Liberi in dieser Bedeutung allmählig ausser Gebrauch, wie etwas später ja auch die Ministerialen fast nur noch als Ritter bezeichnet werden; aber offenbar nicht weil der Ausdruck nicht mehr zutreffend gewesen wäre; denn mehrfach finden wir ihn doch noch ganz gleichbedeutend mit Nobiles gebraucht. So in rheinpfälzischen Urkunden mehrfach bis 1228;[3] in mainzischen bis 1221;[4] in Urkunde des Klosters Salem 1208,[5] des Bischofs von Speier 1209,[6] des Bischofs von Konstanz 1223;[7] noch ziemlich häufig in österreichischen Urkunden bis 1221.[8] Eine Vergleichung der hier als Liberi bezeichneten Personen ergibt, dass es dieselben sind, welche sonst unter den Nobiles erscheinen. Später finden wir in den lateinischen Urkunden den Ausdruck Liberi nur sehr vereinzelt; aber doch auch dann gleichbedeutend mit Edelherren, wenn nicht, wie in einzelnen Urkunden für die Waldstätte, offenbar nichtritterbürtige Freie gemeint sind. So wird in baierischer Urkunde von 1262 eine Reihe von Grafen und Edeln als Liberi zusammengefasst.[9] Im J. 1272 wird ein *A. liber de Waldegg* erwähnt, aus einem Geschlechte, welches sonst zu den Edeln zählt.[10] Wird 1288 von K. Rudolf ein Urtheil gefunden *per principes imperii, per comites, per liberos, per ministeriales,* so ergibt schon die Stellung, dass hier dieselbe Klasse zu ver-

---

1. Vgl. Reichsfürstenst. § 37.52.   2. Vgl. Waitz Verfassungsg. 4, 279.   3. Or. Guelf. 3, 619. 645. 657.   4. Scheidt Nachr. vom Adel. 407. 265.   5. Wirtemberg. UB. 2, 366.   6. Reg. Boica 2, 34.   7. Neugart Cod. dipl. 2, 151.   8. Meiller Babenberg. Reg. 83. 89. 91. 03. 110. 128.   9. Quellen u. Erört. 5, 185.   10. Schmid Mon. Hohenbergica 42. 70. 79.

stehen ist, welche sonst Nobiles oder Barones genannt wird.[1] Dass der Ausdruck nicht ausser Gebrauch kam, weil er bei geänderten Standesverhältnissen dem Stand der Edelherren nicht mehr in gleicher Weise wie früher entsprach, ergibt sich insbesondere aus dem Umstande, dass mit dem Aufkommen deutscher Urkunden nun der Ausdruck F r e i e vielfach da gesetzt wird, wo die lateinischen Nobiles gebrauchen. So in der Reichskanzlei, wo schon K. Rudolf 1281 von Grafen, Freien und Dienstmannen spricht,[2] und auch später der Ausdruck zur Bezeichnung der Edelherren beibehalten wird.[3] Weiter schon früher in manchen schwäbischen Urkunden; 1263 werden *freye und rittere* erwähnt, dann unter den Zeugen *herr U. von Gutenberg ein freye* den Rittern vorangestellt; 1265 ist Rede von dem *edlen herren G. herren zu Goeskon* und weiter mit Rückbeziehung auf ihn von dem *vorgenannten freyen;* 1269 heisst es *der vrigis her W. von Clingin;* 1273 finden wir einen freien Herrn von Geroldseck, 1281 von Regensberg; 1287 werden die von Regensberg und Laufen als *frye* von den Rittern geschieden;[4] 1308 heisst es *herre C. der herzoge ein vri von Urselingen, herre W. von Zimmer ein vri, herre A. von Wildenstein ein vri.*[5] Dass es sich hier überall um Edelherren im Gegensatze zu ritterlichen Dienstmannen handelte, bedarf keiner weitern Begründung.

Dieses Wiederauftreten des Ausdrucks mag damit zusammenhängen, dass man bereits den Ausdruck Nobilis gleichbedeutend mit Ritterbürtig gebrauchte und auch auf Dienstmannen bezog, so dass die Edelherren von diesen als Freie schärfer geschieden erscheinen konnten, als durch den Ausdruck Edle. Ganz bestimmt tritt das hervor, wenn 1256 der Graf von Kiburg dem Deutschorden erlaubt, *tam milites nostros, qui vulgo dicuntur ministeriales nostri, quam alios homines nomen et caracterem nobilitatis (habentes), etsi non sunt militaribus insigniis decorati, dummodo sint de militari prosapia civiliter*

---

1. Mon. Germ. 4, 453. **2.** Mon. Germ. 4, 428. 436. **3.** Vgl. Zöpfl Alterth. 2, 132. **4.** Neugart Cod. dipl. 2, 248. 257. 258. 267. 287. 304. 322. **5.** Schmid Mon. Hohenbergica 169.

sive legitime descendentes, aufzunehmen,[1] oder wenn es 1266 heisst *C. nobili servo in Wile*.[2] Dieser Umstand ist auch für unsere späteren Untersuchungen insoweit von Wichtigkeit, als wir nicht überall, wo edle Vasallen von Edelherren erwähnt werden, auf eine Lehnsverbindung unter Edelherren schliessen dürfen. Gibt 1191 der Edle von Albeck *nobiliores homines suos* an die Gurker Kirche, so dass ihnen das Recht der Gurker Ministerialen zugestanden wird,[3] so ist der Stand nicht zweifelhaft. Ebenso ergibt sich aus Urkunden der Edlen von Hohenlohe und Bocksberg von 1230 und 1245, in welchen sie ihre *nobiles homines* von ihren *homines rustici* unterscheiden,[4] dass unter jenen nur ritterliche Ministerialen zu verstehen sind. Vom Grafen von Habsburg erscheint 1258 der Nobilis von Schnabelburg, von diesem der *nobilis miles de Schalkun* belehnt;[5] 1250 aber sagt der Graf von Kiburg, dass *W. de Schalkun ministerialis noster* vom Edeln von Schnabelburg, dieser vom Grafen von Habsburg belehnt sei.[6] Obwohl diese Beispiele sich leicht vermehren lassen,[7] werden wir doch nicht so weit gehen dürfen, daraus zu schliessen, dass der Ausdruck Nobilis für das dreizehnte Jahrhundert bei Sonderung der Ständeklassen nicht mehr sicher leite; in allen Stellen, wo es sich um ritterliche Ministerialen handelt, wird, so weit ich sehe, der Ausdruck nur adjektivisch gebraucht, es ist gelegentlich von einem *nobilis miles*, *ministerialis* oder *homo* die Rede; unter dem Nobilis oder den Nobiles schlechtweg sind doch immer noch nur freie Edelherren zu verstehen; als Ausnahme wüsste ich nur anzuführen, dass 1286 ein Nobilis von Hunwyl als Mann des Edelherrn von Regensberg erscheint, während das Geschlecht nach der Stellung in andern Urkunden nur ein dienstmännisches gewesen zu sein scheint.[8] Scheint der Gebrauch sich im dreizehnten Jahrhunderte auf Sachsen noch nicht zu erstrecken, so mag das damit zusammen-

---

1. Neugart Cod. dipl. 2, 212.   2. Schmid Pfalzgr. v. Tübingen 32.   3. Ankershofen Reg. v. Kärnthen n. 547.   4. Hansselmann Landeshoheit 1, 397, 406, 429.   5. Herrgott Geneal. 2, 354.   6. Kopp Reichsg. 2, 719.   7. Vgl. Kraut Grundriss § 14. Zöpfl Alterth. 2, 135. Zeitschr. d. hist. Vereins f. Niedersachsen 1855. S. 42   8. Neugart Cod. dipl. 2, 320. 309.

hängen, dass hier, wo es auch ritterbürtige Gemeinfreie gab, der
Stand der Nobiles von den untern Ständen schärfer geschieden
erschien.

So weit uns demnach die Urkunden hier Aufschluss ertheilen
können, gab es im Süden unter den Fürsten nur einen Stand
ritterbürtiger Freien, welcher mit dem der Edelherren oder
freien Herren zusammenfällt. Diesem Resultate scheint nun der
Schwabenspiegel zu widersprechen, insofern er zwei Klassen
lehnsfähiger Freien aufführt und nur der ersten derselben die
Bezeichnung der freien Herren beilegt, welche doch nach den
Urkunden allen ritterbürtigen Freien zukommen sollte; um so
schwerer ist abzusehen, was wir unter den Mittelfreien zu verstehen haben, zu deren genauerer Bestimmung die Urkunden keinen
Anhalt bieten; der Ausdruck selbst scheint anderen gleichzeitigen
Quellen ganz fremd zu sein.

Auf die Widersprüche in den Angaben des Schwabenspiegels über die Standesabstufungen ist schon
mehrfach hingewiesen; sie scheinen mir weniger dadurch bedingt,
dass zur Zeit seiner Abfassung die Elemente der Ständeverfas-
sung in Gährung begriffen waren und nach einer neuen Gestaltung rangen,[1] als vielmehr durch die Entstehungsgeschichte des
Rechtsbuchs. Wie nachtheilig die sächsische Vorlage mit ihren
zu den Verhältnissen des Südens oft gar nicht passenden Bestimmungen in dieser Richtung vielfach eingewirkt hat, bedarf keines
Beleges; es zeigt sich ein Schwanken zwischen möglichst engem
Anschlusse an die Vorlage einerseits und Beachtung der abweichenden thatsächlichen Zustände des Südens andererseits; kam
hier vorzugsweise das eine, dort das andere Moment zur Geltung,
so mussten sich nothwendig Widersprüche daraus ergeben. Es
kommt hinzu, dass die Verarbeitung der Vorlage zum süddeutschen Rechtsbuche nicht in einem Zuge erfolgte, dass die Verarbeitung des ersten Theils wesentlich Werk des Verfassers des
Deutschenspiegels ist, die des zweiten des Verfassers des Schwabenspiegels; dass der erste die niederdeutsche Vorlage nur

---

1. Vgl. Zöpfl Alterthümer 2, 225.

unvollkommen verstand, dem zweiten aber nicht der Urtext, sondern eine sehr mangelhafte, von jenem gefertigte Uebertragung desselben vorlag. Im allgemeinen werden wir davon ausgehen dürfen, dass je enger sich der Schwabenspiegel an den Sachsenspiegel anschliesst, um so geringere Bürgschaft geboten ist, dass seine Darstellung den thatsächlichen Zuständen des Südens wirklich entspricht.

Wenn der Schwabenspiegel den vierten Heerschild den freien Herren zuspricht, so kann sich das, falls andere Gründe die Genauigkeit des Ausdrucks bedenklich machen sollten, aus dem engen Anschlusse an die Vorlage erklären. Finden wir auch sonst freie Herren als eine vor den Mittelfreien bevorzugte Klasse, so kann es doch auffallen, dass die freien Herren des Sachsenspiegels nicht immer als solche auch im Schwabenspiegel bezeichnet sind, und uns auf die Vermuthung führen, der sächsische freie Herr habe doch nicht überall dem, was man im Süden so nannte, entsprochen. Wir finden nämlich in entsprechenden Stellen auch den Ausdruck Semperfreie oder, wie es einigemal im Deutschenspiegel heisst, Garfreie [1] gebraucht und zwar beim ersten Vorkommen so, dass er nach oben hin über die sächsischen freien Herren hinausgreift, indem er auch die Fürsten umfasst, aber, wenn es heisst *sempar vrien, daz sint die vrien herren, als fursten und die ander vrien zeman habent,* [2] doch auch nach unten hin nicht gerade alle freie Herren zu umfassen scheint, da man die Stelle so verstehen könnte, nur die freien Herren sind Semperfreie, welche Freie zu Mannen haben. In derselben Ausdehnung, aber anscheinend auch in derselben Beschränkung, findet sich der Ausdruck freie Herren selbst, wenn es heisst, *der vrie herre* gibt hundert Mark zur Morgengabe, und hinzugefügt wird: *ich mein fursten und ander (hohe) vrie herren,* worauf dann die Mittelfreien folgen. [3] Das Wörtchen *hohe,* durch welches die Beschränkung nach unten hin deutlich hervortritt, fehlt nun nicht allein in Schwabenspiegeltexten, sondern auch im Deutschenspiegel,

---

1. Vgl. Ficker Ueber einen Spiegel deutscher Leute 87. 2. Schwäb. Ldr. Vorr. h. vgl. Deutschsp. 3. 3. Schwab. Ldr. 18. vgl. ed. Wackernagel 19. Deutschsp. 23.

ist also nicht ursprünglich; glaubte man aber später es hinzu-
fügen zu sollen, so lässt das doch darauf schliessen, dass man
fühlte, ohne dasselbe sei der Ausdruck zu eng gefasst, er komme
eigentlich allen ritterbürtigen Freien, also auch den Mittelfreien
zu. Heisst es hier im Deutschenspiegel und einigen andern
Texten nicht Mittelfreie, sondern, obwohl offenbar gleichbedeutend,
Mittelherren, so vermehrt das einerseits die Belege für die Unsicherheit im Gebrauche dieser Ausdrücke, während es andererseits auch in so weit zu beachten sein dürfte, als der Ausdruck
Dominus vielfach auf den Stand der freien oder edeln Herren
beschränkt erscheint.

Der Ausdruck Semperfrei wird nun aber keineswegs immer
nur für Fürsten und freie Herren oder gar nur eine bevorzugte
Klasse freier Herren gebraucht. Wir finden ihn durchweg an
Stellen, wo im Sachsenspiegel von schöffenbar Freien die Rede
ist, und zwar so gebraucht, dass sich unzweifelhaft ergibt, dass
den Verfassern des süddeutschen Rechtsbuchs die Bedeutung des
Schöffenbaren wenig klar war. Denn obwohl diese ersetzend,[1]
finden wir in der erwähnten Stelle die Semperfreien auf Fürsten
und freie Herren beschränkt; was dem Begriffe des Schöffenbaren
nicht entspricht. In andern Stellen ersetzen sich nicht nur die
Ausdrücke, sondern auch das, was von den Semperfreien gesagt
ist, passt nicht auf jene engere Bedeutung, entspricht vielmehr
dem weitern Begriffe des Schöffenbaren; so da, wo vom Lehen
an Gerichte die Rede ist.[2] Endlich finden wir ganz unabhängig
vom Sachsenspiegel im Lehnrechte die Semperleute im siebten
Heerschilde, also weit unter freien Herren und Mittelfreien und
nach Vergleich mit dem Landrechte alle Nichteigenen und ehelich
Gebornen bezeichnend.[3]

Schliessen sich nun die Mittelfreien mehrfach als nächst-
untere Stufe an die Semperfreien an, so muss schon durch die
verschiedene Bedeutung dieser auch eine verschiedene Bedeutung

1. Vgl. Sachs. Ldr. 1, 2 § 1.   2. Sachs. Ldr. 3, 54 § 1. Schwab. Ldr. 121 I.
3. Schwab. Lhr. 1. Deutschsp. Ldr. 5. Schwab. Ldr. ed. Schilter 3. vgl. ed. Wackernagel 5.

jener bedingt sein. Und das bestätigt die Vergleichung einzelner Stellen.

In einem Abschnitte über ungleiche Ehen unter Freien,[1] bei welchen vorgreifende Verarbeitung einer spätern Stelle des Sachsenspiegels[2] durch den Verfasser des Deutschenspiegels ausser anderm geltend gemachten Gründen auch desshalb anzunehmen sein wird, weil die Stelle im Deutschenspiegel an dem durch die Ordnung des Sachsenspiegels gewiesenen Platze fehlt, entsprechen unzweifelhaft die Semperfreien den Schöffenbaren des Sachsenspiegels, die Mittelfreien aber den Pfleghaften, während freie Landsassen in beiden Quellen genannt werden.[3] Hier handelt es sich allerdings um landrechtlich geschiedene Klassen; aber unzweifelhaft nicht um die Mittelfreien, welche für den Heerschild in Betracht kommen. Denn dem Pfleghaften, dem sie hier entsprechen, haben wir unzweifelhaft als einem nicht ritterlich, sondern bäuerlich Lebenden die Lehnsfähigkeit abzusprechen, wie er ja auch in den sächsischen Heerschilden nicht erscheint. War der Ausdruck Pfleghafte im Süden unbekannt, galt es ihn durch einen andern zu ersetzen, so bot sich zur Bezeichnung einer mittleren Klasse von Freien ganz passend der Ausdruck Mittelfreie, welchen der Verfasser des Deutschenspiegels ganz willkürlich aufgegriffen zu haben scheint, um den Standesabstufungen des Sachsenspiegels, für welche es an einer entsprechenden Anzahl süddeutscher Ausdrücke mangelte, folgen zu können. Hatte er doch auch schon früher im Eingange[4] die Pfleghaften durch Mittelfreie ersetzt, nur dass dort nicht, wie hier, zugleich der Begriff der Pfleghaften auf sie übergegangen ist.

Dieser enge Anschluss an die dreifache Freiheit des Sachsenspiegels wird uns nun aber nicht zu der Annahme verführen dürfen, es habe wirklich auch im Süden drei landrechtlich geschiedene Klassen von Freien gegeben. Dass es sich gerade hier um eine willkürliche Nachahmung der Vorlage, nicht um Beachtung des thatsächlichen Rechtslebens des Südens handelt,

---

1. Deutschsp. 62. Schwäb. Ldr. 70 b.   2. Sächs. Ldr. 3, 73 § 1.   3. Vgl. Zöpfl Alterth. 2, 217.   4. Sächs. Ldr. 1, 2 § 1. Deutschsp. 3. Schwäb. Ldr. Vorr. h.

scheint sich aus einer Vergleichung der Abschnitte über Wehrgeld und Busse in den Rechtsbüchern[1] bestimmt zu ergeben. Der Verfasser des Deutschenspiegels arbeitet hier nicht mehr um, beschränkt sich wesentlich auf eine Uebersetzung, setzt wohl statt der Schöffenbaren wie gewöhnlich die Semperfreien oder da, wo sie neben Fürsten und freien Herren stehen, *schepher leute*, behält aber Biergelten und Pfleghafte bei, ohne sie durch Mittelfreie zu ersetzen, ebenso freie Landsassen, und scheidet alle diese von den Bauern, welche er an die Stelle der Lateleute setzt. Dem Verfasser des Schwabenspiegels musste diese ganze Aufzählung unverständlich sein, er wusste ihr nicht zu folgen und scheint sich nun gerade hier an die ihm aus dem thatsächlichen Leben bekannten Standesunterschiede gehalten zu haben. Fürsten und freie Herren behält er bei; aber von diesen verschiedene Semperfreie, an welchen schon der Deutschenspiegel Anstoss genommen zu haben scheint, da er sich einmal der sächsischen Form näher anschliesst, sind ihm unverständlich, da er ja an andern Stellen des Deutschenspiegels beide ausdrücklich gleichgestellt fand; er lässt sie fallen, ebenso die folgenden sächsischen Klassen, geht von Fürsten und freien Herren sogleich auf die Bauern über, scheidet dann aber selbstständig von den Bauern schlechtweg noch die freien Bauern mit doppelter Busse. Also gerade nach dieser Stelle, welche uns bei völliger Abweichung von der Vorlage die grösste Bürgschaft für Uebereinstimmung mit dem thatsächlichen Zustande bietet, gab es im Süden unter den Fürsten nur zwei landrechtlich geschiedene Klassen von Freien, nämlich freie Herren und freie Bauern, welchen letztern andere unritterliche Freie gleichgestellt erscheinen;[2] und demnach, da die Bauern lehnsunfähig sind, nur eine lehnsfähige und ritterbürtige Klasse von Freien, was genau dem frühern aus den Urkunden gewonnenen Ergebnisse entspricht. Während wir die sächsischen Nobiles oder freien Herren der Zeit der Rechtsbücher als einen in älteste

---

1. Sächs. Ldr. 3, 44. Deutschsp. 283. Schwab. Ldr. 310. **2.** Deutschsp. 23. Schwab. Ldr. 18.

Zeiten zurückreichenden, vor den Vollfreien bevorzugten Geburts-
stand fassen dürfen, scheinen im Süden wenigstens die spätern
Zustände nicht auf einen solchen zurückschliessen zu lassen; der
Stand der freien oder edlen Herren erscheint hier lediglich durch
das Zusammentreffen der beiden Momente der Freiheit und der
Ritterbürtigkeit bedingt, so dass ihm alle ursprünglich Freien
angehören, welche weder durch Eintritt in ein Dienstverhältniss
ihre Freiheit aufgaben, noch einem rittermässigen Leben ent-
sagend zu Bauern wurden.

Ist das richtig, so müssten folgerecht auch der freie Bauer,
welcher die Ritterbürtigkeit, und der Dienstmann, welcher die
Freiheit erlangte, freie Herren geworden sein. Wollen wir den
ersten Fall auch nicht durch die Verfügung K. Friedrichs vom
J. 1187, wonach die *filii rusticorum* nicht rittermässig leben
dürfen,[1] als durchaus ausgeschlossen betrachten, mag es möglich
gewesen sein, dass jemand durch Ergreifung rittermässigen Lebens
wenigstens für seine Nachkommen im zweiten Gliede die Vorrechte der Ritterbürtigkeit gewinnen konnte,[2] so mag dieser Fall
gerade bei Freien seit festerer Abgränzung des Ritterstandes
kaum mehr vorgekommen sein; häufig unzweifelhaft bei Unfreien,
und zwar mit oder auch ohne Einwilligung des Herrn; so wenn
um 1130 in den Geschichten von S. Gallen geklagt wird: *celle-
rarii ecclesiae iura villicationis in modum beneficiorum habere
contendebant et contra consuetudinem quidam ex ipsis more
nobilium gladium cingebant.*[3] Dagegen scheint unsere andere
Folgerung, freigelassene Dienstmannen werden zu
freien Herren, sich wirklich zu bestätigen und damit die
Richtigkeit unserer bisherigen Ergebnisse wesentlich zu stützen.
Der Sachsenspiegel will dem freigelassenen Dienstmann überhaupt nur freier Landsassen Recht zugestehen, während der
freigelassene Reichsdienstmann zum schöffenbar Freien werden
kann;[4] aber wie für den Schöffenbaren selbst gibt es auch für
den Dienstmann keinen Weg, zum freien Herren zu werden; und

---

1. Mon. Germ. 4. 185.   2. Vgl. Homeyer S. 304. Eichhorn Rechtsg. § 341.
3. Mon. Germ. 2, 161.   4. Sächs. Ldr. 3, 80 § 2, 81 § 1.

schwerlich dürfte sich in Sachsen ein solcher Uebergang thatsächlich nachweisen lassen. Ich zweifle nun zunächst nicht, dass
ausser Sachsen von den Reichsministerialen manche zu freien
Herren wurden. Allerdings erscheint hier die Gränze von vornherein weniger scharf gezogen, indem freie Herren mehrfach
Dienstmannen des Kaisers wurden und zwar anscheinend so, dass
man wenigstens die Dienstleistung als Hofbeamte nicht als Verlust der Freiheit betrachtete. Arnold von Rotenburg wird 1180
in Kaiserurkunde unter den von den Ministerialen ausdrücklich
geschiedenen *liberi homines* aufgeführt, [1] während er selbst oder
jedenfalls ein naher Verwandter gleichen Namens noch zuletzt
1179 als Truchsess erscheint. [2] Ein Vorfahre Anselms von Ju-
stingen heisst urkundlich *liber homo*,[3] er selbst noch 1212 *homo
ingenuus*;[4] dann wird er Marschall K. Friedrichs, erscheint aber
trotzdem nach seinem Zerfalle mit dem Kaiser wieder als Edelherr.[5] Aber das waren selbst bei einer Beschränkung auf die
Hofbeamten nur Ausnahmen; abgesehen davon, dass auch diese
regelmässig als Ministerialen bezeichnet werden, erscheinen die
Pappenheim 1156 aufs bestimmteste als unfreie staufische Dienstmannen,[6] und von dem mächtigen Truchsess Markward erzählt
die Ursperger Chronik zu 1195: *Imperator Marquardum de
Anninwilir dapiferum et ministerialem suum libertate donavit
et ducatum Ravenne cum Romania marchiam quoque Anconae
sibi concessit.* Heissen nun die Reichstruchsessen von Boland
mit ihren Nebenlinien schon in der zweiten Hälfte des dreizehnten
Jahrhunderts regelmässig Nobiles, legen die Reichsschenken von
Limburg später besonderes Gewicht auf ihre Semperfreiheit, indem
sie sich im Titel Semperfreie nennen[7] und Peter von Andlo sie
ausdrücklich als Beispiel aus dem ganzen Stande der Semperfreien hervorhebt,[8] so werden wir annehmen müssen, dass sie
durch Freilassung zu freien Herren geworden seien. Wir werden

1. Mon. Boica 29 a, 437. 2. Wirtemb. UB. 2, 193. 3. Wirtemb. UB. 2, 363.
4. Chr. Ursperg. (ed. 1569) 313. 5. Meiller Babenberg. Reg. 160. 170. 175. 179.
6. Mon. Boica 29 a, 324. 7. Ludewig Goldne Bulle 2, 790. 8. De imperio
Romano l. 2. c. 12.

152

das aber nicht auf Reichsministerialen zu beschränken haben.
Die von Peckau oder Pfannberg escheinen in den Urkunden der
österreichischen Herzoge bis 1204 als Ministerialen, dann als
freie Herren, seit 1239 als Grafen.[1] In Urkunden der Grafen
von Hohenberg finden wir 1245 unter den Zeugen *Berngerus
liber dictus de Enthringen et Albertus frater suus adhuc servus*
und 1268 *Berngerus nobilis de Entringen*;[2] obwohl wir nun
schon im zwölften Jahrhunderte freie Herren von Entringen
finden,[3] scheint doch hier wegen der Stellung des Bruders eine
Freilassung Berngers angenommen werden zu müssen, sei es, dass
durch ungleiche Heirath oder anderweitig die Freiheit des Ge-
schlechts inzwischen verloren war, sei es, dass es sich um ein
dienstmännisches Geschlecht gleichen Namens handelt.

Scheint danach nicht zu bezweifeln, dass freigelassene Ministerialen freie Herren wurden, so stimmt das mit der Angabe des
Schwabenspiegels, dass freigelassene Dienstmannen zu Mittelfreien
werden,[4] wenigstens dann vollkommen überein, wenn wir auch
die Mittelfreien als freie oder edle Herren betrachten dürfen.
Und das scheinen doch unsere bisherigen Untersuchungen aufs
bestimmteste zu ergeben, insofern wir unter den Fürsten überall
nur einen Stand ritterbürtiger Freien fanden, welchem demnach
die im fünften Heerschilde erwähnten Mittelfreien angehören
müssen. Dass von ihnen die freien Herren im vierten Heerschilde als bevorzugter Stand geschieden wurden, ist mit dem
sonstigen Sprachgebrauche nicht zu vereinen und scheint nur
durch die sächsische Vorlage bedingt. Allerdings finden wir
auch sonst eine bevorzugte Klasse freier Herren oder Semper-
freier angedeutet und wollen dieselbe, da beide Ausdrücke irre-
leiten können, im Anschlusse an einzelne Texte und an die
hauz frans der französischen Uebersetzung Hochfreie nennen.[5]
Fragen wir nun aber nach dem Scheidungsgrund, so kann dieser
nach der bisherigen Erörterung kein landrechtlicher gewesen sein.
Damit sind wir auf die Annahme hingewiesen, dass der Unterschied zwischen Hochfreien und Mittelfreien ein

---

1. Vgl. Meiller Habenberg. Reg. 266.　2. Schmid Mon. Hohenbergica 15.32
3. Wirtemb. UB. 2, 272. 411.　4. Schwab. Ldr. 156.　5. Vgl. oben S. 146.

rein lehnrechtlicher war, welcher, sonst bei den Standes-
bezeichnungen unbeachtet, erst in dem Rechtsbuche bestimmteren
sprachlichen Ausdruck gewann, womit nicht geläugnet sein soll,
dass bei dem grossen Gewichte, welches auf die Lehnsverbindungen gelegt wurde, dieser Unterschied auch auf Verhältnisse,
welche nicht rein lehnrechtlicher Natur waren, Einfluss gewinnen
mochte. Mit dieser Annahme, dass die Mittelfreien freie Herren
niedern Heerschildes waren, lassen sich nun die Angaben des
Schwabenspiegels über die Mittelfreien, so weit diese nicht einen
offenbar nichtritterlichen Stand treffen, durchaus vereinigen. Die
Stellung in der Heerschildordnung zwischen Hochfreien und
Dienstmannen wird darauf hinweisen müssen, so lange es nicht
gelingt, eine von den freien Herren landrechtlich geschiedene
Klasse ritterbürtiger Freier nachzuweisen. Besonders beweisend
erscheint mir aber die Art und Weise, wie die Stelle des Sachsenspiegels wiedergegeben ist, in welcher die dreifache Freiheit
der Schöffenbaren, Pfleghaften und Landsassen nach rein landrechtlichen Momenten unterschieden wird. [1] Für die Landsassen
findet sich in den freien Bauern ein entsprechender Stand; an
die Stelle der beiden ersten Stände treten Semperfreie und
Mittelfreie. Dachte der Verfasser des Deutschenspiegels dabei
irgendwie an eine Scheidung nach landrechtlichen Momenten, so
hätte das gerade hier zum Ausdrucke gelangen müssen. Statt
dessen wird lediglich ein lehnrechtlicher Scheidungsgrund aufs
schärfste betont; Semperfreie sind die Fürsten und andere freie
Herren, welche Freie zu Mannen haben; Mittelfreie aber sind
die, welche der andern Freien Mannen sind. Wieder findet sich
dieser betont, wenn gesagt wird, dass der zum König Gewählte
ein freier Herr sein soll, und zwar ein solcher, welcher keines
Laien Mann ist und selbst Mittelfreie zu Mannen hat; [2] um die
entsprechende Angabe des Sachsenspiegels, welcher nur von freier
Geburt redet, [3] auf die Hochfreien zu beschränken, die Mittelfreien auszuschliessen, finden sich eben nur lehnrechtliche Momente. Die Angabe des Sachsenspiegels, dass der Dienstmann

---

1. Sachs. Ldr. 1, 2. Deutschsp. 3. Schwäb. Ldr. Vorr. h. 2. Schwäb. Ldr. 123.
3. Sachs. Ldr. 3, 54 § 3.

über den schöffenbaren Freien in gewissen Dingen nicht Urtheil finden und Zeuge sein soll, gibt der Deutschenspiegel unverändert wieder, während der Schwabenspiegel, den Ausdruck Schöffenbar nicht verstehend, das auf alle freie Leute ausdehnt;[1] werden dagegen in einer andern Stelle, wo die sächsische Vorlage fehlt, ausdrücklich einmal nur Garfreie oder Semperfreie, dann wieder Semperfreie und Mittelfreie als solche ausgenommen, welche in solchen Dingen durch Genossen zu überzeugen sind,[2] so wird das doch wohl nur für ihre landrechtliche Genossenschaft sprechen können. Auch wenn es heisst, die Morgengabe des freien Herrn sei hundert, des Mittelfreien zehn, des Dienstmann fünf Mark, wenn die Kampffrist des Semperfreien auf sechs, des Mittelfreien auf vier, des Dienstmann auf zwei Wochen bestimmt wird, wenn der freie Herr dem Könige fünfzig, der Mittelfreie zwanzig, der Dienstmann zehn Pfund wettet,[3] so entspricht das immer genau der Folge der Heerschilde; nicht Abstufungen landrechtlicher Freiheit, sondern die durch den Schild bedingten Abstufungen ritterlicher Würdigkeit scheinen das Massgebende zu sein. Und wird bei der Kampffrist ausdrücklich darauf hingewiesen, dass sie nach der Geburt verschieden bestimmt sei, so wird das in keiner Weise gegen den blos lehnrechtlichen Unterschied geltend gemacht werden dürfen; denn einmal ist ja auch der Heerschild erblich; mehr Gewicht möchte ich aber darauf legen, dass der Ausdruck genau dem Sachsenspiegel[4] folgt, wo allerdings schöffenbar Freie einerseits, Dienstmannen und andere Freie andererseits landrechtlich geschiedene Geburtsstände bilden.

Es dürfte auch auf einen Umstand hinzuweisen sein, welcher bei einem Vergleiche mit den entsprechenden Verhältnissen Sachsens ein Zerfallen des Standes der freien Herren in zwei lehnrechtliche Klassen zumal für die süddeutschen Herzogthümer von vornherein sehr naheliegend erscheinen lassen muss. In Sachsen war in früherer Zeit die Zahl derjenigen,

---

1. Sächs. Ldr. 3, 19. Deutschsp. 229. Schwäb. Ldr. 278.   2. Deutschsp. 57. Schwab. Ldr. 64.   3. Deutschsp. 22. 95. Schwab. Ldr. 18. 104. 138. Vgl. Sächs. Ldr. 1, 20. 2, 3 § 2. 3, 64 § 2.   4. Sächs. Ldr. 2, 3 § 2.

welchen wir nach der später allgemein massgebenden Anschauung
den fürstlichen Heerschild zusprechen müssen,[1] grösser, als im
dreizehnten Jahrhunderte, wo sie auf die Besitzer der sieben
Fahnlehen beschränkt erscheint; denn eine ganze Reihe nur vom
Reiche beliehener Grafenhäuser starben im zwölften Jahrhunderte
aus. So war den sächsischen freien Herren ein weiter Spielraum
für Lehnsverbindungen gelassen, obwohl sie solche nur mit Fürsten
eingingen. Anders in Baiern, Kärnthen und Schwaben; den
ersten weltlichen Heerschild nach dem Könige können wir ursprünglich nur den drei Landesherzogen zusprechen, von welchen alle
andern Grossen belehnt waren,[2] nur sie waren Fürsten in späterm
Sinne; erst seit dem Ende des eilften Jahrhunderts mehrte sich
diese Zahl allmählig durch die Eximirung der Zähringer, der
Welfen, dann der Herzoge von Oesterreich, weiter der von Steier
und Meran von der herzoglichen Gewalt. Die höhere Stellung
im Heerschilde hatte hier denn auch noch in keiner Weise, wie
in Sachsen, in dem Worte Principes einen Ausdruck gefunden;
wir finden hier vielmehr nicht allein Herzoge und Grafen, sondern häufig die ganze Klasse der Edeln als Principes bezeichnet. [3]
Wäre demnach auch hier dieselbe Anschauung massgebend gewesen, wie in Sachsen, so würde noch im zwölften Jahrhunderte
der Markgraf von Oesterreich oder von Steier, oder später der
von Baden oder Burgau denselben Heerschild mit dem einfachen
Edeln gehabt, dieser würde seinen Schild geniedert haben, wenn
er von jenen Lehen empfing. So ist es leicht erklärlich, wenn,
als gegen Ende des zwölften Jahrhundert die oberste Lehnsstufe
auch hier als Fürsten geschieden wurde, unter den übrigen freien
Herren sich mannichfache Lehnsverbindungen fanden, aus welchen sich die doppelte Lehnsstufe der Hochfreien und Mittelfreien ergab.

Weisen so die allgemeinen Erörterungen überall in Uebereinstimmung mit dem Schwabenspiegel auf einen zweifachen
Heerschild der freien Herren hin, so stimmen damit die That-

---

1. Vgl oben S. 118.   2. Vgl. oben S. 117.   3. Vgl. Reichsfürstenst. § 35.
37. 53. 58.

sachen überein, insofern sich Lehnsverbindungen unter freien Herren vielfach nachweisen lassen. Ein auffallendes Beispiel gibt uns das vor 1180 gefertigte Verzeichniss der Lehen des Grafen Sibodo von Neuburg und Falkenstein; er ist belehnt nicht nur von den Herzogen von Baiern und Oesterreich, sondern auch von den Markgrafen von Steier und Kraiburg, den Pfalzgrafen von Wittelsbach, den Grafen von Burghausen, Sulzbach, Wasserburg, Bilstein, Ortenburg und Andechs. [1] Erscheint 1286 auch der Graf von Eschenloh als Mann des Markgrafen von Burgau, [2] welcher nicht Fürst war, so ergibt sich, dass der Grafentitel mit dem höhern Heerschilde nicht zusammenhängt. Häufiger ist es freilich, dass Edelherren von Grafen belehnt erscheinen. So finden sich im dreizehnten Jahrhunderte die Edeln von Rüssegg als Mannen der Grafen von Kiburg und Habsburg, [3] die von Eschenbach und Schnabelburg der Grafen von Habsburg, [4] die von Klieberg der Grafen von Froburg, [5] die von Hundersingen der Grafen von Berg, [6] die von Bittelschiess der Grafen von Gröningen, [7] die von Werstein der Grafen von Veringen, die von Isenburg und Bisingen der Grafen von Hohenberg, [8] die von Rietberg der Grafen von Zollern, [9] die von Merenberg der Pfalzgrafen von Tübingen, [10] die von Eppenstein der Grafen von Nassau, [11] die von Spekfeld der Grafen von Henneberg. [12] Dagegen weiss ich Edle als Mannen einfacher Edeln mit Sicherheit nicht nachzuweisen, nachdem wir schon früher einige anscheinende Belege beseitigten, insofern es sich dabei nur um Ausdehnung des Ausdruckes Nobilis auf Dienstmannen handelte. [13] Doch gab es unzweifelhaft auch Edelherren ohne Grafentitel, welche wir zu den Hochfreien zu rechnen haben; denn für manche, wie die Herren von Hohenlohe oder Neiffen, liegt uns das urkundliche Material hinreichend vollständig vor, um den Schluss zu recht-

---

1. Mon. Boica 7. 440. 441.   2. Hormayr Beitr. 2. 166.   3. Kopp Reichsgesch. 2, 370. 371. 373.   4. Kopp Reichsg. 2, 374. 376. 377.   5. Kopp Reichsg. 2, 721.   6. Stälin Wirtemb. G. 2, 363.   7. Stälin W. G. 2, 501.   8. Schmid Monum. Hohenbergica 1, 16. 17. 34. 35.   9. Remling UB. 1, 145. vgl. 140. 179.   10. Stälin W. G. 2, 450.   11. Joannis Specilegium 315. Wenck Hess. H. Urk. 2, 347.   12. Reg. Boica 2, 205.   13. Vgl. oben S. 143.

fertigen, dass sie keine Lehen von andern freien Herren gehabt haben werden, weil solche nirgends erwähnt werden.

Sollen sich nun die Angaben des Schwabenspiegels über den vierten und fünften Heerschild vollkommen bewähren, so dürfen regelmässig nur einfache Lehnsverbindungen unter freien Herren, wie wir sie nachwiesen, vorkommen, es müsste sich auch das Nichtvorkommen mehrfacher Lehnsverbindungen unter freien Herren, wie wir solche in Lothringen häufig fanden, erweisen lassen. Vom Grafen Siboto von Neuburg sind uns nicht allein sämmtliche Herren, sondern auch sämmtliche Mannen bekannt;[1] da er, obwohl von andern Grafen belehnt, doch auch selbst Graf war, so dürfen wir wohl sicher darauf rechnen, hier Edle zu finden, wenn mehrfache Lehnsverbindungen üblich waren; dennoch sind, so weit ich sehe, alle Ministerialen, bis auf den einzigen Hartmann von Nussdorf, in welchem wir allerdings einen Edelherrn zu sehen haben,[2] falls es nicht etwa einen Dienstmann gleichen Namens gab. Eine ähnliche Ausnahme mag auch sonst hie und da vorgekommen sein, obwohl mir keine bekannt geworden ist; im allgemeinen dürfte die Behauptung vollkommen gerechtfertigt sein, dass die Angaben des Schwabenspiegels sich mit dem thatsächlichen Zustande durchaus im Einklange befinden.

XIV.

Der fünfte Heerschild des Sachsenspiegels wird von vornherein unsere besondere Aufmerksamkeit erregen, weil er allein zwei Klassen von Personen zugesprochen wird, den schöffenbar Freien und den Mannen der freien Herren, so dass die eine Klasse durch ein landrechtliches, die andere durch ein rein lehnrechtliches Moment bestimmt wird.

Die Entscheidung der mehrfach erörterten Frage nach der Stellung der schöffenbar Freien zum Heerschilde, welche sehr massgebend für die Auffassung des Heerschildes überhaupt ist,

1. Mon. Boica 7, 493. 494.   2. Mon. Boica 7, 461,

wird wesentlich durch die Entscheidung der Frage bedingt sein, in welchem Stande wir jene Mannen der freien Herren zu suchen, insbesondere, ob wir auch bei diesen an belehnte Schöffen- bare zu denken haben. Glaube ich in ihnen Ministerialen sehen zu müssen, so werde ich mich einer etwas eingehendern Begrün- dung dieser von der gewöhnlichen abweichenden Ansicht hier nicht entziehen können, obwohl ich fühle, dass einer genügenden Erledigung mancher einschlagenden Punkte, welche mir erst durch diese Arbeit nahe traten, eine umfassendere Ausnutzung des sächsischen Urkundenvorraths vorangehen müsse, als sie mir jetzt gestattet war. Es führen diese Untersuchungen zugleich vielfach so ins Einzelnste, dass günstige Ergebnisse fast nur auf Grundlage längerer Beschäftigung mit der Geschichte örtlich enger abgegränzter Kreise zu erwarten sind, was es auch erklären mag, wenn ich mich öfter auf das mir bekanntere Westfalen, als auf den sächsischen Osten beziehe, obwohl ich nicht verkenne, dass eine vorzugsweise Beachtung der engern Heimath des Sach- senspiegels hier an und für sich angemessener wäre.

Suchen wir die Mannen der freien Herren unter den Freien überhaupt, so sind wir auf die beiden Klassen der freien Herren und der Schöffenbaren hingewiesen; denn den Pfleghaften und Landsassen wird man weder überhaupt die durch die Ritterbür- tigkeit bedingte Lehnsfähigkeit zusprechen dürfen, noch würden sie, wäre das statthaft, in denselben Schild mit den Schöffen- baren gestellt sein.

Gegen die Annahme, dass hier an durch Lehennahme von Genossen geniederte freie Herren zu denken sei,[1] spricht doch wohl der Umstand, dass nach Massgabe der ganzen bis- herigen Erörterung die Niederung des Schildes überall nur als Ausnahme erscheint, dass sich zumal für den nächstliegenden Fall ergab, dass im Lande der Entstehung des Sachsenspiegels sich freie Herren als Mannen anderer freien Herren nicht·nach- weisen lassen; und wäre der Fall vereinzelt vorgekommen, so will das Rechtsbuch doch offenbar zunächst nur die Regel angeben,

---

1. Vgl. Weiske De septem clyp. milit. 70. 76.

es wäre kein Grund abzusehen, wesshalb gerade hier auch die Ausnahme als massgebendes Moment der ganzen Ordnung eingefügt sein sollte.

Näher liegt jedenfalls die Annahme, unter den Mannen der freien Herren belehnte schöffenbar Freie zu verstehen,[1] neben welchen die schöffenbar Freien noch besonders genannt werden, weil ja nicht jeder Schöffenbare in einer Lehnsverbindung stehen musste. Doch scheint mir auch dagegen Erhebliches zu sprechen.

Zunächst wäre in diesem Falle die ausdrückliche Hervorhebung der Mannen der freien Herren überflüssig, da die Nennung der Schöffenbaren vollkommen genügen würde; und ein Grund, gerade hier belehnte und unbelehnte Personen ein und desselben landrechtlichen Standes zu scheiden, ist um so weniger abzusehen, als eine solche Scheidung nicht diesen Stand allein treffen würde; sollte etwa ausdrücklich hervorgehoben werden, dass dem Schöffenbaren, auch wenn er ausser der Lehnsverbindung steht, der fünfte Schild zukomme, so wären entsprechend doch auch im vierten Schilde neben die freien Herren an und für sich die Mannen der Fürsten zu stellen gewesen.

Es würde weiter jene Annahme die weitere Folgerung in sich schliessen, die Heerschildstufen hätten keine rein lehnrechtliche, sondern auch eine landrechtliche Bedeutung, kämen auch für solche in Betracht, welche wie die unbelehnten Schöffenbaren dem Kreise des Lehnrechtes ganz fernstehen. Es ist nun freilich, zumal bei der Heerschildordnung des Sachsenspiegels, gar nicht zu verkennen, dass dieselbe vorwiegend auf landrechtlicher Grundlage beruht; der bestimmte Heerschild, wenn er nicht verwirkt wird, erscheint an den landrechtlichen Stand geknüpft. In so weit ist auch dem unbelehnten Schöffenbaren oder freien Herren eine bestimmte Stellung zu der Ordnung nicht abzusprechen; wenn er, bisher ausser aller Lehnsverbindung stehend, in eine solche eintritt, so ist seine Stellung von vornherein bestimmt, ist nicht erst von der Art der einzugehenden

---

1. Vgl. Homeyer S. 293. Stobbe in der Zeitschr. f. deutsch. R. 15, 331. 336.

Verbindung abhängig; erwirbt ein Schöffenbarer Lehnshoheit über
andere Schöffenbare, welche sich bisher den fünften Schild gewahrt
hatten, so erwirbt er selbst dadurch nicht den vierten; wird er
Mann anderer Schöffenbarer, so tritt er von vornherein in eine
Lehnsverbindung ein, welche zwar nicht untersagt ist, aber doch
im allgemeinen als eine seinem landrechtlichen Stande nicht entsprechende betrachtet wird; hielt dieser ihm bisher, so lange er
nicht Mann war, die Fähigkeit offen, sich beim Eintritt in ein
Mannenverhältniss den fünften Schild zu wahren, so hat er nun
dieses bisher lediglich durch seine landrechtliche Stellung bedingte
Vorrecht verloren. Diese Erwägung aber gibt doch der landrechtlichen Grundlage der Heerschildsordnung überall nur eine
lehnrechtliche Bedeutung. Wir können immerhin auch den unbelehnten freien Herren und Schöffenbaren insoweit den vierten und
fünften Heerschild zusprechen, als sie für den Fall der Eingehung
eines Mannenverhältnisses diesem zunächst zugewiesen sind; aber
eine solche blosse Fähigkeit würde schwerlich zureichenden Grund
zu ausdrücklicher Nennung der unbelehnten Schöffenbaren neben
den Schöffenbaren als Mannen der freien Herren geboten haben,
da dieselbe ja erst in dem Augenblicke thatsächliche Bedeutung
gewann, wo die eine Stellung in die andere aufging.

Ist die Lehnsstufe mannichfach durch den landrechtlichen
Stand bedingt, kann dieser demnach auch für den Nichtbelehnten
in der angedeuteten Richtung eine lehnrechtliche Bedeutung haben,
so glaube ich doch nicht annehmen zu dürfen, dass der Heerschild irgendwelche selbstständige landrechtliche Bedeutung hatte,
dass von dem Heerschilde einer Person ohne Rücksicht auf eine
bestehende oder möglicherweise einzugehende Lehnsverbindung
gesprochen werden könne. Es mag auffallen, dass bei einer rein
lehnrechtlichen Bedeutung des Instituts dasselbe dennoch im
Landrechte erwähnt wird;[1] aber die landrechtliche Grundlage
lässt es doch auch bei rein lehnrechtlicher Bedeutung hier nicht
ganz fremd erscheinen, wie wir andererseits nicht zu strenge
Forderungen bezüglich der systematischen Sichtung des Stoffes

---

1. Vgl. Homeyer S. 291.

an das Rechtsbuch werden stellen dürfen. Ueberdies, hatte der Verfasser schon beim Beginne des Werkes die Absicht, dem Landrecht das Lehnrecht folgen zu lassen, so mochte eine auf Grundlage beider erwachsene Gliederung nicht unangemessen im Eingange des Ganzen seinen Platz finden; hatte er jene Absicht noch nicht, so mochte er um so weniger von einem Institute schweigen können, auf welches gelegentlich hinzuweisen doch auch im Landrechte nicht ganz zu vermeiden war. Und wird der Schild des Vaters nur dem ebenbürtigen Sohne zugesprochen, [1] so handelt es sich doch auch nur um eine landrechtliche Grundlage, nicht um eine landrechtliche Bedeutung. Die letztere würde dem Heerschilde doch wohl nur dann zugesprochen werden können, wenn eine Aenderung in den Schildverhältnissen irgendwelchen Einfluss auf die landrechtliche Stellung gehabt hätte. Aber das Landrecht kommt auf das Institut fast nur zurück, um einen solchen Einfluss ausdrücklich in Abrede zu stellen; für den Heerschild in seiner Bedeutung als Lehnsfähigkeit überhaupt, indem es darauf hinweist, dass derjenige, welcher ohne Willen seiner Frau ins Kloster geht, zwar durch Niederlegung des Heerschildes sein Lehnrecht, nicht aber sein Landrecht verloren hat; [2] und wieder für den Heerschild in seiner Bedeutung als abgestufte Lehnsfähigkeit, indem es sagt, dass derjenige, welcher seines Genossen Mann wird, seine Geburt und sein Landrecht nicht kränket, nur seinen Schild niedert. [3] Tritt eine landrechtliche Wirkung der Lehre vom Heerschilde nicht allein nirgends bestimmter hervor, sondern wird dieselbe für die wichtigsten Fälle des Verlustes und der Niederung des Schildes sogar geradezu in Abrede gestellt, wird der Ausdruck überall im engsten Anschlusse an lehnrechtliche Anschauungen gebraucht, wird endlich in den Rechtsbüchern zuweilen so von den Schilden gesprochen, als seien sie lediglich Stufen der Lehnsverbindung, [4] so müssten es doch sehr gewichtige Umstände sein, welche trotzdem an der Annahme landrechtlicher Bedeutung festhalten lassen könnten.

---

1. Vgl. Homeyer S. 296.   2. Sächs. Ldr. 1, 25 § 4.   3. Sächs. Ldr. 3,
65 § 2.   4. Homeyer S. 296.

Ficker Heerschild.

Und dürfte hier einer der gewichtigsten das anscheinende Aufführen nichtbelehnter Schöffenbarer in der Heerschildsordnung
sein, so wird dieser sein Gewicht verlieren, sobald wir die Mannen
der freien Herren in einer andern landrechtlichen Klasse nachzuweisen vermögen; es steht dann nichts mehr im Wege, in den
Schöffenbaren des fünften Heerschildes nur die belehnten Schöffenbaren zu sehen. Auch die sonstige Ausdrucksweise des Sachsenspiegels bei Aufführung der Heerschilde bietet für solche Aus-
legung kein Hinderniss; der zweite Heerschild wird ebenso einfach
den Bischöfen, Aebten und Aebtissinnen zugesprochen; erst an
anderen Stellen erfahren wir, dass sie nur insoweit den Heerschild haben, als sie vom Reiche belehnt sind; nicht grösser ist
die Ungenauigkeit, wenn die Schöffenbaren schlechtweg genannt,
und nur die belehnten gemeint sind.

Weiter scheint mir, dass freie Herren und freie Ritter
ausser aller Lehnsverbindung uns eine Personenklasse
darstellen, welche man allerdings für die Theorie vielfach in
Rechnung zu bringen gewohnt ist, welche aber dem wirklichen
Leben jener Zeiten so fremd gewesen zu sein scheint, dass kaum
anzunehmen ist, der Verfasser des Sachsenspiegels, welcher doch
unzweifelhaft zunächst nur die ihm thatsächlich bekannt gewordenen Zustände beachtete, habe dieselbe irgendwie berücksichtigt.
Ich glaube nicht zu weit zu gehen in der Behauptung, dass sich
für jedes Geschlecht freier Herren Lehnsverbindungen nachweisen
lassen, wenn uns nur etwas eingehendere urkundliche Nachrichten
über seine Besitzverhältnisse erhalten sind. Dass Ausnahmen
nicht vorkamen, ist allerdings unmittelbar nicht wohl zu erweisen;
wohl aber dürfte sich die Behauptung rechtfertigen, dass bisher
keine solche Ausnahme für unsere Zeitperiode genügend erwiesen
wurde. Was die Zeugnisse betrifft, welche für das Vorkommen
einer solchen *egregia libertas* angeführt zu werden pflegen,[1] so
werden wir den Welfen Ethiko und den Salier Konrad als früheren Zeiten angehörend übergehen können. Was sonst vorge-
bracht wird, wie die von Felix Hemmerlein erzählte Anekdote

---

1. Vgl. Hüllmann Stände 178. Gönrum Ebenbürtigkeit I, 57. 212.

über den Baron von Krenkingen, welcher ohne alles Lehen nicht einmal vor dem Kaiser Friedrich I aufstehen will, gründet sich auf Zeugnisse des fünfzehnten Jahrhunderts und kann wohl nur beweisen, dass diesen spätern Zeiten eine solche Anschauung nicht fremd war. Es waren nun aber, wie ich anderweitig genauer ausführen werde, gerade im vierzehnten Jahrhunderte die alten Lehnsverbindungen vielfach in höchst auffallender Weise in Vergessenheit gerathen; man betrachtete als reichslehnbar, was unzweifelhaft von Fürsten hätte geliehen werden sollen, als allodial, was früher lehnbar war, zum Theil seiner ganzen Natur nach nur lehnbar sein konnte, wie die Grafschaft. Das spätere Reichsstaatsrecht kennt allerdings allodiale Grafschaften; aber es dürfte keine sein, bei welcher die eingehendere Untersuchung nicht auf frühere Lehnbarkeit führte. Beispiele, welche dafür angeführt werden, sind die Grafschaft Hennegau, die Grafschaften Oldenburg und Delmenhorst, Ziegenhain und Nidda. [1] Erstere war erweislich Lehen von Lüttich. [2] Die Grafschaft Oldenburg war früher höchst wahrscheinlich, Delmenhorst noch im fünfzehnten Jahrhunderte urkundlich nachweisbar bremisches Lehen; [3] 1531 und später aber wurden beide vom Reiche geliehen, und zwar, wie es heisst, aus besonderer Gunst, da dieselbe seit langer Zeit nicht zu Lehen empfangen und daher eigentlich als verschwiegene Lehen dem Reiche heimgefallen seien. [4] Die Grafschaft Ziegenhain wird noch 1434 vom Abte von Hersfeld geliehen; [5] die Grafschaft Nidda 1420 vom Reiche, 1434 und 1450 vom Abte von Fulda, [6] unzweifelhaft dem ursprünglichen Lehnsherrn, da 1323 nur Burg und Stadt Nidda reichslehnbar sind. [7] Derartigen Nachweisen gegenüber wird man doch, wenn es auch später Freiherrn ohne Lehnsverbindung gegeben haben sollte, daraus kaum schliessen dürfen, dass das Geschlecht sich auch früher aller Mannschaft enthalten habe. Und selbst für das

---

1. Vgl. Sachsse Grundlagen 425.   2. Vgl. oben S. 94.   3. Leibnitz Scr. 2, 267. Lünig Corp. j. feud. 2, 1382. Hobbeling Beschreib. d. Stifts Münster 191.   4. Lünig RA. 10, 31. Corp. j. feud, 1, 815.   5. Wenck Hess. G. Urk. 2, 479. 3, 230.   6. Wenck 3, 227. 231. 448.   7. Wenck 2, 288.

fünfzehnte Jahrhundert dürfte es schwer fallen, solche Freiherrn wirklich nachzuweisen. Am beachtenswerthesten scheint
mir die oft angeführte Stelle Peters von Andlo [1] zu sein: *Sunt
autem barones in Alemania in duplici differentia: alii quidem
dicuntur simpliciter barones, alii semperbarones; semperbaro
is esse fertur, qui a nullo (horum) feudum habet, sed alii ab
ipso, adeoque liber est, ut nulli ad fidelitatis astringatur iuramentum, ut proprie barones de Limpurg esse dicuntur.* Das
gewichtige Wörtchen *horum* finde ich in der mir vorliegenden
Ausgabe; in Anführungen der Stelle für den hier besprochenen
Zweck fehlt das Wort oder der betreffende Satztheil; [2] gehört es
dem ursprünglichen Texte an, so wäre doch zu erwägen, ob hier
irgend etwas anderes gesagt sein soll, als dass der Freiherr,
welcher von keinem andern Freiherrn belehnt ist und selbst Freiherrn zu Mannen hat, semperfrei sei, was dem Schwabenspiegel
genau entsprechen würde. Wäre hier aber auf eine der Lehnsverbindung überhaupt nicht unterworfene Semperfreiheit hingewiesen, so würde sich doch sogleich wieder ergeben, dass das
Beispiel nicht zutrifft; abgesehen davon, dass die Schenken von
Limburg, welche allerdings später sogar den Titel Semperfreie
führen, ursprünglich gar nicht den freien Herren, sondern den
Reichsministerialen angehörten, war nicht allein ein grosser Theil
ihres Besitzes noch später als reichslehnbar anerkannt, sondern
sie hatten schon 1237 Lehen von Bamberg und Wirzburg, und
wenigstens später auch von Rheinpfalz und Wirtenberg. [3] Heinrich der Löwe, nachdem ihm alle Lehen abgesprochen waren,
hätte sich allerdings in der Stellung eines blossen Allodialherren
befinden sollen; aber thatsächlich behaupteten doch er und seine
Söhne eine Menge Reichslehen und Kirchenlehen, und wenigstens
mit den Kirchen wurde die Lehnsverbindung sehr bald auch
formell wiederhergestellt; und solche Fälle, wo der Mangel an
Lehen Folge einer Verurtheilung, nicht freiwilligen Fernhaltens

---

1. De imperio Romano l. 2. c. 12. (ed. Argentorati 1603.)   2. Sachsse Grundlagen 425. Göhrum Ebenbürtigkeit 1. 213.   3. Vgl. Ludewig Goldne Bulle 2. 786.
789. 793.

war, würden doch auch nicht hieher gehören. Eine ganz vereinzelte Erwähnung von weltlichen Herren, *qui non habent do-
minos principales*, finde ich allerdings in der 1232 zu Ravenna
erlassenen kaiserlichen Konstitution gegen die Ketzer;[1] aber das
Gesetz hat weder zunächst Deutschland im Auge, noch scheint
durch den Ausdruck die Lehnsverbindung mit dem Reiche ausgeschlossen, da auch bei dem vorhergehenden Ausdrucke *salvo
iure domini principalis* der Kaiser selbst nicht einbegriffen
sein kann.

.Was von den freien Herren gilt, wird unzweifelhaft auch
auf die ritterbürtigen und damit lehnsfähigen Schöffenbaren auszudehnen sein, wenn es auch schwer sein dürfte, hier dem Verhältnisse in Einzelfällen nachzugehen. Es lässt sich geltend
machen, dass ja nicht blos von Lehen und Dienstgut, sondern
auch von Eigen dem Reiche Reiterdienst zu leisten war, und
demnach auch für blosse Allodialbesitzer Veranlassung zu ritterlicher Lebensweise vorhanden war. Dass eine solche Anschauung
zur Zeit der Entstehung des Sachsenspiegels sich wirklich noch
geltend machte, möchte ich überhaupt bezweifeln; in den Rechtsbüchern erscheint der Reichsdienst durchweg in engster Verbindung mit Lehen und Dienstgut; eine Stelle des schwäbischen
Lehnrechts, wonach der König auch solchen die Heerfahrt
gebietet, welche kein Reichslehen haben, dürfte mit Berücksichtigung der Abweichungen des Textes nur auf den Unterschied
von Lehnsmannen und Dienstmannen zu beziehen sein.[2] Der
Fall eines allgemeinen Aufgebots bei Landesnoth aber dürfte
schwerlich hingereicht haben, um jemanden zur Fortführung ritterlicher Lebensweise zu bestimmen. Wie dem aber auch sei, wir
werden gewiss annehmen dürfen, dass jeder, welcher rittermässig
lebte und demnach lehnsfähig war, gewiss auch bedacht gewesen
seien wird, diese seine Stellung, deren Behauptung mit Aufwand
verknüpft war, auch nutzbringend zu machen, was er nur dadurch
konnte, dass er sich einem Herren gegen Lehngut oder Dienstgut

---

1. Mon. Germ. 4, 268.   2. Schwäb. Lhr. Lassb. 8. Senckenb. 73 § 2. vgl.
Eichhorn RG. § 294 n, aa,

zu ritterlichem Kriegsdienst verpflichtete. In dieser Richtung erscheinen mir ritterliche Lebensweise und der Besitz von Lehngut und Dienstgut in so engem Zusammenhange zu stehen, dass da, wo es sich nicht um ein theoretisches Auseinanderhalten der Begriffe, sondern darum handelt, uns den thatsächlichen Zustand jener Zeit zu vergegenwärtigen, der Lehnsfähige gewiss durchweg auch als Belehnter zu fassen ist; wie es, nachdem die Bahn einmal gebrochen war, keinen Laienfürsten gab, welcher nicht Lehen von den Reichskirchen nahm, so wird auch kein freier Herr und kein schöffenbarer Ritter auf eine Verbindung verzichtet haben, welche ihm Vortheile gewährte, ohne irgendwelche Schmälerung seiner Standesehre zur Folge zu haben.

Das trifft freilich nur die schöffenbaren Ritter. Es gab nun aber auch schöffenbarfreie Bauern, es scheint sogar, dass es, was auch für folgende Untersuchungen ins Gewicht fällt, schon zur Zeit der Entstehung des Sachsenspiegels nur eine geringe Anzahl schöffenbarfreier Ritter gab. Für spätere Zeit treten die schöffenbarfreien Bauern in den Glossen zu den sächsischen Rechtsbüchern bestimmt genug hervor.[1] Für frühere Zeit dürfte die Stellung, welche in den Urkunden die Freien zu den Ministerialen einnehmen, einen wichtigen Anhaltspunkt bieten. Im südlichen Deutschland fanden wir urkundlich die Ausdrücke Nobiles und Liberi ganz gleichbedeutend gebraucht, ohne dass von den Edeln eine niedere Klasse von Freien gesondert würde. Auch in Sachsen finden wir im zwölften Jahrhunderte die Zeugen gewöhnlich entweder als Liberi und Ministeriales oder als Nobiles und Ministeriales unterschieden, jenes in der ersten Hälfte des Jahrhunderts vorherrschend, dieses in der zweiten, bis wir im dreizehnten Jahrhunderte in der Regel nur Edle und Ministerialen unterschieden finden. Auch hier können wir beide Ausdrücke in so weit gleichbedeutend nennen, als es, sobald häufigere Geschlechtsnamen eine Entscheidung gestatten, gewöhnlich nur Edelherren sind, welche als Liberi von

---

1. Gl. zu Sächs. Ldr. 3, 29. vgl. Göhrum Ebenbürtigkeit 1, 203.

den Ministerialen geschieden werden;[1] vereinzelt geschieht das
noch 1216 in thüringischer Urkunde;[2] ist in dem Texte einer
münsterischen Urkunde die Rede von Zeugen *de populo utrius-*
que ordinis liberorum scilicet ac ministerialium, quorum nomina
subscripta habentur, und heisst es dann in der Zeugenreihe,
nobiles autem hii sunt —, ministeriales sunt isti,[3] oder werden
in Hildesheimer Urkunde von 1150 die Edlen als *nobiles seu*
liberi aufgeführt,[4] so tritt der enge Zusammenhang beider Ausdrücke noch bestimmter hervor. Aber sie decken sich doch
keineswegs · in der Weise, wie das in Süddeutschland der Fall
war. Einmal wird uns doch mehrfach die grosse Zahl der ohne
Geschlechtsnamen aufgeführten Liberi bezweifeln lassen müssen,
ob wir in allen Edelherren sehen dürfen.[5] Dann aber werden
in sächsischen Urkunden nicht selten Nobiles und Liberi bestimmt
von einander unterschieden.[6] Kommen in solchen Fällen noch
Ministerialen hinzu, so stehen diesen im zwölften Jahrhunderte
die Freien wohl noch überwiegend vor,[7] werden auch hie und
da mit den Edelherren als *nobiles ac liberi* oder *nobiles seu*
liberi den Ministerialen gegenüber in engeren Zusammenhang
gebracht.[8] Im dreizehnten Jahrhunderte finden wir nur noch
vereinzelt bei Freigerichtsverhandlungen die einfachen Freien den
Ministerialen vorgestellt.[9] Aber schon in Urkunden der Bischöfe
von Minden 1121,[10] von Naumburg 1157,[11] von Merseburg
1174,[12] von Münster 1180 und 1196,[13] von Osnabrück 1182[14]
treten die Ministerialen vor die Freien, und im folgenden Jahrhunderte finden wir sie sogar bei den Verhandlungen im Frei-

---

1. Cod. dipl. Westf. 2, 44. 72. 89. 90. 102. 116. 120. 122. 124. 140. 161. 164. 207.
Orig. Guelf. 3, 453. 563. Seiberts UB. 1, 89. 116. 117. Lepsius B. v. Naumburg 265.
2. UB. d. Vereins f. Niedersachsen 2 a, 84. 3. Cod. dipl. Westf. 2, 12. 4. Orig.
Guelf. 3, 447. 5. z. B. Cod. dipl. Westf. 1, 134. 141. 6. Möser Osnabr. G. 4, 45.
68. 313. Cod. dipl. Westf. 1, 133. 2, 186. Würdtwein Subs. dipl. 6, 361. 7. Cod. dipl.
Westf. 2, 4. 115. 250. Orig. Guelf. 3, 458. 545. Ludewig. Rel. manuscr. 9, 543. 8. Cod.
dipl. Westf. 2, 58. Seiberts UB. 1, 94. 9. Cod. dipl. Westf. 3, 142. Seibertz UB. 1.
195. 330. 10. Cod. dipl. Westf. 1, 149. 11. Lepsius B. v. Naumburg 253.
12. Ludewig Rel manuscr. 2, 199. 13. Cod. dipl. Westf. 2, 152. 244. 14. Möser
Osnabr. G. 4, 323.

gerichte in der Regel vorstehen.[1] Beachten wir diese Stellung,
berücksichtigen wir weiter, dass fast alle Urkunden, in welchen
Freie von den Edeln geschieden erscheinen, Verhandlungen vor
dem Landgerichte betreffen, während wir in der weit überwiegenden
Mehrzahl fürstlicher Urkunden nur Nobiles oder als Edelherrn
zu erweisende Liberi und Ministeriales aufgeführt finden, so haben
wir uns die schöffenbar Freien wohl in der Regel als nicht in
rittermässigen Verhältnissen lebend zu denken; es unterliegt
keinem Zweifel, dass die Stellung der Dienstmannen im allgemeinen als die günstigere und angesehenere galt; die zur Frei-
grafschaft Börder gehörigen Freien zahlten 1258 dem Bischofe
von Minden neunzig Mark, um unter die Dienstmannen der Kirche
aufgenommen zu werden.[2] Wenn nicht zu bezweifeln ist, dass
manche Schöffenbare, und zwar, wie mir scheint, vorzugsweise
in der Gegend der Entstehung des Sachsenspiegels, ritterbürtig
blieben, wie ja das Geschlecht Eikes von Repgow selbst ein
Beispiel gibt[3] und sich auch für manche der in der Vorrede von
der Herren Geburt genannten schöffenbaren Geschlechter, wie
die von Meringen, Snetlingen, Seedorf, eine entsprechende Stellung in den Urkunden nachweisen lässt,[4] so kann das doch im
allgemeinen nur in beschränktem Masse der Fall gewesen sein.
Die Zahl der schöffenbar Freien war selbst in späterer Zeit insbesondere in Westfalen noch eine sehr bedeutende; wären unter
ihnen viele gewesen, welche mit den Ministerialen die Ritterbürtigkeit theilten, aber durch freie Geburt einen Vorrang vor
ihnen behaupteten, so müssten diese fast nothwendig als besondere Personenklasse in den Urkunden zwischen Edeln und Dienstleuten auftreten, was nicht der Fall ist. Wurde es im dreizehnten
Jahrhunderte gebräuchlich, die unter den Nobiles stehende Zeugenklasse als Milites zu bezeichnen, so können darunter nun allerdings auch ritterbürtige Schöffenbare sein; aber die Einzelunter-

---

1. Seibertz UB. 1, 275. 409. Cod. dipl. Westf. 3, 89. 94. 149. 195.   **2.** Würdt-
wein Subs. dipl. 6, 447. vgl. Lüntzel Diöc. Hildesheim 67. 83.   **3.** Vgl. Homeyer
Sächs. Ldr. (3. Ausg.) 5.   **4.** z. B. Schultes Director. 2, 259. 575. vgl. Heineccius
Antiq. 154.

suchung dürfte doch ergeben, dass sich die ganz überwiegende
Zahl dieser ritterlichen Geschlechter zugleich als dienstmännische
nachweisen lässt. Nur ganz vereinzelt weiss ich in Westfalen
in Familien, welche uns als freie bekannt sind, zugleich Ritter
nachzuweisen. Ein sicheres Beispiel geben die von Borgelen bei
Soest. Burchard von Borgelen erscheint 1263 unter den Rittern,
Gottschalk von Borgelen unter den ihnen nachstehenden Freien;
beide waren Brüder, da 1273 Ritter Burchard und sein Bruder Gottschalk genannt werden; 1282 finden wir Burchard als Ritter und
Freigraf, 1312 die Brüder Burchard und Gottschalk von Borgelen
als Knappen.[1] Die von Thünen finden wir bei Freigerichtsverhandlungen oft unter den Freien, weiter in den Stadträthen von Soest
und Werl, in andern Urkunden ohne nähere Bezeichnung Ministerialen nachgestellt;[2] dann aber vereinzelt auch als Ritter
oder Knappen;[3] ebenso erscheint 1263 einer von Swewe unter
den Rittern, ein anderer unter den Freien;[4] doch kann in diesen
letzten Fällen die Identität der Familien zweifelhaft sein, da die
Namen von Orten entnommen sind. So mögen sich auch hier
einzelne vermögendere Freie das Recht der Ritterbürtigkeit bewahrt haben; aber auch diese treten nicht bedeutender hervor,
scheinen nach ihrem ganzen Vorkommen den Ministerialen an
Ansehen nachgestanden zu haben; die angesehensten Ritter-
familien sind durchweg als dienstmännische zu erweisen.

Dieses Ergebniss wird nun freilich nicht zugleich erweisen
müssen, dass nur wenige ursprünglich schöffenbarfreie Geschlechter
ihre Ritterbürtigkeit bewahrten; ich denke vielmehr, dass die
ritterbürtigen Freien in grosser Zahl in das viele Vortheile bie-
tende Verhältniss der Ministerialität übergetreten sind. Wenn
ich weitergehe und behaupte, dass wenigstens nicht überall in
Sachsen Ministerialität und Schöffenbarkeit sich ausschlossen,
dass es schöffenbare Ministerialen gab, sogar der Grafen-
bann über Freie in den Händen von Ministerialen war, so wider-

1. Seiberts UB. 1, 409. 444. 456. 2, 102. 2. Seiberts UB. 1, 121. 160. 330. 343.
348. 409. 428. 515. 543. 2, 220. 3. Seiberts UB. 1, 562. 3, 443. 480. 4. Seiberts
UB. 1, 409.

spricht das freilich durchaus den Anschauungen des Sachsenspiegels, welcher selbst den freigelassenen Dienstmannen nur
freier Landsassen Recht gibt, selbst für Reichsministerialen Freilassung fordert, wenn sie Schöffen werden sollen, ihnen in manchen Fällen die Fähigkeit zum Zeugnissgeben und Urtheilfinden
über schöffenbar Freie abspricht, jedes Lehen an Gerichte den
Schöffenbarfreien vorbehält, und auch für den Schultheissen des
Grafen Freiheit verlangt.[1] Dennoch wird wenigstens für Westfalen die Richtigkeit jener Behauptung nicht zu bezweifeln sein.
Der Ausdruck Schöffenbare kommt ausser den sächsischen Rechtsbüchern kaum vor; ein neuerer Forscher weist ihn vereinzelt nur
in münsterischer Urkunde von 1385 nach, in welcher *scheppenbare
lude* zu Zeugen bei einer Freigerichtshandlung gekoren werden;[2]
sie sind genannt und es ergibt sich, dass sie vorwiegend Familien
angehören, welche wir schon lange vorher als Dienstmannen des
Stifts Münster erweisen können, wie den Asbeck, Wulfheim,
Hamern, Valke.[3] Dass in späterer Zeit Freigrafen und Freischöffen zum grossen Theil der ursprünglich dienstmännischen
Ritterschaft angehören, bedarf keiner Belege; auf die schild-
bürtigen Freischöffen wird wohl besonderes Gewicht gelegt;[4] ihre
ursprüngliche Ministerialität würde aber durchweg leicht zu
erweisen sein. Dieser Zustand gehört aber nicht erst einer spätern Entwicklung an, er reicht mindestens in das zwölfte Jahrhundert zurück. Der Bischof von Münster bekundet 1178 eine
Auflassung von Eigen, welche geschah in *quadam ecclesie nostre
comitia coram comite Bernhardo Dulmaniensi presente Bernhardo Horstmariensi, qui eandem cometiam a nobis in beneficio
acceptam Bernhardo Dulmaniensi in beneficio contulerat,* und
*coram prenotato comite Bernhardo in loco Asendere sub banno
regio;* als Zeugen werden zuerst Edle, dann Freie, endlich Ministerialen aufgeführt, an ihrer Spitze Bernhard von Dülmen,
dessen Familie auch sonst als dienstmännische erscheint. Ebenso

1. Sächs. Landr. 3, 19. 54 § 1. 61 § 2. 80 § 2. 81 § 1.   2 Niesert Münst. UB.
2, 75. Vgl. Stobbe in der Zeitschr. f. deutsch. R. 15, 372.   3. Vgl. Cod. dipl. Westf.
3, 82. 95. 133. 154. 169. 170.   4. z. B. 1441: Niesert Münst. UB. 2, 98.

geschieht 1180 eine Uebertragung von Eigen *sub banno regio coram comite Bernhardo Dulmaniensi*; der Bruder bestätigt sie *in comitiam, in qua Hewene continetur, veniens, a Luberto de Asbeke tunc comite — regali iterum banno confirmatam*; Lubert erscheint als Zeuge unter den hier den Freien vorgestellten Ministerialen, wie die Ministerialität seiner Familie überhaupt keinem Zweifel unterliegt. Wieder wird 1197 ein Verkauf bestätigt *in cometia Lutberti de Asbike sub banno regio*. Bei einer Vergabung an die Kirche von Münster 1206 heisst es: *donationem in comecia regia, sub qua proprietas — sita est, per Rembertum de Stochem tunc temporis regium bannum tenentem, auctoritate regia legitime fecit confirmari*; auch Rembert erscheint hier, wie sonst, unter den Ministerialen.[1] Danach wird nicht zu bezweifeln sein, dass münsterische Stiftsministerialen im zwölften Jahrhunderte Schöffenbare sein konnten; freilich nicht zugleich schöffenbar Freie, da, wie wir sahen, Freie und Dienstleute bestimmt auseinandergehalten wurden und doch bei Gerichtsverhandlungen auch noch später ein Vorzug der Freien hie und da hervortritt. In dieser Richtung erscheint mir sehr beachtenswerth eine Urkunde des Bischofs von Münster vom J. 1238, wonach der Villikus Johann nebst seiner Frau und deren Kindern erster und zweiter Ehe auf den Haupthof Beckum verzichten: *In cuius rei compensationem data ipsis quadam pecunie summa tam ipsos quam pueros libertati condonavimus et extunc cum fidelitatis iuramento in ministeriales Monasteriensis ecclesie recepimus, excepta Hadewige filia prioris viri, que libera mansit, in cuius locum subiit Gerthrudis filia Wicboldi ius ministerialis habitura.*[2] Werden hier zuletzt Freiheit und Ministerialität bestimmt geschieden, so ist es um so auffallender, dass der Eigenhörige freigelassen wird, um dann Ministerial zu werden. Zu vergleichen wäre damit die Urkunde K. Konrads für Korvei vom J. 1147, worin gestattet wird, *ut liberi homines — se ipsos in proprietatem ipsius ecclesiae ad jus ministerialium tradere liceat, et de infimo ordine, videlicet de litis aut de censuariis*

---

1. Cod. dipl. Westf. 2, 143. 152 243. 250. 3, 21.　　2. Cod. dipl. Westf. 3, 108.

facere ministeriales abbas potestatem habeat, [1] was darauf schliessen lassen könnte, dass dem Abte von seinen Ministerialen dieses Recht bestritten wurde. Ich möchte etwa annehmen, die Entwicklung habe sich hier in der Weise gestaltet, dass, nachdem sich die bevorzugte Stellung der ritterlichen Dienstmannschaft bestimmter ausgeprägt hatte, angesehene und begüterte Freie vielfach in dieselbe eintraten und sich eine Anschauung bildete, wonach dieselben, obwohl persönlich unfrei, sich dennoch das Recht der Schöffenbarkeit bewahrten, wozu der Fortbesitz freien Eigens den nächsten Anlass bieten mochte; die Dienstmannschaft schloss sich dann wohl so ab, dass der Herr nur noch Freie, nicht andere Unfreie in dieselbe aufnehmen durfte; und weiter mag man später die Rechte der Schöffenbarkeit auf alle Ritterbürtigen ausgedehnt haben.

Handelte es sich nun hier nicht blos, was genauerer Untersuchung bedürfte, um eine örtlich eng begränzte Entwicklung, waren auch sonst in Sachsen Ministerialität und die Rechte der Schöffenbarkeit vereinbar, stellt uns der Sachsenspiegel in dieser Richtung veraltete oder doch nur im nächsten Kreise des Ortes seiner Entstehung noch wirksame Zustände · dar, so wird die anscheinend sehr geringe Zahl ritterbürtiger schöffenbarer Freien um so weniger befremden; wir dürfen annehmen, dass sie grossentheils in die Dienstmannschaften eingetreten sind. Und die Glosse stellt für ihre Zeit den Satz, dass der belehnte Richter schöffenbar frei sein solle, allerdings insbesondere für die Mark, wo diese Verhältnisse auch früher anders lagen, aber nebenbei doch auch für ganz Sachsenland als entschieden den Thatsachen widersprechend hin. [2]

Müssen wir nach allem annehmen, dass die ritterbürtigen Schöffenbaren durchweg Lehnsmannen oder Dienstmannen geworden waren, die unbelehnten Schöffenbarfreien aber als Bauern lebten, so können diese letztern um so weniger unter den Schöffenbaren des fünften Heerschildes zu verstehen sein, als ihnen als Lehnsunfähigen überhaupt der Heerschild nicht gebührte.

---

1. Martene Coll. ampl. 2, 606. 2. Gl. zu Sächs. Ldr. 3, 54. vgl. Homeyer S. 534.

Ist nun, und zwar, wie ich denke, ganz folgerichtig, sobald hier
überhaupt an Unbelehnte·gedacht wird, für alle Schöffenbarfreien,
auch wenn sie nicht rittermässig lebten, die Ritterbürtigkeit in
Anspruch genommen,[1] so glaube ich ein besonderes Eingehen
auf diesen Einwand hier unterlassen zu dürfen. Ist das richtig,
was ich bisher auszuführen versuchte, so fallen damit nicht gerade
alle für jene Ansicht vorgebrachten Gründe, aber doch der haupt-
sächlichste, der Schluss nämlich, dass, da Heerschild und Ritterbürtigkeit sich gegenseitig bedingen, alle Schöffenbarfreie desshalb
auch ritterbürtig sein müssen, weil ihnen eben als Schöffenbaren
ohne Rücksicht auf das Lehnsverhältniss der fünfte Heerschild
zugesprochen wird. Sind aber die Ergebnisse meiner Erörterung
an und für sich unhaltbar, so würde auch der Versuch einer
Widerlegung dieses Einzelpunktes in so weit fruchtlos erscheinen
müssen, als ich dabei zunächst wieder nur an jene Ergebnisse
anzuknüpfen wüsste.

XV.

Scheint die bisherige Untersuchung zu ergeben, dass unter
den Schöffenbaren des fünften Heerschildes des Sachsenspiegels
nur die belehnten Schöffenbaren zu verstehen sind, können die
neben ihnen genannten Mannen der freien Herren weder schöffenbar
Freie, noch sonstige Freie sein, so ist wohl nur an die erste
Klasse der Unfreien, an Ministerialen zu denken. Ein Heerschild
der Ministerialen wird im Schwabenspiegel ausdrücklich anerkannt, und ihnen der sechste zugesprochen; könnten sie nach
unserer Annahme schon im fünften Schilde des Sachsenspiegels
stehen, so würde das in so weit nicht auffallen, als die freien
Herren hier nur einen, dort zwei Schilde füllen; die beiderseitige
Stellung würde sich in dieser Richtung entsprechen. Aber der
Schwabenspiegel, später und an anderem Orte entstanden, wird
für den früheren Zustand Sachsens nicht entscheiden können;
und hier in den Mannen des fünften Schildes Dienstmannen zu

---

1. Zeitschr. f. deutsch. R. 15, 336.

sehen, hielt zunächst ·die Annahme ab, dass der Sachsenspiegel den Dienstmannen den Heerschild überhaupt noch nicht zuerkenne.

Für diese Annahme scheinen mir genügende Gründe zu fehlen. Die Freiheit als Erforderniss des Heerschildes wird nirgends betont; nicht Freiheit und Unfreiheit, sondern Ritterbürtigkeit und Nichtritterbürtigkeit bilden den Gegensatz, mit welchem der Begriff der Fähigkeit und Unfähigkeit zum Lehen überall eng verbunden erscheint. Es liesse sich etwa auf die Stelle des sächsischen Landrechts hinweisen, wonach das ehelich und frei geborne Kind des Vaters Schild behält;[1] aber abgesehen davon, dass die Stelle späterer Zusatz ist, soll doch wohl zunächst nur betont sein, dass das unfreie Kind eines freien Vaters dessen Schild verliert, nicht aber behauptet werden, dass Unfreien der Schild überhaupt fehle; wäre letzteres wirklich der Fall gewesen, so würde das Rechtsbuch eine bestimmte Erwähnung kaum haben umgehen dürfen. Und sagt das Lehnrecht in einer entsprechenden Stelle nur, dass der ebenbürtige Sohn des Vaters Schild behält, so ist dabei um so mehr nur an die von der Freiheit unabhängige Ritterbürtigkeit zu denken, als es scheint, dass der dem Vater zu Landrecht ebenbürtige Rittersohn ihm der freien, aber nicht ritterbürtigen Mutter wegen zu Lehnrecht nicht ebenbürtig sein konnte. [2]

Die Hauptveranlassung, den Dienstmannen die Lehnsfähigkeit abzusprechen, hat wohl der in den sächsischen Rechtsbüchern bestimmt ausgesprochene Ausschluss des Dienstguts vom Gebiete des Lehnrechts gegeben. Die übereinstimmenden Angaben des Auctor vetus und des Lehnrechts, dass das ohne Mannschaft geliehene Lehen kein rechtes Lehen sei, wie das Gut, welches der Herr seinem Dienstmanne ohne Mannschaft zu Hofrecht leiht, von dem er Hofrecht, aber nicht Lehnrecht zu pflegen habe, [3] lassen darüber keinen Zweifel. Aber es ist hier doch lediglich von der Lehnseigenschaft eines Gutes, nicht einer Person die Rede; begründet die Beleihung mit Dienstgut für den

---

1. Sächs. Ldr. 3. 72.   2. Vgl. Homeyer S. 300. 302.   3. V. A. 1. 130. Sächs. Lhr. 63 § 1.

Dienstmann keine Lehnsverbindung, so schliesst jene Angabe doch nicht aus, dass er neben seinem Dienstgute auch Lehngut, sei es von seinem, sei es von einem andern Herrn, haben konnte. Die Stelle scheint keinen Grund zu bieten, an der Lehnsfähigkeit der Ministerialen zu zweifeln, wenn andere Erwägungen auf eine solche hinweisen.

Und in dieser Richtung wird vor allem auf die enge Verbindung von Ritterbürtigkeit und Lehnsfähigkeit hinzuweisen sein. Sie stellen sich als Begriffe dar, welche die landrechtliche Ständegliederung durchbrechend sich miteinander und aneinander entwickelt haben; die fehlende Ritterbürtigkeit ist es, welche den freien Bauern vom Heerschilde ausschliesst; ist es da anzunehmen, dass nach einer andern Seite hin die Entwicklung vor der landrechtlichen Schranke Halt gemacht, den Dienstmann trotz seiner Ritterbürtigkeit vom Lehen ausgeschlossen haben sollte? Es wäre damit von der mit der Ritterbürtigkeit so eng zusammenhängenden Lehnsfähigkeit ein Stand ausgeschlossen gewesen, welcher schon zur Zeit der Entstehung des Sachsenspiegels so sehr als Hauptbestandtheil der Ritterschaft angesehen wurde, dass die Ausdrücke Ministeriales und Milites, wenn sie sich auch nicht gerade deckten, doch abwechselnd und gleichbedeutend gebraucht wurden, dass in vielen Gegenden der erste ganz durch den letztern verdrängt wurde. Die allerdings spätere Glosse weist mehrfach auf die durch die ritterliche Würdigkeit herbeigeführte Gleichstellung der Schöffenbarfreien und Dienstmannen hin und bezieht sich, unserer Ansicht entsprechend, ausdrücklich darauf, dass ja beide nebeneinander im fünften Heerschilde stehen.[1] Und nach Massgabe unserer früheren Erörterungen wird das schon in der Zeit des Sachsenspiegels nicht anders gewesen sein; Vorzug im allgemeinen gibt die Ritterschaft, neben welchem der bei einzelnen vielfach schon antiquirten landrechtlichen Instituten hervortretende Vorzug der Freiheit nur als ein ausnahmsweise zur Geltung gelangender gefasst werden kann; wir stiessen sogar auf Zeugnisse, wonach wenigstens in

---

1. Gl. zu Sächs. Ldr. 2, 12. 3, 19. 29.

örtlicher Beschränkung selbst landrechtliche Vorrechte der Freiheit bereits auf den ritterbürtigen Dienstmann ausgedehnt waren. Und kann, wie wir ausführten, die Zahl der nichtedlen ritterbürtigen Freien nur eine überaus geringe gewesen sein, so wird schon das es nahe legen müssen, in den untern Heerschilden die Masse der ritterlichen Dienstmannen zu suchen.

Es würde aber weiter der Sachsenspiegel, wollte er wirklich den Dienstmannen die Lehnsfähigkeit absprechen, in Widerspruch mit den thatsächlichen Zuständen seiner Zeit gerathen, in welcher es an Beispielen für Belehnung von Ministerialen zu Lehnrecht nicht fehlt. Die Zeugnisse, wonach Dienstmannen zu Beneficium oder Feodum belehnt waren, reichen in das zwölfte Jahrhundert zurück.[1] Das möchte ich nun freilich an und für sich nicht als entscheidend geltend machen; denn auch das Dienstgut wird sehr gewöhnlich als Beneficium bezeichnet; und auch das Wort Feodum, welches, bei Nichtberücksichtigung einer verdächtigen Fuldaer Urkunde von 940,[2] so weit ich sehe, im Reiche zuerst in Lothringen in Urkunden des Erzbischofs von Trier um 1010 und 1030 und des Pfalzgrafen Hezil von 1033 vorkommt,[3] dient nicht allein bei jenem ersten Vorkommen, sondern noch um die Mitte des zwölften Jahrhunderts auch zur Bezeichnung hofrechtlicher Zinsgüter,[4] so dass immerhin auch Dienstgüter der Ministerialen so benannt werden konnten; und wirklich findet sich 1183 der Ausdruck: *iure feodali ministerialium, quod vulgariter dicitur hovelen.*[5] Sicherer würde der Ausdruck Homagium leiten, da Dienstgut ohne Mannschaft geliehen wird; doch kommt er verhältnissmässig selten vor. Unzweifelhaft finden wir Mannlehen eines Ministerialen, und zwar in seinem Beginne weit über die Zeit der Entstehung des Sachsenspiegels hinausreichend, wenn 1234 Graf Burchard von Oldenburg sagt, dass *Conradus de H. ministerialis noster* ein Gut *non loco ministerialis, sed racione homagii a patre nostro et nobis*

---

1. Vgl. Fürth Ministerialen 429. Kraut Grundriss § 14 n. 12 ff.   2. Dronke Cod. dipl. Fuld. 317.   3. Beyer UB. 1, 339. 354. Lacomblet UB. 1, n. 169.   4. Ennen Quellen z. G. d. St. Köln 1, 520. Beyer UB. 1, 595.   5. Kraut Grundriss § 13 n. 41.

iure tenuit feodali; konnte danach ein Ministerial auch vom Dienstherrn Manngut haben., so erscheint das hier freilich als Ausnahme, indem das Verhältniss ausdrücklich dadurch erklärt wird, dass Konrad und sein Vater das Gut früher von andern Herrn zu Lehen gehabt hätten.[1] Eben so sicher werden aber auch ohne ausdrückliche Erwähnung der Mannschaft Zeugnisse beweisen, in welchen das Lehnsverhältniss und das Dienstverhältniss in bestimmten Gegensatz gebracht sind. Zweifelhaft könnte das noch sein, wenn der Abt von Korvei 1197 seinem Ministerialen *sylvam ad curiam pertinentem — iure pheudali, curiam vero ipsam iure officiali, (quod vulgo ambetrecht dicitur)* verleiht,[2] da die amtsweise Verleihung doch auch von der Verleihung zu Dienstgut zu unterscheiden ist. Andere Zeugnisse gestatten solchen Zweifel nicht. Als Pfalzgraf Heinrich 1219 sein Eigen in der Grafschaft Stade dem Stifte Bremen zu Lehen auftrug, wurde erwähnt: *Ministeriales autem ipsius palatini — bona, quae hactenus a palatino tenuerunt jure ministerialitatis, in iure feudali ab eo receperunt;*[3] der Grund wird darin zu suchen sein, dass das zu Lehngut gewordene Eigen nun auch nur als Lehngut weitergeliehen sein sollte. Bei der Sühne 1236 musste der Graf von Teklenburg dem Stifte Osnabrück schenken *sex ministeriales cum omnibus bonis, que ab ipso jure ministerialium tenuerant; alia vero bona, sive sint feodalia sive castellanie, de manu sua recipient;*[4] neben dem Dienstgut hatten sie also auch Lehngut, und zwar früher von dem eigenen, fortan von einem fremden Dienstherren. Die Lehnsfähigkeit der Ministerialen haben wir überhaupt zu scheiden von dem Streben, auch das Dienstverhältniss in das günstigere Lehnsverhältniss übergehen zu lassen, das Dienstgut als Lehngut zu behande'n, eine Anschauung, wie sie im kleinen Kaiserrechte schon ganz vorherrscht. Auch in Zeiten, wo die Lehnsfähigkeit der Ministerialen nicht dem geringsten Zweifel mehr unterliegt, sind Dienstgut und Lehngut noch keineswegs ineinander übergegangen;

---

1. Scheidt Nachr. vom Adel 104. 2. Kraut Grundriss § 14 n. 13. 3. Orig. Guelf. 3, 663. 4. Möser Osnabr. Gesch. 4, 226.

so werden in den Lehnbüchern der Bischöfe von Minden und der
Grafen von Arnsberg aus der ersten Hälfte des vierzehnten
Jahrhunderts beide scharf auseinandergehalten, obwohl nicht selten
ein und dieselbe Person *jure pheodali* und *jure ministeriali*
belehnt erscheint. [1]

Es stehen aber ausserdem noch andere Belege für eine über
die Zeit des Sachsenspiegels hinausreichende Lehnsfähigkeit der
Ministerialen zu Gebote. Wird 1222 vor dem Reiche das Urtheil
gefunden, *quod in iure feodali omnis ministerialis feodatarius
eque iudicare possit super feodis nobilium et ministerialium,
exceptis tamen feodis principum,* [2] so wird doch nur an lehnsfähige Ministerialen gedacht werden können. Wir werden weiter
annehmen müssen, dass Gerichtslehen nicht als Dienstgut geliehen
sein konnten; und doch fanden wir schon 1178 einen münsterischen Dienstmann mit der Grafschaft von einem Edelherren
belehnt. [3] Endlich werden wir annehmen müssen, dass alle
Beneficia oder Feuda, mit welchen ein Dienstmann von einem
andern, als seinem Dienstherrn belehnt war, Lehngut und nicht
Dienstgut waren; denn es konnte jemand in der Regel nur einer
Dienstmannschaft angehören und überall finden wir ja den Grundsatz scharf festgehalten, dass Dienstgut nicht ausserhalb der
eigenen Dienstmannschaft verliehen werden soll. Solche Lehen
von fremden Herren führten wir bereits an, und es liessen sich
die Beispiele leicht vermehren; es mag genügen, auf das spätestens um 1190 gefertigte Verzeichniss der Lehen des Reichsministerialen Werner von Boland hinzuweisen; ausser dem Dienstherrn, dem Reiche, werden über vierzig geistliche und weltliche
Reichsfürsten, Prälaten, Grafen und freie Herren aufgeführt. [4]
Eine ähnliche Häufung von Lehnsherren finden wir in dem um
1200 gefertigten Güterverzeichnisse des Rheingrafen Wolfram,
eines Ministerialen des Stiftes Mainz. [5]

Was die Entstehungszeit der Lehnsfähigkeit der

---

1. Sudendorf UB. 1, 106. Seibertz UB. 2, 107. 119. 273. 294. **2.** Mon. Germ.
4, 249. **3.** Vgl. oben S. 170. **4.** Köllner G. d. Herrsch. Kirchheim-Boland 20.
5. Kremer Orig. Nassov. 2, 217.

Ministerialen betrifft, so führt keiner der angegebenen Haltpunkte über die Mitte des zwölften Jahrhunderts zurück; insbesondere ist mir für Belehnung durch einen fremden Herrn kein
früheres Beispiel bekannt geworden, als dass 1163 der Bischof
von Regensburg einem Ministerialen des Grafen von Abensberg
ein Lehen gibt; [1] dann erscheint 1171 der Reichsministerial
Friedrich von Groitsch als Vasall des Bischofs von Naumburg. [2]
Werden in Urkunde von 1147 nicht nur die Vasallen, sondern
auch die Ministerialen dem Heerschilde der Abtei Lorsch zugezählt, [3] so werden wir den Ausdruck hier doch kaum in engere
Beziehung zur Lehnsfähigkeit setzen dürfen. Es läge nahe, die
erste Begründung solcher Verhältnisse an die Bestimmung der
Dienstrechte anzuknüpfen, dass der Dienstmann, welchem sein
Herr kein Beneficium gab, nach Belieben einem fremden Herrn
dienen konnte, ohne aufzuhören, Dienstmann seines Herrn zu
sein, zu welchem er zurückkehren musste, wenn er ihm ein
Beneficium anbot. Dann würde das Verhältniss weit zurückreichen, da diese Bestimmungen sich schon in Dienstrechten des
eilften Jahrhunderts finden; aber es mag doch sehr zu bezweifeln
sein, ob fremde Lehnsverbindungen damit vereinbar waren; die
allerdings mehrfache Deutung zulassende Bestimmung des Bamberger Dienstrechts: *cui vult militet, non beneficiarius sed libere,*
dürfte doch zunächst auf ein Verbot derselben zu beziehen sein. [4]

Auch hier könnte vielleicht die Scheidung der Ständeklassen
in den Urkunden einen gewissen Anhalt gewähren. Finden wir
im dreizehnten Jahrhunderte den Ausdruck Milites vorzugsweise
für die Ministerialen gebraucht, so werden im eilften Jahrhunderte
die Zeugen häufig als *Milites* einerseits, als *Servientes* oder
Ministri andrerseits geschieden, und zwar so, dass die Scheidung sich als gleichbedeutend mit der im zwölften Jahrhunderte
gebräuchlichen der Liberi oder Nobiles von den Ministeriales
erweisen lässt. [5] Der Sprachgebrauch des eilften Jahrhunderts

1. Mon. Boica 5, 157. Vgl. Fürth Ministerialen 434. 2. Schöttgen et Kreysig
Diplomataria 2, 429. . 3. Vgl. oben S. 100. 4. Vgl. Fürth Ministerialen 458.
5. z. B. Lacomblet UB. 1, n. 196. 236. 248. Cod. dipl. Westf. 1, 129.

bezieht den Ausdruck Miles vielfach so bestimmt auf das Lehnsverhältniss, dass der sich in jenen Bezeichnungen ausdrückende
Gegensatz unzweifelhaft der des Lehnsmannes und des Dienstmannes sein dürfte; so lange der letztere kein Lehen hatte, fielen
die Nobiles oder Liberi mit den Milites in dieser Bedeutung
zusammen. Der Ausdruck war aber in dieser Bedeutung nicht
mehr anwendbar, seit auch Ministerialen zu den Lehnsmannen
gehörten, wobei freilich zu beachten, dass er auch dann nicht
mehr so gebraucht werden konnte, sobald man ihn vorzugsweise
auf das Verhältniss der Ritterbürtigkeit bezog und er auch in
dieser Richtung Ministerialen mitumfasste, was den Anhaltspunkt
weniger sicher erscheinen lässt. In kölnischer Urkunde finde ich
zuletzt 1116 Milites und Servientes geschieden. [1] Aber in Min-
dener Urkunden werden noch bis 1187 die Edelherren als *Milites
ecclesiae* von den *Ministri* oder *Ministeriales* mehrfach getrennt. [2]
Auch sonst finden wir noch mehrfach in der zweiten Hälfte des
Jahrhunderts Belehnte und Ministerialen nebeneinandergestellt;
so werden in kaiserlicher Urkunde für Nienburg 1166, [3] und des
Bischofs von Hildesheim 1184 die *Beneficiati*, [4] 1178 in münsterischer Urkunde die *Hominio obnoxii*, [5] noch 1209 in welfischer
Urkunde [6] die *Homines nostri* von den Ministerialen geschieden;
werden ihnen aber 1154 und später *Liberi homines* vorange-
stellt, [7] so könnte das eher darauf deuten, dass man das Wort
Homines allein nicht als genügenden Gegensatz betrachtete. Es
dürfte sich daraus ergeben, dass man in der zweiten Hälfte des
Jahrhunderts die Ministerialen doch noch nicht so allgemein
zugleich als Vasallen betrachtete, um nicht hie und da noch
Ausdrücke zu gebrauchen, durch welche beide als verschiedene
Personenklassen bezeichnet werden.

Wird eine bestimmtere Entscheidung für den einzelnen Punkt
der Lehnsfähigkeit durch den Mangel genügender Anhaltspunkte

---

1. Lacomblet UB. 1, n. 291.   2. Cod. dipl. Westf. 2, 30. 91. 193.   3. Ludewig
Reliq. man. 12, 365.   4. Orig. Guelf. 3, 551.   5. Cod. dipl. Westf. 2, 143.
6. Sudendorf UB. 1, 4.   7. Sudendorf UB. 1, 2. Orig. Guelf. 3, 534. Erath Cod.
dipl. Quedl. 103.

erschwert, so dürfte doch auch für ihn zu beachten sein, dass die erste Hälfte des zwölften Jahrhunderts uns die Zeit bezeichnet, in welcher der Stand der Ministerialen nach verschiedenen Richtungen hin seine Befugnisse zu erweitern, seine bevorzugte, den Mangel der Freiheit ganz zurück treten lassende Stellung zu erringen wusste. Dahin gehört das Streben, das amtsweise Geliehene in erbliche Benefizien zu verwandeln, [1] womit ein Streben nach rittermässigem Leben Hand in Hand ging. [2] Reste unritterlicher Leistungen dürften in dieser Zeit durchweg beseitigt sein; es ist bezeichnend, wenn der Graf von Ahr um 1150 bei Feststellung der Rechte seiner Dienstmannen sagt: *Debuerunt preterea servitium, ut suis aratris agros meos laborare facerent; sed pro meo et ipsorum honore hoc eis debitum remisi et in perpetuum remissum sit, ut in ceteris honestius serviant.* [3] Und sagt um 1160 der Abt von Fulda, über die Uebergriffe der Grossen und Kleinen klagend: *Et si aliquis eis contradicere vellet abbatum, ac iudiciali lege placitum faciens iusticiam ex eis exquirere cepisset, ingeniosa et callida argumentatione iuris sui, quod lehenreht nominant, anguis more de manibus elapsi, per amfractus sermonum sine suo discrimine diffugiunt,* [4] so dürfte doch auch wohl zunächst an Ministerialen und an ein Streben, statt des Dienstrechts nach den günstigeren Satzungen des Lehnrechts beurtheilt zu werden, zu denken sein. Für die Bewegung, welche den Stand erfasst hatte, wird auch eine Stelle der Pölder Annalen zum J. 1146 zu beachten sein: *Hoc anno res mira et hactenus inaudita in regno exorta est; nam ministeriales regni et aliorum potestatum non iussi ad colloquium sepius convenientes, inconsulto tam rege quam ceteris principibus iusticiam omnibus interpellantibus se iudiciali more fecerunt.* [5]

In dieser Richtung wird nun noch ein anderes Verhältniss um so mehr zu besprechen sein, als es überhaupt in naher Verwandtschaft zur Lehre vom Heerschilde steht, nämlich die Unzu-

---

1. Vgl. Nitzsch Vorarbeiten 1, 70. 245.   2. Mon. Germ. 2, 161., vgl. oben S. 150.   3. Lacomblet UB. 4, n. 624.   4. Böhmer Fontes 3, 166.   5. Mon. Germ. 16, 82.

lässigkeit einer Niederung der Ministerialen; der Herr durfte sie vergeben, aber nicht an einen niederen Herrn. Der Schwabenspiegel sagt bestimmt, dass der König seinen Dienstmann nicht an einen Laienfürsten geben darf, weil er ihn dadurch niedern würde.[1] Für eine weitere Niederung würde nach dem Schwabenspiegel überhaupt kein Raum geboten sein, da er sagt, dass mit Recht Niemand Dienstmannen haben möge, als das Reich und die Fürsten; wer sonst vorgebe, er habe Dienstmannen, der spreche Unrecht, denn es seien nur seine eigenen Leute.[2] Dem Sachsenspiegel ist eine solche Abgränzung noch fremd; eben so wenig entspricht sie dem Sprachgebrauche der älteren Urkunden; wir finden nicht allein bei Laienfürsten, sondern auch bei Grafen und Edeln, weiter aber nicht allein bei Pfaffenfürsten, sondern auch bei nichtfürstlichen Kirchen ritterliche Ministerialen mehrfach erwähnt. Eine Edelfrau übergibt sich, dann 1095 ihre Kinder dem Kloster Oeren, welche nun *inter optimos ecclesie ministeriales computati sunt*.[3] Den Ministerialen des Stifts Wildeshausen bestätigt K. Lothar 1135 ihr altes Recht, wonach sie den herzoglichen Ministerialen gleichgestellt sind.[4] Der Abt von Marienberg erhebt 1150 zwei *de familia* zu Ministerialen und verleiht ihnen das Recht der Churer Dienstmannen.[5] Ministerialen niederrheinischer Klöster werden häufig erwähnt;[6] in Urkunde des Abts von Brauweiler 1176 werden sie von der Familia ausdrücklich geschieden.[7] Die Aebtissin von Ueberwasser zu Münster hat 1209 einen Miles zum Ministerialen; vor dem Bischofe von Osnabrück werden 1218 Rechtssprüche über die *bona feodalia* der Ministerialen der seiner Kirche unterworfenen Klöster gefunden.[8]

Dennoch scheint es im zwölften Jahrhunderte allgemein anerkannt gewesen zu sein, dass selbst Grafen und Edle ihre ritterlichen Ministerialen nicht durch Vergabung an nichtfürstliche Kirchen niedern durften; bei Schenkungen an diese behielt man

---

1. Schwäb. Ldr. 158. 2. Schwäb. Ldr. 308. 3. Beyer UB. 1, 446. 4. Orig. Gaelf. 2, 521. 5. Mohr Cod. dipl. 1, 171. 6. Lacomblet UB. 1, n. 316. 346. 367. 370. 396. 443. 444. 7. Lacomblet UB. 1, n. 457. 8. Cod. dipl. Westf. 3, 31. 68.

sich die Ministerialen entweder vor oder gab sie an den geistlichen Reichsfürsten, welchem die Kirche unterworfen war. Dahin
werden wir schon ziehen müssen, wenn 1074 bei der Gründung
des Klosters Ravengirsburg durch den Grafen Bertold nur ein
Theil der Servientes. an das Kloster, die andern an das Stift
Mainz kommen, und zwar, da ausdrücklich bestimmt wird, dass
ihre Benefizien beim Mangel von Erben an das Kloster fallen
sollen, offenbar nur zur Wahrung ihrer persönlichen Stellung.[1]
Eine Verfügung des letzten Grafen von Markwardstein, wonach
er sein *patrimonium exceptis ministerialibus* zur Gründung des
Klosters Baumburg bestimmt, könnte eben so weit zurückreichen,
ist uns aber nur aus späterer Aufzeichnung bekannt.[2] Später
finden wir zahlreiche Belege. Ein Edler von Kirchheim vermacht
1092 sein gesammtes Eigen an das Kloster Allerheiligen zu
Schaffhausen, *exceptis militaris vite personis;*[3] der Erzbischof
von Trier macht 1098 eine Schenkung an das Stift S. Simeon,
aber *exceptis familiaribus, qui archiepiscopales servientes dicuntur;*[4] als 1126 die Grafen von Kappenberg ihren ganzen
Besitz zu Klosterstiftungen verwandten, gaben sie *centum et
quinque ministeriales copiose inbeneficiatos* an den Bischof von
Münster;[5] 1128 schenkt der Edle Udo alle seine Güter an
Ravengirsburg, aber die *ministeriales inbeneficiatos* an Mainz,[6]
und zwar auch so, dass beim Mangel von Erben ihre Benefizien
an das Kloster kommen; 1135 widmet die Gräfin von Saarbrück
ihr Eigen zur Gründung eines Klosters *exceptis solis ministerialibus;*[7] bei Stiftung des Klosters Meer durch die Gräfin von
Ahr 1166 werden alle Ministerialen der Kölner Kirche vorbehalten;[8] um 1170 gibt Ulrich von Trasp *nobiliores quosque
ministerialium suorum* an das Bisthum Chur, *reliquos vero,
scilicet humiliores de familia sua* an das Kloster Marienberg;[9]
der Edle von Wetteringen schenkt 1178 seine Besitzungen an
verschiedene Kirchen, seine Ministerialen aber und die Lehngüter

---

1. Beyer UB. 1, 431.   2. Mon. Boica 2, 175.   3. Wirtemb. UB. 1, 297.
4. Beyer UB. 1, 452.   5. Cod. dipl. Westf. 2, 6. 27.   6. Beyer UB. 1, 515. 516.
7. Beyer UB. 1, 537.   8. Lacomblet UB. 1, n. 415.   9. Mohr Cod. dipl. 1, 203.

seiner Vasallen an das Stift Münster;[1] der Erzbischof von Köln vertauscht an sein Kapitel 1180 Güter mit allem Zubehör, auch in *mancipiis omnibus cerocensualibus et capitalibus, — exceptis solis ministerialibus et bonis eorum, quos in ministerium epis-copii reservare voluit.*[2] Fast aus jeder Urkundensammlung würden sich diese Belege mehren lassen.

Dagegen dürfte sich andererseits ergeben, dass vor dem Ende des eilften Jahrhunderts eine Vergabung auch von Ministerialen an nichtfürstliche Kirchen noch keinem Anstande unterlag. Eine Urkunde, nach welcher Graf Adelhart 1016 dem von ihm gegründeten Kloster Oberstenfeld *ministeriales meos, iure Moguntinorum ministerialium principalium, aliaque mancipia mea* schenkt, ist allerdings unecht;[3] und da der Stand der Ministerialen noch kaum scharf abgegränzt war und verschieden benannt wurde, so wird es schwer sein, unmittelbar nachzuweisen, dass sich unter den Unfreien, deren Vergabung an Kirchen oft erwähnt wird, Ministerialen befanden. Schenkt 1054 die Königin Richeza an Kloster Brauweiler genannte Personen mit ihren Benefizien und den dazu gehörigen Manzipien, und unter andern auch *E. ministrum suum,* welchen sie auf seine Bitte von der Vergabung wieder befreit,[4] so dürften doch auch die angesehensten Unfreien noch solchen Verfügungen unterworfen gewesen sein. Der stärkste Beweis dürfte aber darin liegen, dass, so weit ich sehe, vor den obengenannten Beispielen einer getrennten Verfügung über die Ministerialen im allgemeinen auch bei den umfassendsten Vergabungen an Kirchen nicht gedacht wird; werden aber nur einzelne genannte Ministerialen ausgenommen,[5] wobei wir zunächst das Interesse des Herrn wirksam zu denken haben, so wird das eher für unsere Ansicht sprechen. Noch 1104 schenkt der Graf von Padberg an das von ihm gegründete Kloster Flechtorf *ministeriales meos cum beneficiis et possesionibus, item servos omnes mihi bene in hoc consentientes,*[6] wo allerdings

---

1. Cod. dipl. Westf. 2, 143. 2. Lacomblet UB. 1, n. 473. 3. Wirtemb. UB. 1, 242. 4. Lacomblet UB. 1, n. 189. 5. z. B. Cod. dipl. Westf. 1, 76. 6. Seibertz UB. 1, 43.

ihre Zustimmung betont wird. Spätere Beispiele sind mir nicht bekannt geworden; und es wird sich etwa schliessen lassen, dass um den Beginn des zwölften Jahrhunderts die Anschauung völlig durchgedrungen war, dass ein Herr seine Ministerialen nicht niedern dürfe und dass insbesondere die Vergabung an Kirchen ohne Heerschild als Niederung betrachtet wurde.

Es scheint das unserer früheren Bemerkung, dass Ritterbürtige anstandslos Lehen von unfähigen Kirchen nahmen, zu widersprechen. Aber beide Verhältnisse waren doch verschieden, und ich finde sogar einen Beleg, wo ausdrücklich das eine beseitigt, das andere beibehalten wird. K. Friedrich sagt nämlich 1220 bei Verwandlung der Reichsabtei Nordhausen in eine Probstei: *Ministeriales autem ecclesie — imperio reservantes, pro illis eidem ecclesie compensationem idoneam domino annuente impendemus; statuentes ut ministeriales ipsi antiqua feuda, que abbatissarum olim largitione juste ac rationabiliter sunt adepti, recipiant de manu prepositi ecclesie prenotate;*[1] er konnte sie also wohl an den Probst als Lehnsherren, nicht aber als Dienstherren weisen. Und auf eine entsprechende Anschauung führt uns ja auch der Schwabenspiegel, wenn er Hochfreien und Mittelfreien wohl Lehnmannen, aber keine Dienstmannen zugesteht. Mag nun letzteres den Thatsachen auch nicht überall entsprechen, so erklärt sich doch die Anschauung sehr leicht; die ganze Stellung des Ministerialen ist vorzugsweise durch das unlösliche Dienstverhältniss bestimmt, nicht durch die etwa hinzukommenden Lehnsverbindungen; der ritterliche Dienstmann musste allerdings Bedenken tragen, sein Geschick unlöslich an eine Kirche gebunden zu sehen, welche ausser dem Kreise der Reichsheerpflicht stehend ritterlicher Dienste kaum bedurfte, unter deren Herrschaft er befürchten müsse, seine ritterliche Stellung einzubüssen. Je bestimmter sich die ausschliessliche aktive Lehnsfähigkeit der Reichskirchen ausprägte, um so stärker mussten sich solche Bedenken geltend machen; und führten uns die obigen Erörterungen auf die Zeit des Investiturstreites als die, in welcher eine solche

---

1. Huillard H. D. 1, 807.

Anschauung bestimmter hervortritt, so stimmt das mit früheren Ergebnissen, wonach eben damals die Ausnahmestellung der Reichskirchen sich schärfer ausbildete.

Hier noch weiter zu gehen, anzunehmen, das Sträuben der Ministerialen gegen Vergabung an lehnsunfähige Kirchen weise auf eine schon damals anerkannte Lehnsfähigkeit der Dienstmannen hin, welche sie dadurch zu verlieren fürchteten, möchte sich doch kaum rechtfertigen lassen, da die Erscheinung sich aus dem Dienstverhältnisse allein genügend erklären lässt. Aber es handelt sich doch auch wieder um eine Anschauung, welche mit den Heerschildsverhältnissen vielfach zusammenhängt, auf schärfere Abgränzung, bevorzugtere Stellung und engeren Zusammenhang des Standes der Ministerialen mit der Reichsheerpflicht hinweist, und so doch wesentlich mitgewirkt haben mag, die Ministerialen als lehnsfähig erscheinen zu lassen. War es vorzugsweise nur die Unfreiheit, welche den Ministerialen vom Vasallen schied, wurde dieser Unterschied auch durch die Erlangung der Lehnsfähigkeit nicht beseitigt, während in allem andern die Stellung beider Stände schon früher aufs engste verwandt war, so wird es um so schwerer bleiben, genauer zu bestimmen, seit wann im Ministerialen beide Stellungen vereint seien konnten; die Lehnsfähigkeit der Ministerialen mag sich in der ersten Hälfte des Jahrhunderts vorbereitet haben, während die erhaltenen Zeugnisse doch wohl höchstens gestatten dürften, sie um die Mitte desselben als erreicht zu betrachten.

XVI.

Der sechste Heerschild des Sachsenspiegels wird lediglich nach einem lehnrechtlichen Momente bestimmt; es gehören ihm diejenigen an, welche Mannen von Personen des fünften Schildes sind. Da es sich nur um Lehnsfähige, also Ritterbürtige handeln kann, so sind wir auch hier aus den früher angeführten Gründen auf die schöffenbar Freien und die Ministerialen hingewiesen.

Dass schöffenbar Freie auch im sechsten Heerschilde stehen konnten, wird für spätere Zeiten durch die Glosse ausdrücklich bezeugt, welche Beispiele anführt, dass schöffenbar Freie Mannen nicht allein von andern Schöffenbaren, sondern auch von Dienstmannen waren.[1] Nennt der Sachsenspiegel selbst die Schöffenbaren nur im fünften Heerschilde, so wird daraus nicht gerade zu folgern sein, dass er sie zunächst auf diesen beschränken will, da ja jeder ohne Einbusse an seiner landrechtlichen Stellung seinen Schild niedern kann, und das hier um so mehr ins Gewicht fällt, als der sechste Schild überhaupt keinem bestimmten landrechtlichen Stande zugewiesen ist. Doch wäre es immerhin möglich, dass zur Zeit seiner Entstehung die Schöffenbaren, welche überhaupt ritterbürtig waren, sich in der Regel noch den fünften Schild bewahrt hatten; bei der anscheinend geringen Anzahl derselben und ihrem seltenen Hervortreten würde eine Prüfung der thatsächlichen Lehnsverbindungen hier freilich nur unter sehr günstigen Verhältnissen bestimmtern Aufschluss geben können.

Standen im fünften Heerschilde nicht allein Schöffenbare, sondern auch Dienstmannen, und findet sich keinerlei Andeutung, dass etwa nur jene die Herren der Mannen des sechsten Schildes gewesen seien, so ergibt sich daraus, dass das Rechtsbuch auch die aktive Lehnsfähigkeit der Ministerialen anerkennt. Und diese wird auch schon für frühere Zeiten nicht zu bezweifeln sein. Giselbert von Hennegau nennt zum J. 1184 unter den kaiserlichen Räthen: *Wernerius de Bollanda, ministerialis imperii, homo sapientissimus et castris. xvii. propriis et villis multis ditatus et hominiis. mc. militum honoratus; Cono de Minsemberch, ministerialis imperii, qui dives et sapiens castra sua, bona et militum hominia multa habebat.*[2] Damit stimmt das leider nur auszugsweise bekannte Lehnsverzeichniss Werners von Boland, in welchem eine sehr grosse Anzahl von Vasallen aufgeführt wird, von welchen viele ihm ihr Allod zu Lehen aufgetragen hatten.[3] Auch Belehnungen durch minder angesehene Ministerialen werden mehrfach erwähnt; nur wird es im Einzelfalle

---

1. Gl. zu Sächs. Ldr. 3, 29. 2. Giselbert. Han. ed. Duchasteler 127. 3. Köllner G. d. Herrsch. Kirchheim Boland.

oft schwer zu entscheiden sein, ob wir dieselben noch als rechte Lehnsverbindungen betrachten dürfen. Der münsterische Dienstmann Lubbert von Bevern verleiht 1198 einem gewissen Gerwin einen Zehnten *iure feudali*; Gerwin dürfte ein freier Bauer gewesen sein, denn damit ihm sein Lehen später nicht, *sicut quibusdam rusticis persepe accidit*, in Frage gestellt werde, verpflichtet er sich und seine Nachfolger zur Herwedde und einer Abgabe bei Verheirathung des Sohnes oder der Tochter des Herrn; *de cetero si dominum feodi in expeditione proficisci contingat, filius Gerwini. xiiii. diebus infra Westfaliam in runcino suo obsequium ei debitum exhibeat*; als Zeugen erscheinen *laici, qui eidem Lutberto hominio fuerunt astricti*.[1] Der Abt von Marienfeld bekundet um 1220, *quod B. Hervordensis ecclesie ministerialis — inbeneficiavit de allodio suo — quatuor homines ecclesie nostre — qui facto hominio — suum benefitium impignoraverunt ecclesie nostre*;[2] die Belehnten dürften Eigenhörige des Klosters gewesen sein. Wird hier schwerlich an Ritterbürtige zu denken sein, so werden doch auch mehrfach Ritter erwähnt, welche Eigenhörige von Dienstmannen waren, welche demnach die Frage nach der Lehnsfähigkeit eigener Leute nahe legen könnten. Von einem *ministerialis proprius aecclesiae b. Remigii* wird 1149 gesagt, dass er das *beneficium cuiusdam militis sui — cum ipso milite suo — in altari optulerat et liberum aecclesiae resignaverat*;[3] 1232 findet sich ein *miles proprius* eines Speierer Dienstmannen;[4] 1256 erwähnt der Reichsministerial Schwiker von Mindelberg *U. militem de M. — et suos heredes, qui nobis attinent jure proprietatis*;[5] der Ritter Scheyvart von Rode und seine Frau bekunden 1338, dass sie dem Markgrafen von Jülich verkauft haben *unse man*, nämlich drei genannte Ritter, *mid den manschaffen ind den hulden ind eyden, der si uns gebunden waren, inde darzu mid den manlenen, die si van uns ze halden plagen*;[6] da die von Rode selbst zur Jülicher Dienstmannschaft gehören, so können die drei Ritter

---

1. Cod. dipl. Westf. 2, 244. 2. Cod. dipl. Westf. 3, 73. 3. Mon. Germ. 4, 564.
4. Remling UB. 1, 198. 5. Mon. Boica 8, 31. 6. Lacomblet UB. 3, n. 337.

nur als eigene Leute, nicht als Dienstmannen betrachtet werden;
und dennoch beziehen sich die Ausdrücke bestimmt auf ein Mann-
lehenverhältniss. Der Schwabenspiegel, wie er auch ein Recht der
Dienstmannen, eigene Leute zu haben, nicht anerkennt,[1] scheint
den eigenen Leuten die Lehnsfähigkeit überhaupt abzusprechen,
wenn er den siebenten, keine volle Lehnsfähigkeit mehr begründenden Schild ausdrücklich nur solchen zuspricht, welche nicht
eigen sind.[2] Aber im thatsächlichen Rechtsleben dürfte der Begriff der Ritterbürtigkeit doch auf dem Gebiete des Lehnrechts
alle und jede landrechtliche Unterschiede beseitigt haben; und
hielt die Theorie an einer engern Begränzung des Standes der
Dienstmannen fest, wollte sie solche nur Fürsten zugestehen,
während sie alle Dienstmannen niederer Herren als eigene Leute
bezeichnet,[3] so ist ja andererseits die Stellung des eigenen
Mannes, welcher seinem Herrn Ritterdienste leistet, von der des
Dienstmannes nicht wesentlich verschieden; eine schärfere Abgränzung beider Stände hatte sich ja vorzugsweise nur durch den
Ritterdienst ergeben; werden ritterliche Unfreie überhaupt als
lehnsfähig anerkannt, so dürfte eine Scheidung zwischen ritterlichen Dienstleuten und ritterlichen Eigenleuten sich kaum noch
festhalten lassen.

XVII.

Je mehr die Untersuchung sich den untern Stufen der Lehnsverbindung nähert, um so unsicherer wird der Boden, auf dem
sie sich bewegt; örtliche Verschiedenheiten machen sich geltend;
es mag darüber gestritten werden, ob einer Verleihung noch der
lehnrechtliche Charakter zuzusprechen ist; und scheint die Ritterbürtigkeit den bestimmtesten Abschluss zu bieten, so gelangen
wir gerade damit auf Personenklassen, bei welchen das Ineinandergreifen von Dienstrecht und Lehnrecht scharfe Scheidungen
besonders erschwert. Damit wird denn auch die Unsicherheit in

1. Schwab. Ldr. 68. 308 I. **2.** Deutschsp. 5, Schwab. Ldr. Schilter 3.
3. Schwab. Ldr. 308.

den Angaben der Rechtsbücher über das Enden des Heerschildes zusammenhängen. [1]

Die Zahl der Heerschilde wird auf sieben angegeben und damit die Zahl der statthaften Verleihungen eines Lehngutes in Verbindung gebracht, welche sowohl bei Reichsgut wie Eigen nur bis in die siebente Hand gehen soll. Das stimmt mit der Zahl der Heerschilde nur für Reichsgut; denn wenn Eigen eines Herrn niederen Schildes sechsmal lehnrechtlich verliehen werden kann, so müsste sich daraus eine grössere Zahl von Abstufungen der Lehnsfähigkeit ergeben. [2] Ist schon dadurch eine Unsicherheit über den Abschluss nothwendig bedingt, so wird sich das Nichtbeachten derselben etwa dadurch erklären lassen, dass die Theorie bei ihren Angaben zunächst immer nur den Reichslehnverband im Auge hatte.

Die Zahl der thatsächlich nachweisbaren Verleihungen eines Lehngutes erreicht, so weit ich sehe, nirgends auch nur die Sechszahl von Lehnspersonen. Ist auf eine Kette von vier Lehnspersonen schon anderweitig hingewiesen, [3] so wird auch eine Angabe um 1208: *quod iam dicta bona dux Bavariae de Moguntina tenuit ecclesia et comes C. de Rodenburc de manu ducis, et quam plures alii de manu comitis eisdem sunt infeodati*, [4] nicht sicher auf eine grössere Zahl schliessen lassen, da die mehreren Ungenannten nicht von einander, sondern sämmtlich unmittelbar vom Grafen belehnt sein könnten. Fünf Lehnspersonen ergeben sich, wenn 1178 der Bischof von Hildesheim dem Stifte Richenberg einen Zehnten schenkt, *quam illustris vir B. de Waltingerod a nobis in beneficio tenebat, ab ipso atque a B. de Emissen et W. de Gerike ac C. de Nicke, qui per illum ac post illum consequenter feudali iure eam obtinuerant, plenarie absolutam ac nobis resignatam.* [5] Ebenso, wenn 1206 der Bischof von Passau dem Kloster Wilhering zwei Huben schenkt, mit welchen von ihm der Herzog von Oesterreich, von diesem der

---

1. Vgl. Homeyer S. 293.　　2. Vgl. Homeyer S. 297.　　3. Homeyer S. 298.
4 Schultes Directorium 2, 451.　　5. Heineccius Antiq. Gosl. 178.

Vogt von Regensburg, von diesem einer von Pernstein, und von diesem endlich ein Ritter Albero belehnt war. [1]

Anders gestaltet sich das, wenn wir die Angaben der Rechtsbücher mit der Zahl statthafter Lehnsverbindungen ohne Rücksicht auf ein bestimmtes Lehngut nach Massgabe unserer früheren Ergebnisse vergleichen. In diesem Falle würden sich, da der Bischof von Passau Mann des Königs war, in der letztgenannten Stelle sechs, in der früheren sogar sieben Lehnspersonen ergeben, da wir auch den Herzog von Sachsen als Mann des Bischofs und Herrn des Edlen von Waltingerode eingeschoben denken können; und wenigstens theoretisch steht nichts im Wege, alle sieben Personen durch ein und dasselbe Gut verbunden zu denken. So würde sich hier selbst für Sachsen ein Belehnter des siebten Heerschildes ergeben, dessen Lehnrecht der Sachsenspiegel im Ungewissen lässt.

Dennoch glaube ich, dass gerade in den sächsischen Rechtsbüchern die Zahl nicht durchaus willkürlich konstruirt ist, sondern sich im allgemeinen den thatsächlichen Zuständen Sachsens anschloss. Auf die Verhältnisse des Heerschildes scheint in Sachsen am meisten Gewicht gelegt zu sein; hier am frühesten schied man die nur vom Reiche Belehnten als Fürsten von andern Vasallen ab; hier hatte der König keine Kirchenlehen; es fehlen hier alle die Beziehungen, welche in andern Ländern eine Vervielfachung der Lehnsabstufungen veranlassen konnten, die Lehnnahme von fremden Königen, von mittelbaren Bischöfen, die Belehnung von Edelherren durch andere Edelherren. Mochte ausnahmsweise, wie in dem angeführten Beispiele, ein weiteres Glied hinzutreten, so haben wir doch keinen Grund, anzunehmen, dass, zumal in früherer Zeit, es üblich gewesen sei, dass Ritter noch Mannen von Personen des sechsten Schildes wurden; wäre es auch nur später, wo solche Verbindungen sich doch eher vervielfacht haben dürften, häufiger vorgekommen, so würde die Glosse es kaum unterlassen haben, bestimmt darauf hinzuweisen. Wir dürfen demnach annehmen, dass im östlichen Sachsen durch die

---

1. UB. d. L. ob d. Enns 2, 502.

Folge: 1. König; 2. Pfaffenfürst; 3. Laienfürst; 4. freier Herr;
5. Ritter; 6. Ritter, die Zahl der üblichen Lehnsverbindungen
erschöpft war.

Dürfen wir nun, wie ich denke, die Angabe des Auctor Vetus:
beneficium usque in sextam manum descendit,[1] für die ursprüng-
lichste halten, so würde das mit jener Folge übereinstimmen.
Finden wir nun auch schon bei ihm einen siebten Heerschild
erwähnt, indem er sagt: *beneficialis clypeus a rege descendit et
in septimo deficit; secundo in tertium descenderunt clypeum
laicales principes cum episcoporum fiebant homines et sextum
clypeum transtulerunt in septimum,*[2] so ergibt sich doch auch
hier noch die Anschauung einer ursprünglichen Sechszahl der
Schilde, welche freilich die von uns aufgestellten Stufen noch um
eine überschreiten würde, insofern bei der Sechszahl des Auctor
Vetus die Laienfürsten schon auf der zweiten Stufe stehen würden.
Eine Siebenzahl der Schilde und eine nur sechsfache Verleihung
würden sich freilich auch dann nicht widersprechen, wenn wir
etwa annehmen dürfen, der Auctor Vetus habe das verliehene
Kirchengut noch nicht zugleich als Reichslehngut betrachtet. Bei
der Unsicherheit über die Entstehungszeit des Auctor Vetus, über
sein Verhältniss zum Sachsenspiegel, insbesondere über die Gestalt, welche etwa eine dem Landrechte zu Grunde liegende entsprechende lateinische Quelle gehabt haben mag, wird hier ein
sichereres Resultat kaum zu gewinnen sein, als das, dass die
Sechszahl die ursprüngliche zu sein scheint, wie ja im Auctor
Vetus auch die gewiss ältere Sechszahl der Kurfürsten wenigstens bestimmter hervortritt, als im Landrechte.[3] Auf die spätere
Annahme einer Siebenzahl mag immerhin das Streben eingewirkt
haben, die Waffenordnung den schon bestimmter gegebenen
Weltperioden und Sippzahlen gleichzustellen;[4] und mit der Sechszahl steht sie in so weit nicht im Widerspruch, als dem siebten
Schilde ja die Lehnsfähigkeit wenigstens im Landrechte nicht
bestimmt zugesprochen wird. Ausdrücklich geändert erscheint

1. A. V. 2, 69. 2. A. V. 1, 3. 3. Vgl. Ficker Entstehungsg. d. Sachsensp.
114. 4. Vgl. Homeyer S. 295.

dann freilich die Zahl, wenn das Lehnrecht sagt, die Lehnung gehe bis in die siebente Hand; damit sind sieben lehnsfähige Stufen bestimmt gegeben, freilich so, dass das Lehnrecht der letzten insoweit als ein unvollkommenes bezeichnet werden mag, als ihr die aktive Lehnsfähigkeit abgeht. Im allgemeinen wird doch die Zahl der Heerschildstufen im Sachsenspiegel, wenn sie auch vom Verfasser zuerst aufgestellt sein mag, kaum als eine beliebig gemachte erscheinen dürfen; sie scheint dem thatsächlichen Zustande wesentlich zu entsprechen; und selbst die Unsicherheit, welche sich bezüglich der letzten Stufe zeigt, wird damit kaum in Widerspruch stehen, insofern gerade hier auch in der thatsächlichen Handhabung der Lehre manche Abweichung sich geltend machen mochte.

Aber als gemeinrechtlich werden wir freilich die Zahl der sächsischen Heerschilde nicht fassen dürfen; schon in den süddeutschen Rechtsbüchern entspricht das Festhalten derselben den thatsächlichen Verhältnissen nicht. Der Verfasser des Deutschenspiegels spricht zunächst in engem Anschlusse an das sächsische Landrecht ebenfalls den Zweifel über das Lehnrecht des siebten Schildes aus, stellt dasselbe dann aber in selbstständigem Zusatze bestimmt in Abrede, indem er sagt, Lehnrecht gebe man dem siebten Schilde nicht, und indem er diesem alle Nichteigenen und ehelich Geborenen zuweist, also unzweifelhaft an Nichtritterbürtige denkt. Damit stimmen die durch engeren Anschluss an den Deutschenspiegel sich als ursprünglicher erweisenden Texte des schwäbischen Landrechts, und ebenso des Lehnrechts, welches, den siebten Heerschild den Semperleuten zuweisend, darunter gleichfalls in dieser Verbindung nur die nichtritterlichen Freien verstehen kann. Werden hier nun sogar bestimmter als im Sachsenspiegel nur sechs lehnsfähige Stufen angenommen, so stimmt das mit den thatsächlichen Zuständen des Südens nicht; diesen nachgehend sind allerdings die Schöffenbaren beseitigt, die freien Herren in die beiden Heerschilde der Hochfreien und Mittelfreien aufgelöst; damit bleibt nun aber nur ein einziger Heerschild für die Dienstmannen, während doch weitere Lehnsverbindungen unter den Mitgliedern dieses Standes gerade

in den Gegenden, wo so angesehene und begüterte Reichsdienstmannen ihren Sitz hatten, unzweifelhaft sehr häufig vorkommen.
Und in diesem Widerspruche mit den Thatsachen mag die Veranlassung zu suchen sein, wenn der jüngere Text des Schwabenspiegels, wie ihn die Ambraser Handschrift bietet, zwar im Landrechte den Zweifel über das Lehnrecht des siebten Schildes
belässt, diesen dann aber ausdrücklich jedem Ritterbürtigen, also
doch Lehnsfähigen, zuspricht und noch bestimmter im Lehnrechte
erst nach dem siebten Heerschilde die Lehnsfähigkeit enden lässt,
indem dem Nichtritterbürtigen der siebte Heerschild und damit
die Lehnsfähigkeit abgesprochen wird. [1] Ebenso würden in W e s t -
f a l e n [2] nicht allein die Dienstmannen, sondern auch die Schöffenbaren erst im sechsten Schilde stehen, woraus sich denn selbst
nach dem Sachsenspiegel ein siebter lehnsfähiger Schild ergeben
muss.

Sehen wir dann auf die Verhältnisse in L o t h r i n g e n , so
kann hier von einem Einhalten der Zahl des Sachsenspiegels
auch nur annähernd nicht mehr die Rede sein, da schon Edelherren auf der sechsten, vielleicht gar siebten Stufe stehen
würden, und unter ihnen doch mindestens zwei Stufen ritterlicher
Dienstleute anzunehmen sind. Ziehen wir nun noch die von uns
als ausnahmsweise vorkommend nachgewiesenen Mittelglieder hinzu
und schieben alle ineinander, ohne Rücksicht darauf, ob wirklich
alle Stufen irgendwo im Reiche in einer ununterbrochenen Kette
von Lehnspersonen nachzuweisen sind, so erhalten wir die weit
über die Siebenzahl hinausreichende Reihe: 1. König; 2. belehnter
König; [3] 3. Pfaffenfürst; 4. mittelbarer Bischof; [4] 5. Laienfürst;
6—9. lothringische Edelherren; [5] 10. 11. ritterliche Unfreie;
12. Lehnsunfähige. Die Lehre von einer Abstufung des Heerschildes, von bestimmten Erfordernissen für diese und jene Stufe,
von einem Verluste derselben durch ein ihr nicht entsprechendes
Mannenverhältniss zeigt sich überall im Reiche wirksam; aber
die Lehre von einer Beschränkung der lehensfähigen Stufen auf

---

1. Vgl. Homeyer S. 294.   2. Vgl. oben S. 131.   3. Vgl. oben S. 80.
4. Vgl. oben S 115.   5. Vgl oben S. 137.

sechs, welche mit Zurechnung einer unfähigen oder doch unsichern Stufe auf die Siebenzahl der Heerschilde führte, erweist sich nur in der Beschränkung auf das Land der Entstehung der sächsischen Rechtsbücher haltbar.

XVIII.

Wir haben schon früher die Ansicht zu begründen gesucht, dass die Lehre vom Heerschilde eine rein lehrrechtliche Bedeutung habe, dass sie aber auf landrechtlicher Grundlage beruhe, welche eine Durchbildung nach rein lehnrechtlichen Gesichtspunkten nicht zuliess. [1] Das tritt insbesondere darin hervor, dass von einer **Erhöhung des Heerschildes** nur in sehr beschränktem Masse die Rede ist.

Die lehnrechtliche Bedeutung der Lehre macht sich für die Niederung des Schildes unbedingt geltend; jedes Mannenverhältniss zu einem Genossen niedert den Schild, obwohl die landrechtliche Stellung davon unberührt bleibt. In dieser Richtung möchte ich gegen die praktische Durchführbarkeit der Lehre auch nicht geltend machen, ihre Handhabung für das Lehnrecht hätte zu Widersprüchen führen müssen, da die Schilde ineinander geraden würden. [2] Die Schilde sind allerdings zum grossen Theil nach landrechtlichen Gesichtspunkten bestimmt; haben aber die Laienfürsten den dritten, die freien Herren den vierten Schild, so soll damit gewiss nur die Regel ausgesprochen sein; und lässt der Schwabenspiegel den geniederten Laienfürsten oder freien Herren ausdrücklich in den vierten oder fünften Schild treten, so hat gewiss auch der Sachsenspiegel die Sache so gefasst; denn wenn es eine eigene lehnrechtliche Stufe für geniederte Fürsten oder Herren, für welche jede Andeutung fehlt, gegeben hätte, würde zu der Bemerkung, dass die Niederung das Landrecht nicht kränke, kaum mehr genügende Veranlassung geboten sein. Und weiterer Verwirrung ist ja dadurch vorgebeugt, dass die Niederung des Herrn nicht zugleich die seiner Vasallen zur

1. Vgl. oben S. 159.   2. Vgl. Homeyer S. 296.

Folge hat. So scheint allerdings die Theorie den Fall zu kennen, dass jemand einen niedern Schild haben kann, als ihn die Regel seinem landrechtlichen Stande zuspricht. Wäre die Niederung des Schildes ein häufig vorkommendes Verhältniss gewesen, so möchten sich immerhin Unzukömmlichkeiten ergeben haben. Aber wir werden doch beachten müssen, dass eine solche Niederung nach Massgabe unserer früheren Erörterungen in den obern Schilden, wo wir das bestimmter zu prüfen vermögen, kaum vorkam; dass aber weiter, sollte sie auf den untersten Stufen häufiger gewesen sein, diese durch kein landrechtliches Moment mehr geschieden waren, die Ritterbürtigkeit allein den Ausschlag gab, und für weitere Gliederung das Lehnsverhältniss allein massgebend sein konnte. Die Lehre von der Niederung des Schildes und ihren Folgen stellt sich bei Beachtung der Thatsachen für den Fürsten und freien Herren als eine Schranke dar, welche nicht überschritten wurde; und wenigstens der Fürst, da seine Stellung ausdrücklich an bestimmte lehnrechtliche Erfordernisse geknüpft war, wäre ja nach ihrer Ueberschreitung nicht mehr Fürst geblieben.

Es fragt sich nun aber weiter, ob umgekehrt auch das Fehlen oder Aufgeben bestimmter Mannschaftsverhältnisse einen entscheidenden Einfluss auf die lehnrechtliche Stellung ausübte, ob eine Person niederen Schildes diesen durch Auflassung einer Mannschaft erhöhen konnte, ob durch die grössere oder geringere Zahl der Lehnsverbindungen bis zum Könige aufwärts eine bessere oder schlechtere Stellung bedingt war, ob es einen Werth hatte, wenn ein freier Herr oder Reichsdienstmann eben so, wie der Laienfürst, nur vom Könige und von Kirchen Lehen nahm.

Eine gewisse Wirksamkeit ist diesen Verhältnissen auf dem Gebiete des Lehnrechtes allerdings nicht abzusprechen, indem dasselbe eine von dem Heerschilde des Beliehenen unabhängige Niederung des Gutes kennt; für diese ist lediglich die grössere oder geringere Zahl der Lehnsverbindungen bis zum obersten Herren massgebend; niemand kann ohne seine Einwilligung verhalten werden, das Gut von einem niederen Herren zu empfangen, es ist also insbesondere das Einschieben von Mittelpersonen auch dann nicht gestattet, wenn diese höhern Schildes sind, als der Vasall, also dessen Schild nicht dadurch geniedert würde.[1] Wir erwähnten bereits, dass der Erzbischof von Trier 1160 versprach, den Bischof von Verdun mit einer Burg zu belehnen; aber er musste das von der Möglichkeit abhängig machen, den Lehnserben zur Einwilligung in die Einschiebung einer Mittelsperson zu bestimmen: *Captabit siquidem prefatus episcopus heredem iamdicti Pagani, ut feodum, quod a nobis libere et absque medio tenere debet, ab eo recipiat; quod si id studio suo efficere non poterit, iuxta querimoniam suam et dampna sibi et ecclesie sue illata iudicio curie nostre plenariam de illo iusticiam bona fide exequemur; si vero nec sic prenominatum heredem ad voluntatem episcopi poterimus inducere, quominus hereditatem paternam iudicio curie nostre consequatur, nullam prorsus mediam personam ad idem feodum admittemus, sed quocunque tempore sepedictus frater noster, quod prescriptum est, ab herede impetrare poterit, in eum absque dilatione conferemus.*[2] Dabei wäre nur etwa zu erwägen, ob bei der eigenthümlichen Stellung des Kirchengutes im Reichslehnsverbande der Satz, dass der König seine Dienstmannen an Reichskirchen geben darf, ohne sie zu niedern,[3] nicht auch weiter dahin auszudehnen wäre, dass der König auch seinen Vasallen bezüglich seines Lehngutes an eine Reichskirche weisen darf; denn bei den zahlreichen Vergabungen von Reichsgut an Reichskirchen, welches doch häufig zum Theil auch lehnrechtlich verliehen sein mochte, sind mir entsprechende Vorbehalte nicht vorgekommen; im J. 1298 schenkt der König die Reichsburg Kochem an Trier, und 1317 erklärt K. Ludwig ausdrücklich, dass diese Schenkung sich auch erstrecke *ad omnes castrenses, fideles, vasallos et ministeriales;*[4] und 1316 bekundet Konrad von Hohenlohe, dass er die bisher reichslehnbare Burg Schipf nun *de mandato speciali* des Königs vom Erzbischofe von Mainz zu Afterlehen genommen habe;[5] doch scheint man in späterer Zeit auch in niederen Kreisen in dieser

---

1. Vgl. Homeyer S. 391. 2. Beyer UB. 1, 840. Vgl. oben S. 70. 3. Vgl. oben S. 51. 4. Günther Cod. dipl. 2, 530. 3, 175. 5. Guden Cod. dipl. 3, 137.

Richtung an der Strenge des Rechts weniger festgehalten zu haben.[1] Auch für den blossen Unterthanenverband legte man auf dieses Verhältniss Gewicht; 1298 lässt sich die Stadt Guben vom Markgrafen verbriefen, er wolle sie *non ad alium transferre, quam ad principem*, und entsprechend 1301 die Stadt Luckau, an niemanden, *nisi princeps fuerit et dignitate gaudeat principatus*.[2]

Es konnte nun auch eine Erhöhung des Gutes eintreten, insofern ein früher von einem niederen, jetzt von einem höheren Herren geliehenes Gut fortan auch nicht mehr von einem Genossen des frühern niedern Herrn vom Vasallen ohne seine Zustimmung empfangen werden musste. Dieser Fall konnte insbesondere durch Wegfall einer Zwischenperson eintreten; der Vasall folgt dem Gute an den höhern Herrn, welcher ihn nun entweder selbst belehnen oder an eine andere Person entsprechenden Schildes weisen kann.[3] In letzterem Falle bleibt auch das Gut in seiner Stellung; aber der erstere dürfte der gewöhnlichere gewesen sein. In einem Reichsurtheil gegen den Grafen von Genf vom J. 1186 heisst es: *Judiciario quoque ordine data est in ipsum comitem sententia, ut omnia feoda et beneficia, que habuit ab episcopo et ecclesia Gebennensi ad ipsum episcopum et ad ecclesiam libere revertantur, — ita quod nos omnes illos, qui mediantibus eisdem feodis aut beneficiis comiti fidelitate fuerant astricti omnino absolvimus et pro eisdem bonis episcopo et ecclesie eadem fidelitate debere teneri censemus;*[1] mag Weisung durch den Bischof an einen andern Herrn dadurch nicht gerade ausgeschlossen sein, so scheint man doch unmittelbare Belehnung durch den Bischof zunächst ins Auge gefasst zu haben. War letztere einmal erfolgt, so war die Weisung an den niedern Herrn nicht mehr statthaft. Nach dem Heimfalle der welfischen Kirchenlehen im J. 1180 dürften insbesondere viele bisher von den Welfen geliehene Güter unmittelbar von den Bischöfen geliehen sein. Pfalzgraf Heinrich erhält 1219 die Magdeburger

---

1. Vgl. Homeyer S. 392.   2. Wilkii Ticemannus 133. 161.   3. Vgl. Homeyer S. 520.   4. Spon Hist. de Geneve 2, 43.

Lehen zurück; aber es muss dabei bestimmt werden: *Archiepiscopus remittet vassallos eiusdem feudi ad comitem palatinum; quodsi ad hoc iure feodali compelli nequiverit. archiepiscopus, restaurabit ei alias tantundem bonorum.* [1] Der Erzbischof von Mainz leiht 1254 dem Markgrafen von Meissen die durch den Tod Heinrich Raspe's heimgefallenen Kirchenlehen in Thüringen, aber *exceptis que iam vasalli a nobis aut nostris predecessoribus quasi dominum feudi secuti in feodo receperunt.* [2]

Der Werth, welchen man auf Niederung und Höhung des Gutes legte, obwohl dieselbe den Heerschild nicht berührte, erklärt sich daraus, dass davon doch auch eine wichtige persönliche Seite der Stellung des Mannes abhängig war, nämlich die Genossenschaft der Mannen eines Herrn, welche insbesondere im Lehnsgerichtswesen wirksam wurde; sehen wir von der bevorzugten Stellung der Fürsten ab, so war die Fähigkeit, zu Lehnrecht Urtheil zu finden und zu schelten, Fürsprech und Zeuge zu sein nicht von der Schildgenossenschaft abhängig, sondern von der Genossenschaft, welche durch Belehnung von demselben Herrn begründet wurde; [3] im Lehnhofe des Herrn erscheinen der freie Herr und der belehnte Dienstmann als Genossen, und wir fanden diese Genossenschaft mehrfach betont. [4]

Finden wir so für die Niederung des Schildes, für Niederung und Höhung des Gutes und die dadurch bedingte Genossenschaft im einzelnen Lehnhofe lediglich lehnrechtliche Momente massgebend, so ist das bezüglich der Erhöhung des Schildes nicht mehr der Fall. Die vom Könige belehnten Fürsten, freien Herren und Reichsdienstmannen sind allerdings Genossen im Reichslehnhofe; aber es ist dafür gleichgültig, ob sie nur vom Könige belehnt sind, oder auch von anderen Herren, da man Genosse mehrerer Lehnhöfe verschiedenen Ranges sein kann; und auch dann, wenn sie nur vom Reiche belehnt sind, bleibt ihr Heerschild verschieden; der nur vom Könige belehnte Reichsdienstmann kann doch nur Personen des sechsten Schildes nach

---

1. Orig. Guelf. 3, 667.   2. Guden Cod. dipl. 1, 640.   3. Vgl. Homeyer S. 574. 576. 600. 624.   4. Vgl. oben S. 139.

Ordnung des Sachsenspiegels beleihen, ohne ihren Schild zu niedern. Die Theorie sagt ausdrücklich, dass ein Sohn, welcher das Mannenverhältniss des Vaters nicht fortsetzen will, dadurch doch seinen Schild nicht erhöhet; sie kennt überhaupt nur den einzigen Fall einer Erhöhung durch Verleihung eines Fahnlehens. [1]

Den Grund für diese Hemmung einer Durchbildung der Lehre lediglich nach Massgabe der Lehnsverbindungen haben wir vor allem zu suchen in dem Einflusse der landrechtlichen Grundlage; der Besitz eines bestimmten Heerschildes ist nicht blos durch eine bestimmte lehnrechtliche, sondern überdies vielfach durch eine von der Lehnsverbindung ganz unabhängige landrechtliche Stellung bedingt; die einzelnen Stufen, wie sie in den Rechtsbüchern bezeichnet sind, erscheinen zum Theil als landrechtliche Stände, abweichend von den longobardischen Rechtsquellen, in welchen Bezeichnung und Stellung der Stufen der *Capitanei, Valvasores maiores, Valvasores* und *Valvasini* lediglich durch die Lehnsverbindung bedingt sind, wie das auch bei entsprechenden französischen Scheidungen wesentlich der Fall ist. [2] In dieser Richtung die Uebereinstimmung der Thatsachen mit der Lehre unmittelbar zu erweisen, ist nicht möglich, da im thatsächlichen Leben die Stufen nicht gezählt werden, [3] es sich also auch nicht ergeben kann, dass etwa jemandem eine höhere Heerschildszahl beigelegt würde, als ihm nach seiner landrechtlichen Stellung zukommen sollte; für das thatsächliche Leben genügte der Begriff der höhern und niedern Stufe überhaupt; nur für die die Gesammtheit der Lehnsverbindungen ins Auge fassende Theorie ergab sich ein Anlass zu einer Zählung, welche ja ohnehin nur für enger gezogene örtliche Kreise als zutreffend erkannt werden kann. Dagegen liegt ein vollkommen genügender mittelbarer Beweis für die Stichhaltigkeit der Theorie in dieser Richtung darin, dass wir bei unserer ganzen Erörterung von den in den Spiegeln bezeichneten landrechtlichen Stufen ausgingen, die einzelnen Lehren auf diese anwandten und sich dabei im allge-

---

1. Vgl. Homeyer S. 306.　　2. Vgl. Sachsse Grundlagen 409. 410.　　3. Vgl. Homeyer S. 295.

meinen eine vollkommene Uebereinstimmung jener mit den thatsächlichen Lehnsverbindungen ergab; wir trafen mehrfach auf
eine Verschiedenheit der lehnrechtlichen Gliederung, aber nirgends auf ein Durchkreuzen derselben mit den von der Theorie
festgehaltenen landrechtlichen Stufen. Die Erklärung werden wir
darin zu suchen haben, dass das sich entwickelnde Lehnwesen
die landrechtlichen Stände vorfand, die Abstufungen der Lehnsverbindungen sich thatsächlich an dieselben anknüpften, und dann
aus der Masse gleichförmiger Einzelverbindungen, welche Mitglieder eines Standes eingingen, sich die Anschauung einer bestimmten Stellung des ganzen Standes zu den Lehnsstufen bildete;
seit einmal die Menge der einzelnen Laienfürsten sich den Pfaffenfürsten zur Mannschaft verpflichtet hatte, ergab sich daraus die
Anschauung einer niedern Stellung des ganzen Standes, welche
kaum unwirksam geblieben sein würde, auch wenn vereinzelte
Mitglieder sich frei gehalten hätten; sie musste sich um so ein-
greifender erweisen, als anzunehmen ist, dass kaum einzelne Mitglieder jedes Standes auf Lehnsverbindungen verzichtet haben
dürften, welche einmal nach dem Vorgange der meisten Standes-
genossen nicht mehr als dem Stande unangemessen bezeichnet
werden konnten.

Dieser Grund allein würde nun doch für Erhöhung des
Schildes noch einen weiten Spielraum gelassen haben. Denn
einmal wäre eine solche denkbar durch Erhöhung des landrechtlichen Standes. Weiter aber waren ja nicht alle
Heerschildsstufen durch landrechtliche, sondern einige durch rein
lehnrechtliche Momente getrennt, wie der vierte und fünfte des
Schwabenspiegels, der fünfte und sechste des Sachsenspiegels;
und so wäre auch eine Erhöhung des Schildes durch Besserung
in der Mannschaft denkbar.

Diese Wege zur Erhöhung des Schildes sind aber anscheinend ausgeschlossen durch die Erblichkeit des Heerschildes; es heisst in den Rechtsbüchern nicht blos im allgemeinen,
dass der Sohn des Vaters Schild erbt, sondern es wird ganz
bestimmt die Möglichkeit der Erhöhung des ererbten Schildes
durch Besserung in der Mannschaft in Abrede gestellt. Aber

einmal kann es sich fragen, ob diese Anschauung eine allgemeingültige war, ob sie thatsächlich streng eingehalten wurde, ob sie
weiter nicht etwa zunächst auf Sachsen einzuschränken ist. Allerdings findet sich der Satz auch im Schwabenspiegel;[1] aber nicht
umgearbeitet, sondern wörtlich aus dem Sachsenspiegel wieder-
holt; und in solchen Fällen scheint mir überhaupt geringe Bürgschaft vorzuliegen, dass der Verfasser sich wirklich vergegen-
wärtigte, ob seine Angabe auch den süddeutschen Verhältnissen
entspreche. Weiter aber ist ausdrücklich gesagt, dass die Niederung des Schildes nur für zwei Geschlechtsfolgen nachwirke,
also doch nicht unbedingt vererblich ist. Wenn nun der niedere
Schild ganzer Klassen überhaupt nur durch eine Lehnsverbindung
bedingt ist, wie die der Mittelfreien zu den Hochfreien, so beruht
die Stellung der ganzen Stufe ursprünglich nur auf einer Niederung des Schildes; und folgerecht muss dann doch der Enkel
desjenigen, welcher die Mannschaft besserte, den höhern Schild
wieder gewinnen. Ist weiter auf die Folgen einer Standeserhöhung
für den Heerschild in den Rechtsbüchern nicht besonders hingewiesen, so werden wir auch hier nach verwandten Fällen annehmen
müssen, dass, wenn nicht gleich, doch wenigstens nach zwei
Generationen auch in dieser Richtung die vollen rechtlichen Wirkungen sich geltend machten.[2] Da es sich für uns zunächst um
die Möglichkeit einer Erhöhung überhaupt handelt, nicht um die
Frage, in welcher Generation dieselbe eintrat, so werden wir
annehmen dürfen, dass die bezeichneten Fälle eine Erhöhung zur
Folge haben mussten, und untersuchen demnach, in wie weit sie
bei den einzelnen Stufen eintreten konnten.

Die Erhebung zum römischen Könige schloss unzweifelhaft eine Erhöhung des Schildes in sich. Wenn das Lehnrecht davon schweigt, so mag das auffallen, dürfte aber doch
eine Erklärung zulassen. Dem Lehnrechte gilt im allgemeinen
der Schild als ein erbliches Verhältniss, er erscheint als solches
auch in dem einzigen zugestandenen Falle einer Erhöhung, da
auch der Fürstensohn als Fürstengenosse die Rechte des dritten

1. Schwab. Lhr. 42.   2. Vgl. Homeyer S. 303. 307.

Heerschildes wenigstens in bedingter Weise behauptet. [1] Erweislich freilich nur in Sachsen; in andern Ländern wohl erst, seit man alle Söhne als Reichsfürsten betrachtete; [2] in Lothringen ergab sich geradezu ein entgegengesetztes Verhältniss. [3] Den Königssöhnen als solchen kam aber unzweifelhaft kein höherer Schild zu, als ihre sonstige Stellung bedingte; die Söhne staufischer Könige finden wir als Fürsten und kein Beispiel, dass ein Laienfürst von ihnen Lehen hatte; später wurden die Söhne von zu Königen gewählten Magnaten nicht einmal als Fürsten betrachtet. [4] So wäre es denkbar, dass der Verfasser des sächsischen Lehnrechts, den Verhältnissen seines Landes entsprechend, Gewicht darauf gelegt hätte, dass es sich hier um ein rein persönliches, nicht erbliches Verhältniss handelte.

Ebenso ist die Erhebung zum belehnten Könige, also insbesondere zum König von Böhmen nach früher Gesagtem als Höhung des Schildes zu betrachten. [5] Und hier fanden wir eine Fortwirkung der Erhöhung auch für nichtkönigliche Nachkommen ausdrücklich betont; erst nach drei Generationen sollten sie einem Laienfürsten Mannschaft leisten. [6] Den Heerschild des Vaters werden wir freilich böhmischen Königssöhnen nicht zusprechen dürfen, da die jüngern Söhne als Mannen des Königs erscheinen. [7]

Für Pfaffenfürsten kann von einer Erhöhung des Schildes nicht die Rede sein, da es für Geistliche nur einen Schild gibt; durch die Belehnung mit den Regalien gewinnt er überhaupt erst den Schild. Von einer solchen Gewinnung des Schildes kann aber nicht bloss persönlich, sondern auch bezüglich einer Kirche dann die Rede sein, wenn ihre Regalien bisher von andern, nun vom Reiche geliehen werden, wie uns 1180 die überelbischen Bisthümer, 1189 das Bisthum Sitten Beispiele bieten. [8]

Beim Laienfürsten ist bereits eine Besserung der Mannschaft denkbar und die Frage, ob er durch Verzicht auf seine Kirchenlehen den zweiten Heerschild gewinnen könne, wird um so

---

1. Vgl. oben S. 126. 2. Vgl. Reichsfürstenst. § 185 ff. 3. Vgl. oben S. 133. 4. Vgl. Reichsfürstenst. § 41. 112. 127. 5. Vgl. oben S. 80. 6. Vgl. oben S. 18. 7. Vgl. Reichsfürstenst. § 191. 8. Vgl. Reichsfürstenst. § 203. 211.

204

näher liegen, als die Glosse nicht allein die Kurfürsten, sondern
auch den von Braunschweig, *umb das daz er keines bischoffs*
man ist, in den zweiten Heerschild setzen will. [1] Die bevorzugte
Stellung der Kurfürsten gehört überhaupt einer zu späten Zeit
an, als dass eine Einflussnahme derselben auf die Schildverhält-
nisse irgend wahrscheinlich sein sollte; sehen wir von dem auf
anderer Grundlage beruhenden Vorzuge Böhmens ab, so dürfte
unzweifelhaft wohl kein Laienfürst ohne Niederung Lehen von
einem weltlichen Kurfürsten nehmen, und diese selbst waren
durchweg Mannen der Reichskirchen. Gewichtiger könnte die so
zuversichtlich ausgesprochene Angabe über die Stellung Braun-
schweigs erscheinen; aber die Thatsache, aus welcher dieselbe
abgeleitet wird, ist einfach unrichtig. Es gab freilich nach 1180
eine Zeit, in welcher die Welfen keine Kirchenlehen hatten oder
doch keine haben sollten; aber schon im dreizehnten Jahrhunderte finden wir die Herzoge von Braunschweig wieder als Vasallen von Mainz, Bremen, Magdeburg, Verden, Minden, Halberstadt, Hildesheim, Merseburg, Korvei, Werden, Quedlinburg und
Gandersheim, [2] was den dritten Heerschild hinreichend begründen
dürfte. Es gab keinen Laienfürsten ohne Kirchenlehen; und in
Folge dieser Thatsache war unzweifelhaft die Anschauung einer
niedern lehnrechtlichen Stellung des ganzen Standes so fest ge-
wurzelt, dass, wäre der Fall eines Verzichtes auf die Kirchenlehen
durch einen Laienfürsten je eingetreten, gewiss niemand eine
Erhöhung des Schildes darin gesehen, niemand ihn für fähig
gehalten haben würde, nun gleich den Pfaffenfürsten andere
Laienfürsten ohne Niederung belehnen zu können.

Der Schild des f r e i e n H e r r e n konnte erhöhet werden durch
Verleihung eines Fahnlehens oder, da dieser Ausdruck auf den
Süden nicht passt, eines Fürstenamtes; der einzige Fall, welchen
der Sachsenspiegel als zutreffend erklärt. Da hier der besondere
Charakter des Lehens durch landrechtliche Momente bedingt war,
der Erwerb desselben auch landrechtliche Vorrechte zur Folge

1. Gl. zu Sachs. Ldr. 1. 3.   2. Orig. Guelf. 3. 663. 667. 4. 99. 127. 128. 177·
208. 211. Sudendorf UB. 1. 11. 17. 19. 59. 62. 106.

hatte, so haben wir darin zunächst eine landrechtliche Standeserhöhung zu sehen. Sie war aber zugleich an eine Besserung
der Mannschaft geknüpft, falls der erhobene freie Herr früher
Lehen von Laienfürsten hatte; und bis zum vierzehnten Jahrhunderte scheinen nur solche zu Fürsten erhoben zu sein, bei
welchen das erforderliche Mannenverhältniss schon vorhanden
war. [1] Die Besserung der Mannschaft allein hatte aber den
fürstlichen Heerschild noch nicht zur Folge; es gab unzweifelhaft
nach dem Ausgange der Zähringer und der schwäbischen Herzoge
in den obern Landen viele freie Herren, welche nur noch vom
Reiche und Kirchen belehnt waren, ohne jedoch Fürsten zu sein.
Auch der Graf von Hennegau hatte keine Laienfürstenlehen;
dennoch bedurfte es für ihn 1188 einer ausdrücklichen Erhebung
zum Fürsten und Errichtung eines Fürstenamtes. [2] Wohl aber
können wir ein Beispiel anführen, dass jemand die Besserung
der Mannschaft ausdrücklich erstrebte, um dann Fürst werden
zu können. Der Graf von Holland hatte ausser dem Kaiser
keinen Laien zum Mann, als den Grafen von Flandern, von dem
er Seeland als Reichsafterlehen hielt. Im J. 1191 fielen die
flandrischen Reichslehen beim Mangel eines Lehnserben dem
Reiche heim; und da heisst es: *Interim autem comes Hollan-
densis per nuncios petebat, ut a domino imperatore in augmentum sui feodi, quod ab eo tenebat, feoda quae a comite Fland-
rensi tenuerat, habere posset et ab hominio comitis Flandriae
emanciparetur, et super hoc domino imperatori quinque millia
marcas puri argenti, si princeps fieret, largiri promittebat,* was
der Kaiser ablehnte. [3] Dass die Besserung der Mannschaft schon
an und für sich den Fürstenstand zur Folge hatte, ist auch hier
nicht gesagt; wohl aber erscheint sie als nöthige Vorbedingung.
Und war im Süden eine Beziehung des Ausdruckes Fürst auf eine
bevorzugte lehnrechtliche Stufe früher unbekannt, entsprach hier
der Herzog dem spätern Fürsten, so war doch die Erhebung zum
Herzoge an die entsprechende Besserung der Mannschaft geknüpft,

---

1. Vgl. oben S. 121.   2. Vgl. Reichsfürstenst. § 72.   3. Gislebert. Han.
ed. Duchasteler 225.

ist als eine Erhöhung des Schildes zu fassen, da bei der Erhebung des Markgrafen von Oesterreich zum Herzoge im J. 1156 nicht allein die Mark selbst, sondern auch alle andern Lehen, welche die Markgrafen früher vom Herzoge von Baiern hatten, dem Kaiser von diesem aufgelassen wurden.

Kommen Verleihungen erledigter Fürstenthümer an freie Herren seit der Ausbildung des neuern Fürstenstandes überaus selten vor, wurden dieselben in der Regel andern Fürsten geliehen, so wenig das dem Interesse des Reichs und dem frühern Grundsatze, dass nicht zwei Herzogthümer in einer Hand vereinigt werden sollten, entsprechen mochte, so wird dabei der Umstand mitgewirkt haben, dass die freien Herren, welche Lehen vom Fürsten hatten, nur ungern dem frühern Genossen Mannschaft leisteten. Die Erhebung Ottos von Wittelsbach zum Herzoge von Baiern im J. 1180 war eine Erhöhung des Schildes, da auch er früher, wie die andern Grossen des Landes, vom Herzoge belehnt war;[1] nun heisst es nicht allein in der Chronik von Zwetl: *Palatinus senior Otto ducatum Bawarie suscepit; cui tamen comites et aliqui de liberis hominium facere renuunt,*[2] sondern es ist auch der Umstand, dass von nun an die Markgrafen von Steier und Grafen von Andechs als nur vom Reiche belehnte Herzoge erscheinen unzweifelhaft weniger aus einem Streben des Kaisers, den baierischen Herzogssprengel zu verkleinern, als vielmehr aus der Schwierigkeit zu erklären, so mächtige Vasallen zu bewegen, dem frühern Genossen Mannschaft zu leisten. Derselbe Gesichtspunkt war offenbar auch schon 1097 bei Regelung der schwäbischen Verhältnisse, insbesondere der Stellung der Zähringer und Welfen massgebend gewesen. Die Söhne K. Rudolfs scheinen 1282 in dieser Richtung keine Schwierigkeit gefunden zu haben; als dann aber 1286 Meinhard von Tirol Herzog von Kärnthen wurde, weigerte sich anfangs sein Bruder Albert von Görz, ihm Mannschaft zu leisten, und bat die Lehen seinem Sohne zu leihen.[3] Sehen wir von Böhmen ab, wo

---

1. Vgl. oben S. 117.   2. Mon. Germ. 9, 541.   3. Joh. Victor. Böhmer Fontes 1, 321.

die Verhältnisse zum Theil anders lagen, so wurden später wohl
viele freie Herren zu Fürsten erhoben, aber keine schon bestehende
Fürstenthümer an sie verliehen. [1]

Die Mittelfreien waren durch kein landrechtliches Moment
von den Hochfreien geschieden; hier hätte demnach durch blosse
Besserung in der Mannschaft ein Steigen aus dem fünften in den
vierten Heerschild stattfinden können. Und die Statthaftigkeit
einer solchen Erhöhung, mag sie nun unmittelbar, oder erst in
einer spätern Generation eintreten, möchte ich nicht bezweifeln.
Der Domvogt von Regensburg, ein Edelherr von Lengenbach,
hatte vom Grafen von Sulzbach Reichsafterlehen; als 1188 die
Sulzbacher Reichslehen heimfielen, gab der Domvogt dem Kaiser
zweihundert Mark Silber für unmittelbare Belehnung durch das
Reich. [2] Stand es in der Hand des Kaisers, ihn an einen andern
Hochfreien als Mann zu weisen, so wird der Werth, den· der
Domvogt darauf legte, das zu vermeiden, doch wohl daraus zu
erklären sein, dass er ausserdem nur von Fürsten belehnt war
und dennoch nach Beseitigung jener Mannschaft die lehnrechtliche Stellung der Hochfreien einnahm. Dasselbe würde denn
auch für die verschiedenen rein lehnrechtlichen Abstufungen der
lothringischen freien Herren zu gelten haben, während im Systeme
des Sachsenspiegels, welches nur eine Stufe freier Herren
kennt, von einer solchen Erhöhung allerdings nicht die Rede
sein kann.

Eben so wenig von einem Steigen aus dem fünften in den
vierten Schild überhaupt. Denn auch für den ritterbürtigen
Schöffenbaren kennen wir keinen Weg, durch den er, wenigstens in früherer Zeit, hätte zum freien Herren werden können;
die Stellung des letztern erscheint ausschliesslich an die Geburt
geknüpft.

Für die Dienstmannen ergibt sich allerdings die Möglichkeit einer Besserung der landrechtlichen Stellung durch Freilassung; aber während der Sachsenspiegel freigelassenen Dienstmannen im allgemeinen nur freier Landsassen Recht zugestehen

---

1. Vgl. Reichsfürstenst. § 157.   2. Mon. Boica 29 b, 315.

will, kann der freigelassene Reichsministerial allerdings Schöffenbarer werden;[1] aber auf den Schild hat das keinen Einfluss, da
er hier ohnedem dem Schöffenbaren gleichsteht. Dagegen ist
nicht abzusehen, was einem Steigen aus dem sechsten in den
fünften Schild sollte im Wege gestanden haben, da diese im
Sachsenspiegel lediglich durch Mannschaft geschieden sind, nicht
durch einen landrechtlichen Gesichtspunkt.

Das ist nun allerdings im Schwabenspiegel der Fall.
Nach ihm soll nun aber der freigelassene Dienstmann Mittelfreier
werden;[2] und haben wir keinen Grund, dieser Angabe des Rechts-
buches zu misstrauen, fanden wir durch die Thatsachen bestätigt,
dass Dienstmannen freie Herren wurden,[3] so gelangen wir auch
hier auf die Zulässigkeit einer Erhöhung. Waren weiter Hochfreie und Mittelfreie nur lehnrechtlich geschieden, so wird uns
die bestimmtere Hinweisung des Schwabenspiegels kaum von der
Annahme abhalten dürfen, dass ein freigelassener Dienstmann,
wenn er keine Lehen von freien Herren hatte, sogar den vierten
Heerschild der Hochfreien gewinnen konnte; für spätere Zeiten
scheinen wenigstens die Reichsdienstmannen, später Semperfreie
von Limburg einen Beleg zu geben.[4]

Nichtritterbürtige konnten den Ritterstand erlangen
und damit ihre Nachkommen im zweiten Gliede auch die Rechte
der Ritterbürtigen, also insbesondere die Lehnsfähigkeit.[5] Darin
wäre an und für sich weniger eine Erhöhung, als eine Erwerbung
des Heerschildes zu sehen. Im Anschlusse an den allerdings
anscheinend ganz willkürlichen Gebrauch der Rechtsbücher, auf
die Heerschilde der Fähigen noch einen siebten der Unfähigen
folgen zu lassen,[6] würde aber auch hier von einem Steigen aus
dem siebten in den sechsten Schild gesprochen werden können.

Wir finden so allerdings die Erhöhung des Schildes durch
die landrechtlichen Grundlagen der ganzen Ordnung vielfach ge-
hindert; aber selbst nach dem strengeren Systeme des Sachsen-

---

1. Sachs. Ldr. 3, 80 § 2. 81 § 1.   **2.** Schwäb. Ldr. 156.   **3.** Vgl. oben S. 150.
4. Vgl. oben S. 164.   **5.** Vgl Homeyer S. 304. Eichhorn Rechtsg. § 341.   **6.** Vgl.
oben S. 192.

spiegels wird sich doch nur dann die Möglichkeit der Erhöhung auf den einzigen Fall der Erhebung zum Fürsten einschränken lassen, wenn es sich lediglich um eine unmittelbar, nicht erst für den Nachkommen wirksam werdende und doch zugleich erbliche Erhöhung handelt; entfällt jenes, so scheint ein Steigen aus dem sechsten in den fünften Schild möglich, entfällt dieses, so ist nicht abzusehen, wesshalb die Erhebung zum Könige nicht als Erhöhung bezeichnet werden soll. Beschränken wir uns aber nicht auf Sachsen, so wird die grössere Zahl rein lehnrechtlicher Abstufungen auch noch weitere Fälle einer Erhöhung durch Besserung der Mannschaft möglich erscheinen lassen.

XIX.

Sprachen wir oben von einer Niederung und Erhöhung des Gutes, welche ganz unabhängig vom Heerschilde der Lehnspersonen lediglich durch die grössere oder geringere Zahl der Belehnungen bis zum obersten Herrn bedingt war, so wird man auch von einem **Heerschilde des Gutes** insofern sprechen können, als es scheint, dass mehrfach bestimmte Güter nur an Personen, welche den Heerschild überhaupt oder auch einen bestimmten Heerschild haben mussten, verliehen werden durften. Der H e e r - s c h i l d überhaupt kommt wohl nur in Betracht, wenn es 1322 heisst, dass jemand vom Erzbischofe von Trier einen Mansus habe, *qui dicitur rydehuve, quem nullus debet possidere nisi miles vel armiger;*[1] auch wenn der Kaiser 1123 bei Vergabung eines Guts an seinen Ministerialen sagt: *hoc autem sine deminutione regni fecimus, quia parem eum eiusdem praedii esse cognovimus,*[2] wird das wohl nur darauf zu beziehen sein, dass er dem Reiche Ritterdienst leisten kann; für das Rittergut haben ja bis in späteste Zeit ähnliche Beschränkungen bestanden. Doch finden wir auch Andeutungen einer Beziehung des Gutes zu bestimmten H e e r s c h i l d s t u f e n, wenn auch eine durchgreifende Ausbildung dieses Gesichtspunktes kaum stattgefunden haben

---

1. Lacomblet Archiv 1, 374.   2. Mon. Boica 29 a, 244.

Ficker Heerschild.   14

wird. Dem Abte von Salmansweiler wurde 1295 ein geschenktes Gut bestritten, welches der Schenker angeblich in dritter Hand von dem Grafen von Hohenberg hatte, und dem Abte aufgegeben, das zu erweisen *mit zwei erbaren mannen, die des lehens genozze waerint oder ubergenozze.*[1] Der Bischof von Osnabrück muss 1201 versprechen, Verleihungen ohne Zustimmung des Kapitels zu widerrufen, insbesondere *in bonis ministerialium, quae in beneficio concessit nobilibus, quae tamen non nisi ministerialibus concedenda erant;* wird hier zunächst nicht die Gränze zwischen dem vierten und fünften Heerschilde massgebend gewesen sein, sondern der Gegensatz zwischen Lehngut und Dienstgut, so musste diese Beschränkung doch die Gestalt einer Bestimmung der Güter für bestimmte Heerschilde annehmen, seit das Dienstverhältniss mehr und mehr in das Lehnsverhältniss überging. Es werden weiter insbesondere einzelne Lehen als F ü r s t e n l é h e n bezeichnet. Der Bischof von Regensburg verspricht 1205, den Herzog von Baiern zu belehnen *proximo beneficio, quod vacaverit ecclesie ab aliquo principe,* mit Ausnahme der Lehen des Königs, des Domvogts und des Grafen von Hohenburg; und 1224 bekundet der Herzog, dass das Versprechen eines *beneficium principis* durch Belehnung mit dem Lehen des Grafen von Dornberg gelöst sei.[2] Die Erwähnung der Grafen zeigt allerdings, dass der Ausdruck Fürst hier in weiterer Ausdehnung gebraucht ist, wie das in Baiern auch nach Abschliessung des neuern Fürstenstandes wohl noch der Fall war;[3] aber es dürfte doch kaum anzunehmen sein, dass auch das Lehen eines Mittelfreien genügt haben und demnach schliesslich auch hier vielleicht nur der Gegensatz zwischen Mannlehen und Dienstlehen betont sein würde. Aehnlich bekundet K. Konrad 1145, dass der Erzbischof von Magdeburg dem Hartwig von Stade versprochen habe *beneficium. c. marcarum, quod primum de manu cuiusdam principis vel cuiusquam nobilis vacaverit;*[4] sollten dadurch nur Dienstlehen ausgenommen sein, so müssten Schöffenbare so selten belehnt gewesen sein, dass man

---

1. Schmid Mon. Hohenbergica 1, 120. 2 Quellen u. Erört. 5, 6. 30. 3. Vgl. Reichsfürstenst. § 18, 35. 92. 4. Tolner Hist. Palat. 44.

ihrer gar nicht gedachte, während der Zusatz überhaupt überflüssig war, wenn nur der Werth des Lehens maßgebend sein
sollte. In Fuldaer Aufzeichnungen heisst es um 1160, dass der
Landgraf und der Herzog von Rotenburg *plurimorum principum
beneficia sibi contraxerunt*, dass letzterer von Fulda *septem
principum beneficia* erhalten habe und dass auch der Markgraf
von Brandenburg *non solum suum, sed et aliorum principum
obtinuit beneficia*, Ausdrücke, welche dadurch eine bestimmtere
Beziehung gewinnen, dass es vorher heisst: *in provincia Saxonie
tria milia mansorum habuit hoc Fuldense monasterium; unde
inbeneficiati debent esse ser regni principes, ita ut quisque eorum
quingentos habeat mansos*, und dasselbe von andern Provinzen
gesagt wird.[1] Dahin liessen sich auch ziehen die *septem principalia beneficia, quae vulgo appellantur vollehen*, der Abtei
Lorsch, welche, *morte septem nobilissimorum ecclesiae fidelium*
an den Pfalzgrafen kommen, obwohl hier nur an eine Beschränkung auf Edelherren, nicht auf Fürsten selbst in der früheren
ausgedehnteren Bedeutung des Wortes zu denken ist.[2] Aus diesen
Stellen dürfte sich wenigstens so viel ergeben, dass unter dem
zur Verleihung an Vasallen bestimmten Kirchengute sich bestimmte grössere Lehnsmassen befanden, welche nur an Fürsten
im früheren Sinne des Wortes oder doch nur an Edelherren verliehen werden sollten. Auch die Verleihung des Gerichtslehens
unterlag manchen, allerdings theilweise mit den Abstufungen des
Heerschilds nicht in Verbindung zu bringenden Besckränkungen;
aber aus Beachtung der Thatsachen, auf welche ich an anderm
Orte zurückkommen werde, dürfte sich doch mit ziemlicher
Sicherheit schliessen lassen, dass der Fürst die ihm geliehene
Grafengewalt unmittelbar nur an einen freien Herren leihen
durfte,[3] während wir freilich Beispiele finden, dass sie von
diesen weiter an Personen niederen Schildes geliehen war.[4] Waren
nun weiter das Bischofgut und das Fahnlehen oder Fürstenamt
Lehnsstücke, welche einen bestimmten Heerschild zwar weniger

---

1. Böhmer Fontes 3, 171. 172.   **2.** Cod. dipl. Lauresham. 1, 231. vgl. obne
S. 87. 98.   **3.** Vgl. Homeyer S. 535.   **4.** Vgl. oben S. 170.

voraussetzten, obwohl auch das Fürstenamt unzweifelhaft nur an
Personen des vierten Schildes gegeben werden konnte, als einen
bestimmten Heerschild gaben, so wird allerdings die Anschauung
einer Beziehung bestimmter Lehngüter zu bestimmten Schilden
kaum abzuweisen sein, wenn auch eine weitgreifendere Durchführung nicht anzunehmen ist. Insbesondere nicht in der Richtung, dass es für eine Person höheren Schildes unstatthaft gewesen wäre, sich mit einem früher an einen Niederen geliehenen
Gute belehnen zu lassen; fanden wir oben eine Bestimmung, dass
Lehen der Dienstmannen nicht an Edelherren kommen sollten,
so war dafür offenbar lediglich das Interesse der ersteren massgebend. Jenes weiter zu belegen, dürfte überflüssig erscheinen;
als Beispiel mag etwa dienen, dass 1240 der Landgraf von Thüringen von einem Goldschmidt zu Boppard Lehnsstücke erwirbt,
mit welchen dieser vom Reiche belehnt war, und sich dieselben
gleichfalls vom Kaiser leihen lässt. [1]

XX.

Werfen wir zum Schluss einen Blick zurück auf die haupt-
sächlichsten **Ergebnisse** unserer Erörterungen, so wird vor allem
hinzuweisen sein auf die durchweg hervortretende Uebereiu-
stimmung der Lehren der Rechtsbücher mit dem
thatsächlichen Rechtsleben ihrer Zeit. Es handelt
sich nicht um mehr oder weniger willkürliche theoretische Gebilde; wo auch immer wir prüfend zugreifen mögen, es ergibt
sich fast kein Satz, für welchen das wirkliche Leben nicht Anhaltspunkte zur Bestätigung oder doch Erklärung böte, von dem
wir annehmen müssten, er sei veranlasst nicht durch Beachtung
der thatsächlichen Zustände, sondern durch willkürliche Geltend-
machung und Weiterbildung subjektiver Rechtsanschauungen des
Verfassers. Damit soll freilich nicht gesagt sein, dass überall
sich volle Uebereinstimmung zwischen der Lehre und den gleichzeitigen Zuständen ergäbe, dass nicht mancher Satz bestimmter

---

1. Huillard H. D. 5, 1046.

hingestellt, enger gefasst wäre, als die Beachtung der Thatsachen rechtfertigen kann; es wird insbesondere nicht zu verkennen sein, dass das wirkliche Leben uns manche Einflussnahme, manche Weiterbildung der der Lehre zu Grunde liegenden Anschauungen, und wieder auch manche Abweichung von ihnen zeigt, welche in den Rechtsbüchern unbeachtet blieben und so die Darstellung derselben mehrfach nicht allein als lückenhaft, sondern auch als einseitig und ungenau erscheinen lassen. Aber wie hätte das gerade da anders sein können, wo zum erstenmale der Versuch gemacht wurde, die ganze reiche Mannichfaltigkeit der thatsäch- lichen Rechtsgestaltung in ihren leitenden Grundsätzen zu erfas- sen, aus der Menge der Einzelfälle die sie beherrschenden Regeln zu gestalten, wie das doch bei der Abfassung der sächsischen Rechtsbücher der Fall war. War den Verfassern der süddeut- schen Rechtsbücher in dieser Richtung der Weg schon geebnet, müssten wir an und für sich bei ihnen einen Fortschritt nicht allein in Vollständigkeit, sondern auch in Genauigkeit der Dar- stellung erwarten, so kann es befremden, dass das entschieden nicht der Fall ist, dass wir häufiger die Angaben des Schwaben- spiegels, als die des Sachsenspiegels, im Widerspruche mit den Ergebnissen aus den Thatsachen fanden. Die Vorlage, welche jene nur hätte fördern können, wenn sie in gleichem Umfange, wie der Vorgänger, mit der thatsächlichen Rechtsübung ihrer Zeit und ihres Landes vertraut seine Angaben mit dieser ver- glichen, sich nur für die äussere Form und Gestaltung des Stoffes von ihm hätten leiten lassen, diese Vorlage musste überaus hin- dernd einwirken, da ihnen die dazu erforderliche Selbstständigkeit und wohl auch Kenntniss abging, da sie auch ihrem Inhalte sich enger anschlossen, als bei genügender Rücksichtnahme auf die Verschiedenheit der Zeit und insbesondere auch des Orts hätte der Fall sein dürfen. [1]

Und das fällt um so mehr ins Gewicht, als doch auch für unsere Lehre manche Verschiedenheit der örtlichen Ge- staltung nicht zu läugnen ist. Vielfach haben wir es freilich

---

1. Vgl. oben S. 145.

mit Anschauungen zu thun, welche nicht blos für Deutschland,
sondern für das ganze Abendland als massgebend betrachtet
werden mögen. Und in diesem stellt dann nicht etwa das Kaiserreich als ein enger geschlossenes Rechtsgebiet sich dar; wo wir
die entsprechenden Verhältnisse Italiens zu berühren Veranlassung
fanden, ergab sich ein Abweichen derselben von Anschauungen,
welche doch der deutschen und französischen Entwicklung gemein-
sam waren.[1] Und wenn diese sich schieden, war keineswegs
immer der Staatsverband das ausschlaggebende Moment; wieder
und wieder gelangten wir zu dem Ergebnisse, dass nicht blos die
burgundischen, sondern auch die lothringischen Reichslande französischer wie deutscher Zunge sich der französischen Entwicklung
näher anschlossen, von der deutschen sich schieden, für welche
sich in solchen Fällen durchweg eine strengere Durchbildung der
dem ganzen Verhältnisse zu Grunde liegenden Anschauung ergab.[2]
Aber ganz durchgreifend konnte das doch nicht der Fall sein;
auf die Gestaltung einer Ordnung, welche im deutschen Könige
gipfelte, konnte der staatliche Verband des deutschen Königreichs
nicht ohne massgebenden Einfluss bleiben. So war die eigenthümliche Stellung der geistlichen Fürsten in Lothringen keine
andere, wie in den übrigen deutschen Ländern, finden die Erfordernisse des Fürstenstandes auch dort ihre volle Anwendung;
höchstens dass hie und da eine weniger strenge Handhabung der
Regel sich bemerklich macht. Und als Eigenthümlichkeit der
deutschen Entwicklung, von der wir Lothringen im allgemeinen
auszuschliessen kaum genügenden Grund haben, dürfte die noch
stark hervortretende Einwirkung landrechtlicher Momente gelten
dürfen, welche eine Gestaltung der Heerschildsordnung nach rein
lehnrechtlichen Gesichtspunkten ausschloss, dem Fürstenamt, dem
Geburtsadel, der Freiheit doch neben der Zahl der Lehnsverbindungen und der die alten Standesunterschiede verwischenden
Ritterbürtigkeit ihre Geltung in der Lehre wahrte, Lehnsverhältniss und Dienstverhältniss auseinanderhielt, und so zwar einem
Ueberwuchern und Verdrängen der landrechtlichen Gestaltungen

---

1. Vgl. oben S. 55. 63.   2. S. 16. 49. 72. 120. 121 131

durch das Lehnswesen vielfach die bestimmtesten Gränzen zog,
dafür aber auch nicht ohne Einfluss blieb auf eine freiere und
würdigere Stellung des deutschen Lehnsmannes.[1] Scheint aber
dieses Eingreifen landrechtlicher Momente in die Abstufungen der
Lehnsfähigkeit alle deutschen Länder zu treffen, so machte doch
wieder im einzelnen mancher örtliche Unterschied sich geltend,
da ja einmal die landrechtlichen Grundlagen selbst nicht überall
dieselben waren, weiter aber diese nicht ausschlossen, dass ein
und derselbe landrechtliche Stand lehnrechtlich in mehrere Abstufungen zerfallen konnte. Und so sondert sich vielfach von
den übrigen Ländern einerseits Sachsen mit seinem scharfge-
schlossenen, nicht schon durch das Zusammentreffen von Freiheit
und Ritterbürtigkeit begründeten und auch lehnrechtlich nur eine
Stufe bildenden Adelstande,[2] andererseits wieder Lothringen mit
einer vervielfachten, zum Theil durch den Anschluss an französische Lehnsbräuche bedingten Gliederung.[3]

War durch diese örtlichen Verschiedenheiten eine Abweichung
im Systeme der beiden Rechtsbücher bedingt, so ist die Verschiedenheit der Zeit in dieser Richtung von geringerem
Gewichte; ist unser Ergebniss richtig, dass nicht erst der Schwabenspiegel, sondern bereits der Sachsenspiegel auch den Dienstmannen die Lehnsfähigkeit zuspricht,[4] so bleibt keine wesentliche
Abweichung in den Angaben beider Rechtsbücher, welche auf den
Unterschied der Zeit ihrer Abfassung zurückzuführen wäre.

Zeigt uns somit das dreizehnte Jahrhundert keine wesentliche Weiterbildung oder Umgestaltung der Lehre, so sahen wir
doch, dass manche für sie massgebende Anschauungen sich kein
Jahrhundert weiter zurückverfolgen lassen, und es dürfte ein
Versuch nicht unangemessen sein, uns zu vergegenwärtigen, wie
sich, so weit unsere Untersuchungen dafür einen Anhalt bieten,
die geschichtliche Entwicklung der Lehre vom Heerschilde gestaltet haben dürfte.

Was den Heerschild als absolute Lehnsfähigkeit
betrifft, so war dieser Begriff den Zeiten des Benefizialwesens

---

1. Vgl. Homeyer S. 631.   2. Vgl. oben S. 125.   3. S. 131.   4. S. 173.

fremd; die Verleihungen der Benefizien erfolgten an Geistliche
und Weltliche, Männer und Frauen, Freie und Unfreie, also ohne
Rücksicht auf die später die Lehnsfähigkeit bedingenden Gesichtspunkte. [1] Der Begriff der Lehnsfähigkeit war erst damit
gegeben, dass sich von der Masse der für die verschiedenartigsten
Gegenleistungen erfolgenden Verleihungen diejenigen bestimmter
schieden, für welche nur die ehrenvollsten Leistungen der Hoffahrt und insbesondere der Heerfahrt verlangt wurden, dass zugleich die Anschauung sich fester ausbildete, solche Benefizien
sollten nur von solchen geliehen werden, welche jener Leistung
bedürfen, nur an solche, welche zu ihr befähigt sind, und zwar
nicht blos durch eigenes rittermässiges Leben, sondern in schär-
ferer Ausbildung auch durch die Geburt von ritterlichen Eltern.
Die Anfänge solcher Entwicklung reichen unzweifelhaft sehr weit
zurück; ihren völligen Abschluss durch Scheidung aller Personen
in die beiden Klassen der ritterbürtigen Lehnsfähigen und der
Unfähigen möchte ich kaum über das zwölfte Jahrhundert zurück-
setzen, da die hier sehr massgebende bestimmtere Ausprägung
der ausschliesslichen Lehnsfähigkeit der fürstlichen Kirchen mit
dem Investiturstreite zusammenzuhängen scheint; [2] da weiter, falls
wir den Begriff der Ritterbürtigkeit selbst auch schon früher
wirksam denken dürfen, seine enge Verbindung mit der Lehnsfähigkeit doch erst dann vollendet war, seit diese auch dem
ritterbürtigen Ministerialen zukam. [3] Und der Versuch, die Zeit
genauer zu bestimmen, wann nach dieser Richtung hin das System
der Rechtsbücher seinen vollen Abschluss erhalten hat, wird um
so weniger ein sicheres Resultat erwarten lassen, als diese Seite
der Lehre ja eigentlich überhaupt nicht zu scharfem Abschlusse
gelangte, den Unfähigen doch wieder ein bestimmtes Lehnrecht
gestattet ist, und es scheint, dass im thatsächlichen Leben die
Gränze zwischen Fähigen und Unfähigen vielfach nicht einmal so
weitgehende Berücksichtigung fand, als ihr in den Rechtsbüchern
zu Theile geworden ist. [4]

---

1. Vgl Waitz Verfassungsg. 4, 185.   2. Vgl. oben S. 53. 99. 185.   3. S. 178.
4. S. 104.

Sehen wir auf den Heerschild als relative Lehnsfähigkeit, so wird allerdings die Folge der Stufen, wie sie in
den Rechtsbüchern auftritt, erst im zwölften Jahrhunderte sich
genauer festgestellt haben. Aber die Anschauung, welche ihr zu
Grunde liegt, muss schon auf den frühesten Entwicklungsstadien
wirksam gewesen sein, sie war eigentlich mit dem Aufkommen
der Vasallität von selbst gegeben. Dem Benefizialwesen steht
sie allerdings ferner; noch in späterer Zeit galt es für keine
Niederung des Schildes, Gut von einem Genossen oder Untergenossen zu Nutzniessung zu haben, so lange die Mannschaft
der Verbindung fern blieb.[1] Den Ausgang bildet hier das durch
die Kommendation begründete, zunächst rein persönliche Verhältniss der Vasallität; da dieses nicht auf die Verbindung mit
dem Könige beschränkt war, da auch die Vasallen des Königs
wieder ihre Vasallen hatten, so war damit eine Abstufung von
vornherein gegeben. Und war das Verhältniss auch ein durchaus
ehrenvolles, die persönlichen Freiheitsrechte nicht beeinträch-
tigendes, so konnte es doch nicht fehlen, dass man nach ihm
vielfach die persönliche Stellung als eine mehr oder weniger angesehene bemass; wenn Ludwig der Deutsche seinem Vater,
nachdem dieser ihn dem Grossvater Karl geschenkt hatte, sagt:
*Quando vester eram vasallus, post vos, ut oportuit, inter com-
militones meos steteram; nunc autem vester socius et commilito,
non immerito me vobis coaequo,*[2] so können wir kaum einen
bestimmteren Beleg für die Wirksamkeit dieser Anschauung
wünschen. Wer sich einer andern Person durch Stand, Amt,
Besitz und was hier sonst massgebend sein konnte, gleichgestellt
fühlte, für den wäre es eine Niederung der Stellung gewesen,
sich ihr zu kommendiren; es wäre zugleich ein Zweck dabei kaum
abzusehen gewesen.

Reicht so der Begriff niederer und höherer Stufen der Mannschaft unzweifelhaft bis auf die Anfänge der gesammten Entwicklung zurück, so frägt es sich nun, in welcher Weise und
wann dieser Begriff mit bestimmten andern Unterschieden der

1. Vgl. oben S. 85.   2. Vgl. Waitz Verfassungsg. 4, 238.

Lebensstellung in engere Verbindung trat und damit die durch
das Ineinandergreifen landrechtlicher und lehnrechtlicher Momente
bedingte Folge der Heerschilde sich ausbilden konnte. Was hier
bestimmend für die durch Mannschaft nicht zu niederude Genossenschaft war, mag anfangs vielfach schwankend gewesen sein;
je mehr aber diese Verbindungen sich häuften, um so bestimmter
musste auf Grundlage der thatsächlichen Einzelverbindungen sich
ergeben, welche Verbindungen man für diese oder jene Personenklasse ohne Schmälerung ihres sonstigen Ansehens für statthaft
erachtete, es musste sich eine Anschauung ergeben, welche der
Klasse an und für sich eine bestimmte Stellung zu der Folge
der Verbindungen zuwies. [1]

Bei Scheidung solcher Klassen können zunächst die Geburtsstände der Edlen, Freien und Unfreien in Betracht kommen. Die
letztern stehen dem ganzen Verhältniss anfangs fern, da es sich
um eine freiwillig eingegangene und lösbare Verbindung handelte.
Wo wir aber, wie in Sachsen, einen scharfgeschiedenen Geburtsadel finden, da dürfte schon in frühester Zeit der Gemeinfreie
keinen Anstand genommen haben, Mann eines Edelherren zu
werden.

Zu weitergreifender Gliederung boten die Geburtsstände keinen
Anlass. Aber das Reichsamt des Grafen liess diesen vor den
andern Edeln hervortreten, konnte diese bestimmen, Mannen von
Grafen zu werden. Als dann das Herzogthum sich wieder geltend
zu machen wusste, musste die Anschauung, dass ein Graf des
Herzogs Mann sein könne, sich um so leichter festsetzen, als ja
zeitweise der Einfluss des Königthums auf einzelne Lande ganz
aufhörte und dann der Herzog die Spitze des ganzen Vasallitäts-
verbandes bildete.

Kamen alle diese Momente gleichzeitig zur Geltung, so
ergaben sich daraus bereits vier Stufen unter dem Könige. Und
unter den ludolfinischen Herzogen mag das der Zustand Sachsens
gewesen sein. Aber mit der Erhebung des Herzogshauses auf
den Thron fiel nun eine dieser Stufen aus; durch das neue

---

1. Vgl. oben S. 201.

Herzogthum der Billunger stellte sich dieselbe nicht wieder her;
die sächsischen Grafen, seit geraumer Zeit gewohnt, nur den
König selbst zum Herrn zu haben, wussten sich in dieser Stellung zu behaupten;[1] und so verblieben hier nur die drei Stufen
der Fürsten, Edelherren und Freien.

In den andern Ländern wussten die Herzoge, welchen in
dieser Richtung der rheinische Pfalzgraf gleichsteht, sich die
Mannschaft der Grafen grossentheils zu bewahren.[2] Dafür fiel
hier eine andere Stufe aus, insofern ein Unterschied zwischen
Edelherren und Gemeinfreien, falls ein solcher überhaupt bestand,
sich wenigstens für die Gestaltung der Heerschildsverhältnisse
nicht wirksam erwiesen hat.[3] Es scheint vielmehr, dass der
Begriff eines von den Freien geschiedenen Standes der Edelherren
sich hier erst mit dem Begriffe des Heerschildes als Lehnsfähigkeit überhaupt insofern entwickelte, als die Freien, welche ohne
Dienstmannen zu werden sich bei ritterlicher Lebensweise zu
erhalten wussten und somit Anspruch auf kriegerische Benefizien
erheben konnten, nun als Edle sich von den bäuerlich lebenden
Freien absonderten; und dafür dürften vorzugsweise die Besitzverhältnisse den Ausschlag gegeben haben. Nun konnte sich
allerdings auch ganz unabhängig von Stand und Amt die Anschauung bilden, dass der minder begüterte Edelherr Mann des
reicheren Genossen werden konnte, woraus sich denn wirklich
der Unterschied der beiden Stufen der Hochfreien und Mittelfreien
ergab. Wenn es trotzdem in den meisten Ländern bei einer
Dreizahl dieser Stufen verblieb, so ist das erklärlich, wenn wir
bedenken, dass die meisten mächtigen Edelherrn zugleich Grafenämter erhielten, einzelne von ihnen aber, bei welchen das nicht
der Fall war, dann um so eher Anstand nehmen mochten, ausser
des Herzogs auch noch der Grafen Mann zu werden, als diese
weniger, wie das in Sachsen bei der dort gewöhnlichen Häufung
von Grafschaften in einer Hand der Fall war, von vornherein
eine die mächtigsten Edelherren überragende Stellung einnahmen.
Es ergaben sich damit als gewöhnliche Folge die drei Stufen der

1. Vgl. oben S. 118. 2. S. 117. 3. S. 141 ff.

Herzoge, Grafen und Edeln, doch so, dass das Grafenamt nicht
zum durchgreifenden Scheidungsmomente wurde, ein blosser Edler
sich auch auf der Stufe der Grafen behaupten konnte. Dass der
Graf eines andern Grafen Mann sein durfte, wird der frühern
Entwicklung fremd gewesen sein; finden wir später vereinzelt das
Verhältniss, so dürfte es daraus zu erklären sein, dass auch
minder mächtige Edle hie und da ein Grafenamt erlangten und
nun ihre von andern Grafen gegen Mannschaft erhaltenen Benefizien nicht auflassen mochten.[1] Begründete in Sachsen das vom
Könige geliehene Grafenamt allerdings die erste fürstliche Stufe,
so hat die Grafschaft in andern Ländern sich als ausschlag-
gebendes Moment für die Gliederung nicht behauptet, obwohl im
Süden die spätern Stufen der Fürsten, Hochfreien und Mittelfreien
in der Regel noch dem Herzoge, Grafen und einfachen Edelherrn
entsprechen.

Dieser Zustand einer dreifachen Lehnsgliederung unter dem
Könige, einer Folge von vier Heerschilden, wie er sich im zehnten Jahrhunderte bestimmter gestaltet haben wird, entspricht nun
auch den ·Angaben der Chronisten des eilften Jahrhunderts. So
wenn Wippo im J. 1024 dem Könige huldigen lässt *omnes episcopi, duces et reliqui principes, milites primi, milites gregarii,
quin ingenui omnes;*[2] oder wenn Bruno zum J. 1076 erzählt, wie
die Herzoge Otto und Welf sich den Friedenskuss reichten, und
fortfährt: *Similiter pacis oscula dederunt ordinis secundi sive
tertii partis utriusque milites.*[3]

Neben der vom Könige ausgehenden Kette von Lehnsverbindungen finden wir nun aber eine zweite dadurch begründet,
dass Bischöfe und Aebte in derselben Weise, wie König und
weltliche Grosse, Vasallen annehmen. Die hervorragende ·Stel-
lung aber, welche die geistlichen Fürsten in der spätern Ordnung
einnahmen, kommt ihnen in den früheren Jahrhunderten noch
nicht zu. Edelherren scheinen allerdings schon früh in einem
solchen Verhältnisse nichts Erniedrigendes gesehen zu haben und
eben so wenig mochte der Gemeinfreie, wo er neben jenen eine

---

1. Vgl. oben S. 156.   2. Mon. Germ. 13, 251.   3. Mon. Germ. 7, 364.

besondere Stufe bildet, Bedenken darin finden, für weitergeliehenes Kirchengut der edlen Vasallen Mann zu werden. Aber selbst für Grafen der zweiten Stufe dürfte kaum über die zweite Hälfte des zehnten Jahrhunderts zurückzugehen sein; im Beginne des folgenden finden wir dann schon sächsische, wenig später auch lothringische Fürsten als Mannen der Reichskirchen; bis zum Ende des eilften Jahrhunderts folgten dann auch die süddeutschen Herzoge.[1] Damit war nun an und für sich eine weitere Abstufung des Heerschildes nicht gegeben; das von den Bischöfen dem Laienfürsten geliehene Kirchengut, wie das ihm vom Könige geliehene Reichsgut wurden ganz in derselben Folge weiter geliehen; König und Bischof standen an der Spitze der weiterhin gleichgegliederten Ketten. Da aber der Bischof Unterthan des Königs und ihm, wenn nicht zur Mannschaft, doch zum Treueid verpflichtet war,[2] so verband sich damit doch wohl von vornherein der Gedanke einer Niederung der bisher von den Laienfürsten eingenommenen Stellung; seit man dann nach der Mitte des zwölften Jahrhunderts die Investitur des Bischofs als eine zur Mannschaft verpflichtende Belehnung,[3] das Kirchengut zugleich als Reichslehngut betrachtete,[4] musste dem Bischofe auch eine bestimmte Stellung in der Folge der Heerschilde zwischen dem Könige und den Laienfürsten zukommen.

Etwa um dieselbe Zeit trat nun auch der unfreie Stand der ritterbürtigen Dienstmannen in den Kreis der Lehnsfähigen ein.[5] Bildeten die nach dem süddeutschen Systeme auf der untersten Stufe freier Vasallen stehenden Mittelfreien eine nach unten durch den Begriff der Ritterbürtigkeit scharf abgegränzte, dagegen nach oben hin mit den Hochfreien doch immer so eng verbundene Personenklasse, dass der gewöhnliche Sprachgebrauch beide als einen Stand auffasste,[6] so mochten auch angesehene Ministerialen kein Bedenken tragen, sich von Mittelfreien belehnen zu lassen; zu den früheren fünf Schilden kam somit hier ein sechster der Dienstmannen. Anders in Sachsen, wo die auf der untersten

---

1. Vgl oben S. 57 ff.　2. S. 54.　3. S. 59.　4. S 52. 60. 65.　5. S. 178.
6. S. 141 ff.

Stufe freier Vasallen stehenden Schöffenbaren wohl nach oben
von den freien Herren scharf geschieden waren, während sie nach
unten hin wenigstens ihre landrechtliche Stellung mit bäuerlich
lebenden Personen theilten.[1] Da es nun überdies scheint, dass
auch die angesehensten Schöffenbaren kein Bedenken trugen,
Dienstverhältnisse einzugehen, dass weiter die landrechtlichen
Vorrechte der Schöffenbaren vielfach bereits auch den Dienstmannen zugestanden wurden,[2] so ist es erklärlich, wenn hier zur
Zeit der beginnenden Lehnsfähigkeit der Ministerialen der blosse
Vorzug der Freiheit keinen genügenden Anhalt mehr bot, die
Dienstmannen als eine den Schöffenbaren nachstehende Klasse
aufzufassen,[3] zumal die ganze Stellung beider es sehr unwahrscheinlich machen muss, dass Ministerialen sich von Schöffenbaren
belehnen liessen. So bildete sich hier nicht eine neue Stufe,
sondern die Ministerialen traten in die bereits bestehende der
Schöffenbaren ein. Sind wir damit auf sechs, beziehungsweise
fünf genauer bestimmte obere Stufen gelangt, so schliesst das
weitere niedere Stufen nicht aus, welche theils schon bestehen
mochten, theils sich aus dem Zutritte der unfreien Ritterbürtigen
ergaben. Die Begriffe der Ritterbürtigkeit und Lehnsfähigkeit,
des Mannlehens in seinem Gegensatze zu verwandten Leihen
werden wir uns in der frühern Zeit des zwölften Jahrhunderts
doch noch kaum so fest gestaltet denken dürfen, dass es nicht
schon vor dem Zutritte der unfreien Klassen manche dem Lehen
entsprechende weitere Verbindungen gab, welche mit der festern
Gestaltung jener Begriffe sich ausscheiden, mehrfach aber auch
zur Bildung weiterer Stufen Veranlassung bieten mochten. Zumal
traten die unfreien Ritterbürtigen wohl schon in entsprechender
Abstufung in den Kreis der Lehnsfähigen ein; die Ritterbürtigkeit und damit die Lehnsfähigkeit lässt sich nicht auf jene engste
Bedeutung des Ausdruckes Dienstmannen, wie ihn insbesondere
das süddeutsche Rechtsbuch hat, einschränken, auch eigene Leute
konnten Ritter sein,[4] und mächtige Ministerialen werden schon
damals ritterliche Mannen gehabt haben, als für sie selbst der

---

1. Vgl. oben S. 166.   2. S. 169.   3. S. 168.   4. S. 138.

Begriff der Lehnsfähigkeit sich erst ausbildete. War hier einmal der Begriff der Ritterbürtigkeit ausschlaggebend geworden, gegen den der Unterschied von Freiheit und Unfreiheit, von Lehngut und Dienstgut ganz zurücktrat, so war noch für weitere Abstufung hinreichender Raum geboten, ohne dass es möglich gewesen wäre, dieselbe auch in den untersten Kreisen durchgreifenden Gesichtspunkten unterzuordnen; in der Unsicherheit der Spiegel über das Enden des Heerschildes und über die Lehnsfähigkeit der untersten Stufe hat dieser Zustand seinen Ausdruck gefunden. [1]

Haben wir uns so die wahrscheinliche Entwicklung des Instituts übersichtlich vergegenwärtigt, so ist freilich nicht zu vergessen, dass das nicht überall auf Grundlage gleichzeitiger Zeugnisse geschehen konnte, dass wir uns dabei vorzugsweise durch Rückschlüsse aus dem spätern Zustande leiten liessen, und ich bezweifle nicht, dass eine eingehendere Beachtung der Zeugnisse über die Zustände der früheren Entwicklungsperioden, wie sie unserm nächsten Gesichtspunkte ferner lag, hier noch manches ergänzende und berichtigende Ergebniss gewähren wird. Erweist sich aber unsere Darstellung im allgemeinen als hinreichend begründet, so ergibt sich, dass zwar die Anschauungen, welche der Lehre vom Heerschilde zu Grunde lagen, schon auf den frühesten Entwicklungsstufen wirksam waren, dass aber die genauere Gestaltung, wie sie in den Rechtsbüchern vorliegt, nicht über die Mitte des zwölften Jahrhunderts zurückreicht. Für alles werden wir nicht einmal so weit zurückgreifen dürfen; erst um das J. 1180 wurden die auf der ersten Stufe stehenden weltlichen Vasallen ausschliesslich als Reichsfürsten bezeichnet, während bis dahin dieser Ausdruck nicht durch den Heerschild bedingt war; [2] und dabei handelte es sich nicht bloss um die äussere Bezeichnung, sondern, wie ich anderweitig nachweisen werde, auch die bedeutenden Vorrechte, welche die Rechtsbücher dem Fürsten zusprechen, sind erst seitdem als ausschliesslicher Vorzug der höhern lehnrechtlichen Stufe nachzuweisen, standen früher nicht in engerer Beziehung zum Heerschilde.

---

1. Vgl. oben S. 190.   2. S. 117.

Fügte sich um dieselbe Zeit noch durch die Verbindung mit fremden Königen und die Erhebung des Königs von Böhmen ein Zwischenglied zwischen König und Fürsten ein,[1] so berührt das die Zeit der vollen Ausbildung der in den Rechtsbüchern vorliegenden Ordnung nicht, da dieses Verhältniss ebenso, wie die in frühere Zeiten zurückreichenden, aber nur in engerer örtlicher Begränzung wirksamen Zwischenstellungen des Bischofs von Gurk[2] und der lothringischen freien Herren,[3] dabei unberücksichtigt blieb. Weiter blieben auch die Beziehungen der mittelbar gewordenen Pfaffenfürsten,[4] unfähigen Prälaten[5] und der Fürstengenossen[6] zu bestimmten Heerschildsstufen, wie solche doch nothwendig stattfinden mussten, im Systeme unbeachtet.

So hatte die Lehre gegen Ende des zwölften Jahrhunderts ihre vollste Entwicklung und zugleich durch die weitgreifenden Vorrechte, welche sich an den fürstlichen Heerschild knüpften, ihre grösste Bedeutung für das gesammte staatliche Leben der Nation erreicht. Aber die Zeichen einer Abnahme der Bedeutung des Heerschildes schliessen sich auch fast unmittelbar an. Formell finden wir allerdings noch im ganzen dreizehnten Jahrhunderte die Lehre in voller Wirksamkeit, scheint sich kaum eine Abschwächung ihrer Bedeutung zu ergeben. Aber eben jenes in dieser Zeit in so vielfacher Gestalt hervortretende Streben, eine Niederung des Schildes zu vermeiden,[7] ohne den damit verbundenen Vortheilen zu entsagen, ergibt doch, wie es uns einerseits das strenge Festhalten an der Form verbürgt, andererseits wieder, dass eine Lehre, welche dem Uebergange des Lehngutes von einer Hand in die andere so vielfache Schranken zog, mit der Richtung einer Zeit im Widerspruche stand, welche bei dem Erschlaffen der staatlichen Gesammtordnung des Reichs möglichste Abrundung des Besitzes und der Herrschaftsverhältnisse in engeren Kreisen erstrebte; und wo einmal nur noch die Form gewahrt erscheint, das, was sie verhindern soll, auf andern Wegen dennoch erreicht wird, da mag nicht allein

---

1. Vgl. oben S. 72.   2. S. 113.   3. S. 131.   4. S. 110.   5. S. 107.
6. S. 126.   7. S. 8 ff.

die Beibehaltung der Form bedeutungslos erscheinen, es wird dann doch nicht lange währen können, dass man auch die bedeutungslos gewordene Form selbst nicht weiter beachtet. Und in dieser Richtung muss schon das über die Zeit der vollen Entwicklung zurückreichende Lehnsverhältniss des Königs zu den Reichskirchen mächtigen Einfluss geübt haben.[1] Wie zuerst der Edle, dann der Graf, weiter der Herzog den Bischöfen die Hände zur Mannschaft bot, so setzte sich dieses Verhältniss endlich bis auf den Träger der Krone fort, war nun aber einer Einfügung in die Abstufungen des Heerschildes nicht mehr fähig; und mag die folgerecht aus der Lehre sich ergebende Niederung des königlichen Schildes durch die Form der Lehennahme vermieden sein, so musste das doch auch anderen Veranlassung bieten, nach Formen zu suchen, durch welche sich entsprechende Beschränkungen des lehnweisen Erwerbes umgehen liessen. Dazu kam nun, dass die grosse Bedeutung des fürstlichen Heerschildes sich schon im Laufe des dreizehnten Jahrhunderts verlor; die wichtigsten Vorrechte, welche durch ihn bedingt waren, die Theilnahme an der Königswahl und die Einwilligung bei allgemeinen Reichsangelegenheiten, geriethen in die Hände der Kurfürsten, für deren bevorzugte Stellung keinerlei mit dem Heerschilde zusammenhängendes Moment wirksam war;[2] und wenn man nun auch solche zu Königen wählte, welchen sogar die Vorbedingungen des fürstlichen Schildes fehlten,[3] so muss das Gewicht, das man ihm früher beilegte, doch schon sehr gemindert erscheinen. Und wenn im folgenden Jahrhunderte in dem kleinen Kaiserrechte ein Rechtsbuch entstehen konnte,[4] welches vielfach mit dem Lehnwesen sich beschäftigend von den Verhältnissen des Heerschildes ganz absieht, alles Gewicht auf die unmittelbare Lehnsverbindung mit dem Reiche und die dadurch begründete Genossenschaft[1] legt, Fürsten und Dienstmannen auf eine Linie stellt, welches, indem es auch den Reichsbürgern volles Lehnrecht zugesteht,[5] die frühere Gränze der Lehnsfähigkeit nicht einmal mehr als

---

1. Vgl. oben S. 37 ff.   2. S. 204.   3. S. 50.   4. S. 199.   5. Kl. Kaiserr. 1, 1.

Regel festhält, so kann doch die Geltung, welche man der Lehre im wirklichen Leben noch zugestand, nur eine sehr geringe gewesen sein. So kann es kaum befremden, wenn man im vierzehnten Jahrhunderte auch die Form nicht mehr beachtete, Fürsten erhob, ohne dass noch die Rede von entsprechender Besserung der Mannschaft gewesen wäre; [1] und hat die Lehre in dieser und jener Beziehung sich auch in viel späterer Zeit noch wirksam gezeigt, stossen wir noch überall auf Formen, welche an sie erinnern, so trug man doch wohl nirgends mehr Bedenken, sich über sie wegzusetzen, wenn ihre Einhaltung mit irgendwelchen Schwierigkeiten verknüpft war. Und damit schliesst sich die Einzellehre ja nur der geschichtlichen Entwicklung des Gesammtgebietes des Lehnrechtes an, welches zur Zeit seiner Aufzeichnung im Sachsenspiegel in vollster Kraft entfaltet ist, während schon die nächste Zeit eine Abnahme in der straffen Spannung zeigt, dann im Fortgange des dreizehnten und mehr noch in den folgenden Jahrhunderten ein Verschwimmen der früher scharf gezogenen Gränzen, ein bei Seite Schieben der ursprünglichen Zwecke immer deutlicher hervortritt. [2]

----

1. Vgl oben S. 122.   2. Vgl. Homeyer S. 630.

Innsbruck 1861 Dez. 2.

Berichtigung und Zusatz.

S. 10 Z. 3 v. u. lies **Leihen zu treuer Hand** statt *Zeihen zu treuer Hand.* — In den dort angeführten Beispielen tritt nicht bestimmt hervor, dass der Erwerber inzwischen den Nutzen haben soll: 1327 heisst es bei einer Theilung unter den Edlen von Randeck: *Und wann nu unser herre der kunic von Romen in dem lande nit in ist, von dem der zehende — ruret, so geloben wir, daz wir daz lehen der zehenden dragen sollen und sy den nuzze und frummen nemmen sollen.* (Guden Cod. dipl 3, 255.) Der hier gebrauchte Ausdruck *Tragen* (Lehnsträger) wird auch zur genauern Bezeichnung der Scheinleihe (S. 11.) gebraucht in Urk. des Grafen von Eschenloh. wodurch dieser dem Herzog von Kärnthen 1286 die vom Markgrafen von Burgau lehnrührige Grafschaft Hörtenberg verkauft: *ad preces etiam ipsius domini nostri ducis praedicti comitiam eundem — viris nobilibus G. et H. de Schengels contulimus eo modo, quod iidem comitiam praedictam nomine domini ducis et haeredum suorum teneant et conservent eo titulo, quod tragen vulgariter nuncupatur.* (Hormayr Beitr. 2, 167.)

UEBERSICHT.

V.

VI.

VII.

VIII.

IX.

X.

XI.

XII.

XIII.

XIV.